Theoretical Method and Application of Transportation System Analysis

交通运输系统分析方法及应用

王晚香 郭瑞军 编著

人民交通出版社股份有限公司

北京

内 容 提 要

适应于交通运输系统分析学科的发展需求，区别于各类系统分析方法在交通运输领域中的简单应用，本教材在介绍系统工程基本理论及方法的基础上，阐述了交通运输系统的需求分析、枢纽规划、管理控制、安全分析和复杂网络应用等内容。本教材分三篇，共十五章，第一篇为系统分析的基本理论及方法，第二篇为交通运输系统的规划、控制及网络分析，第三篇为交通运输系统分析的应用。

本教材适于作为高等院校交通运输类专业本科生、研究生教材或教学参考用书，也可供从事交通运输规划与管理的专业人员使用。

图书在版编目(CIP)数据

交通运输系统分析方法及应用/王晚香，郭瑞军编著.—北京：人民交通出版社股份有限公司，2021.11
ISBN 978-7-114-17666-1

Ⅰ.①交… Ⅱ.①王… ②郭… Ⅲ.①交通运输系统—系统分析 Ⅳ.①U491.1

中国版本图书馆 CIP 数据核字(2021)第 211485 号

Jiaotong Yunshu Xitong Fenxi Fangfa ji Yingyong

书　　　名：	交通运输系统分析方法及应用
著 作 者：	王晚香　郭瑞军
责任编辑：	李　晴
责任校对：	孙国靖　魏佳宁
责任印制：	张　凯
出版发行：	人民交通出版社股份有限公司
地　　址：	(100011)北京市朝阳区安定门外外馆斜街 3 号
网　　址：	http://www.ccpcl.com.cn
销售电话：	(010)59757973
总 经 销：	人民交通出版社股份有限公司发行部
经　　销：	各地新华书店
印　　刷：	北京虎彩文化传播有限公司
开　　本：	787×1092　1/16
印　　张：	17.5
字　　数：	418 千
版　　次：	2021 年 11 月　第 1 版
印　　次：	2023 年 6 月　第 2 次印刷
书　　号：	ISBN 978-7-114-17666-1
定　　价：	52.00 元

(有印刷、装订质量问题的图书由本公司负责调换)

前言
FORWORD

　　系统科学为世界打开了一扇门,各类事物均可以系统为研究对象,利用系统观点思考问题,利用系统方法分析和解决问题。系统学是该门学科的基础科学层次,研究系统是什么、系统长什么样、系统怎么变化等本原问题,包括系统功能、结构、状态和演变规律,也包括系统要素间的关系、系统和要素的关系,以及系统和环境的关系等,例如耗散结构理论、协同学、突变论、复杂适应系统、混沌理论等系统学知识都在蓬勃发展当中。而运筹学、模糊数学、灰色系统等一大类数学方法,也为系统科学所吸收,探讨在建立系统的基础上,如何分析系统、模拟系统、评价系统和改善系统。这些数学方法可称为系统分析方法,应用于包括工程建设和组织管理等各类工程实践,取得了巨大成就。

　　系统思想和方法在交通运输领域也获得了广泛应用。在我国,张国伍先生较早提出了交通运输系统分析的概念,阐述了交通运输的各类系统分析内容,包括布局与规划、需求与供给、运输网络、运输通道、交通枢纽、组织与管理等理论,以及安全分析、经济分析、评价与决策、系统模拟和系统动力学等方法。将交通运输以系统作为研究对象进行分析,这和之前以运输方式为对象作研究是有本质不同的。理解这一点,对交通运输系统分析学科的认识才能深入。

　　交通运输系统分析的理论研究获得本质进展是非常困难的,近些年,该门学科的书籍也鲜有出现。当前,交通运输系统分析方法在广度和深度上均有了长足进步,管理学、经济学及数学工具的发展为其提供了良好基础,特别是各类智能算法,包括遗传算法、禁忌搜索、神经网络、模拟退火、粒子群算法和机器学习等,其数学模型越来越完善,交通应用也更加广泛、高效。

　　适应于交通运输系统分析学科的发展需求,区别于各类系统分析方法在交通运输领域中的简单应用,本教材在介绍系统工程基本理论及方法的基础上,阐述了交通运输系统的需求分析、枢纽规划、管理控制、安全分析和复杂网络应用等内容,并针对一些典型交通场景做了系统分析,如地铁枢纽的拥挤评价、公交换乘客流预测、出行链方式选择、道路干线协调和路网的级联失效等。本教材适用于交通运输类专业本科生或研究生,建议先修课程为"运筹学"和"系统工程学"。

　　本教材由大连交通大学王晚香和郭瑞军共同编著。编写过程中,武汉理工大学蒋惠园教授、大连交通大学王利杰、于妍霞老师提出了宝贵意见,作者的研究生姬帆、王倩、李月、宋继爽、高中传等参与了部分章节的文字整理和图表绘制等工作。教材的出版离不开人民交通出版社股份有限公司李晴编辑和同事们的辛苦、高效工作,在此一并向他们以及书中参考文献作者表示诚挚的感谢。

由于交通运输系统分析的研究内容广泛、综合性强,加之作者水平有限,书中定有不足之处,恳请广大读者给予批评指正,作者电子邮箱:49032123@qq.com。

作 者
2021 年 8 月 28 日

目录 CONTENTS

第一篇 系统分析的基本理论及方法

第一章 系统及系统工程 ... 3
- 第一节 系统概念及系统科学体系 ... 3
- 第二节 系统工程及其研究内容 ... 6
- 第三节 系统工程方法论 ... 7
- 本章习题 ... 15

第二章 系统的结构分析模型 ... 16
- 第一节 系统的模型 ... 16
- 第二节 系统结构模型化技术 ... 21
- 本章习题 ... 28

第三章 系统综合评价 ... 29
- 第一节 系统综合评价概述 ... 29
- 第二节 系统的经济评价 ... 33
- 第三节 常用的系统综合评价方法 ... 41
- 本章习题 ... 60

第四章 系统预测 ... 63
- 第一节 系统预测概述 ... 63
- 第二节 定性预测方法 ... 65
- 第三节 时间序列预测 ... 68
- 第四节 回归预测 ... 75
- 第五节 马尔可夫预测 ... 86

第六节　GM(1,1)灰色预测 90
　　本章习题 92

第五章　神经网络与遗传算法 93
　　第一节　神经网络概述 93
　　第二节　BP神经网络结构和算法 98
　　第三节　遗传算法的基本原理 106
　　第四节　遗传算法的计算 111
　　本章习题 120

第二篇　交通运输系统的规划、控制及网络分析

第六章　交通需求预测 123
　　第一节　交通规划概述 123
　　第二节　交通发生与吸引 124
　　第三节　交通分布 127
　　第四节　交通方式划分 130
　　第五节　交通分配 133
　　本章习题 134

第七章　交通枢纽的布局规划 135
　　第一节　交通枢纽布局的基本要求及方法 135
　　第二节　一元枢纽场站的布局规划方法 136
　　第三节　多元枢纽场站布局规划的最优化方法 138
　　本章习题 140

第八章　道路交通信号控制 141
　　第一节　交通信号控制的分类 141
　　第二节　单点定时信号配时 142
　　第三节　干线信号协调控制 143
　　第四节　区域信号协调控制 147
　　本章习题 151

第九章　交通安全的事故树分析 152
　　第一节　事故树的基本理论 152
　　第二节　事故树的定性分析 156
　　第三节　事故树的定量分析 162
　　本章习题 170

第十章　交通复杂网络及其级联失效 171

第一节	复杂网络拓扑建模的方法	171
第二节	复杂网络模型	174
第三节	复杂网络的统计特性	178
第四节	复杂网络的可靠性和抗毁性	180
第五节	复杂交通网络的级联失效	183
第六节	基于负载-容量模型的交通网络级联失效	185

本章习题 192

第三篇　交通运输系统分析的应用

第十一章　地铁换乘枢纽的拥挤评价 195
- 第一节　地铁换乘枢纽拥挤评价方法 195
- 第二节　拥挤评价的指标体系 197
- 第三节　地铁换乘枢纽拥挤评价模型构建 200
- 第四节　排队区域拥挤评价 204
- 第五节　集散区域拥挤评价 207
- 第六节　结论 210

第十二章　公交枢纽客流的神经网络预测 212
- 第一节　公交枢纽客流的判定 212
- 第二节　神经网络预测模型的构建 219
- 第三节　公交枢纽客流短时预测 222
- 第四节　结论 226

第十三章　基于出行链的交通方式选择模型 228
- 第一节　基于出行链的用户出行行为分析 228
- 第二节　交通方式选择的三层 NL 模型 229
- 第三节　基于出行链的交通方式效用函数模型 231
- 第四节　参数标定方法 233
- 第五节　出行链交通方式选择模型的构建 235
- 第六节　结论 239

第十四章　城市道路干线的信号协调控制 241
- 第一节　城市道路交通调查 241
- 第二节　城市道路各交叉口信号配时 244
- 第三节　相位差的优化 248

第十五章　基于网络级联失效的城市路网拥挤传播 252
- 第一节　路网模型的构建 252

第二节　路网中各路段失效影响分析 ⋯⋯⋯⋯⋯⋯⋯⋯⋯⋯⋯⋯⋯⋯⋯⋯⋯⋯ 254

第三节　路网中各交叉口失效影响分析 ⋯⋯⋯⋯⋯⋯⋯⋯⋯⋯⋯⋯⋯⋯⋯⋯⋯ 256

第四节　考虑级联失效影响的重要路段评价 ⋯⋯⋯⋯⋯⋯⋯⋯⋯⋯⋯⋯⋯⋯⋯ 257

第五节　考虑级联失效影响的重要节点评价 ⋯⋯⋯⋯⋯⋯⋯⋯⋯⋯⋯⋯⋯⋯⋯ 262

第六节　拓扑属性值与级联失效影响排序对比 ⋯⋯⋯⋯⋯⋯⋯⋯⋯⋯⋯⋯⋯⋯ 267

参考文献 ⋯⋯⋯⋯⋯⋯⋯⋯⋯⋯⋯⋯⋯⋯⋯⋯⋯⋯⋯⋯⋯⋯⋯⋯⋯⋯⋯⋯⋯⋯⋯⋯ 268

PART 1 第一篇

系统分析的基本理论及方法

第一章 系统及系统工程

第一节 系统概念及系统科学体系

一、系统及其特性

系统——System,我们并不陌生,在现实生活中,"系统"是一个被广泛使用的词语。人体就是一个系统,人体系统由神经、呼吸、消化、循环、运动等八大系统构成;交通运输系统是由铁路运输、公路运输、水路运输、航空运输、管道运输等子系统构成;一台机器是一个系统;一个家庭、企业、学校都可看作一个系统;甚至一个国家、整个社会也可看作一个系统。

系统是由两个或两个以上相互关联的要素所构成的具有特定功能的整体。

系统一般具有以下特性:

1. 集合性

把具有某种属性的一些对象看作一个整体,从而形成一个集合,集合里的各个对象叫作集合的要素。系统是由要素组合而成,这些要素可能是元件、零件、单个机器、个体,也可能是子系统。系统的集合性表明,系统是由两个或两个以上要素所组成的。这些要素可以是具体的物质,也可以是抽象的或非物质的软件、组织、观点或理论等。比如道路交通运输系统,由机动车、驾驶员、道路及附属设施、乘客与货物等物质要素组成,同时还包括制度法规、组织程序、技术规范、信息等非物质要素。

2. 相关性

组成系统的要素是相互联系、相互作用的,相关性用于说明这些联系之间的特定关系,以及这些关系之间的演变规律。例如,道路交通控制系统是由道路网络、车辆、信号控制系统和交通规则等单元或子系统组成的,系统内的各个子系统为整体目标服务,各子系统相互协调作用,使道路上的车辆能安全、有序、畅通行驶,提高交通运输系统整体运行效率。

3. 阶层性

系统各组成部分在系统中所处的地位不同,从而形成了不同的层次,并存在一定的层次结构,这是系统空间结构的特定形式。

一个系统相对于构成它的要素而言是个系统,而相对于由它和其他事物构成的大系统而言,则是一个要素(或子系统);同样,一个要素或子系统相对于由它和其他要素构成的系统而言,是个要素,但相对于构成它的要素而言,则是一个系统。因此,一个系统通常可分为若干子系统,有的子系统还可划分为更小的子系统。不能再分的子系统称为基本组分。不同层次子系统之间具有从属关系或相互作用关系。我国教育系统的一种层次划分如图1.1所示。

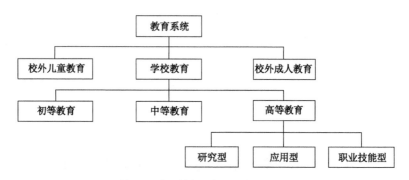

图1.1 我国教育系统的一种层次划分

4. 整体性

系统整体性也称为整体涌现性,具有独立功能的系统要素以及要素间的相互关系(相关性、阶层性)根据逻辑统一性的要求,协调存在于系统整体之中。系统的整体特性正是由于要素间的相互联系和作用"涌现"出来的,是单要素所不具备的,也并非各个要素特性的简单相加,否则它就不会具有作为整体的特定功能。

系统的构成要素和要素的机能、要素的相互联系要服从系统整体功能,在一个系统整体中,即使每个要素并不都很完善,但它们也可以协调、综合成为具有良好功能的系统;反之,即使每个要素都是最优的,但系统整体却并不能保证具有某种良好的功能,这类系统的整体性是不完善的。

5. 目的性

任何系统都有特定的功能,而人工建造或改造系统一定具有特定的目的。这里所说的系统功能和目的,是系统整体的功能和目的,是原来各组成部分不具备或不完全具备,只是在系统形成后才具备的。

系统的目的一般用更具体的目标来体现,一般来说,比较复杂的系统都具有不止一个目标,即总目标由各分目标组成。因此,需要用一个目标树来描述系统的目标是否达成。比如,衡量一个工业企业的经营实绩,不仅要考核它的产品性能、产量、产值指标,而且更重要的是考核它的利润、成本和环境影响等指标的完成情况。在目标树中,各个子目标之间有时存在冲突,甚至是相互矛盾的。为此,要在相互矛盾的子目标之间做好协调工作,寻求平衡或折中方案,从整体出发,获得全局最优。

6. 环境适应性

任何一个系统都存在于一定的物质环境之中,因此,它必然会与外界环境进行物质、能量和信息的交换,外界环境的变化也会引起系统内部各要素及其关系的变化。任何一个系统必须要适应其外部环境,也要适应外部环境的变化。这种系统随着环境的变化而存在及演变的性质就是系统的环境适应性。

例如,运营一个港口,如果能够了解行业的发展趋势及同类港口的生产及管理动向,了解港口腹地各产业的发展状况、生产力的布局、产品的结构等外部环境信息,并且能够根据这些信息及时调整港口运营的战略决策及运输计划,那么,这个港口系统就具有良好的环境适应性。

解决系统问题的一般思路:

(1)为解决某一问题,找出其相关要素,建立系统,确定边界,区分系统及其外部环境。

(2)研究系统的整体特性,明确其目的、功能等。研究系统内部各要素的特点,要素间的相互联系、相互作用的规律,了解系统运行机制。

(3)由问题出发,进行系统的模拟仿真,提出解决措施,反馈控制等。

二、系统科学体系

系统科学是从系统的角度观察客观世界所建立起来的科学知识体系。系统科学的研究对象是具有系统意义的现象或问题,其任务是提供用系统观点考察对象的一般原理和方法。

系统科学既不属于自然科学,也不属于社会科学,是一门独立的学科门类。它不是简单的交叉学科或边缘学科,而是一门横断学科,是研究所有系统共性的学问。

20世纪70年代前后,系统科学得到了迅速发展,重大进展有以下三个:

(1)以理论自然科学和数学的最新研究成果为依托,出现了一系列基础科学层次的系统理论。

(2)开展了社会系统工程问题的研究,与此相对应的是管理科学及工程的蓬勃发展。

(3)系统科学体系的建立。

我国科学家钱学森提出了一个清晰的现代科学技术的体系结构,认为从应用实践到基础理论,现代科学技术可以分为四个层次:从下而上首先是工程技术;其次是直接为工程技术提供理论基础的技术科学;然后是基础科学这一层次;最后是通过进一步综合、提炼,达到最高概括的马克思主义哲学。系统科学是由各门系统工程(如社会系统工程、安全系统工程、教育系统工程等)等工程技术、系统工程的理论方法(如运筹学、信息论、控制论等)等技术科学,以及它们的理论基础(如系统学)和哲学等组成的一类新兴科学。

哲学是关于自然、社会和思维最一般规律的知识体系,是关于科学世界观的学问;基础科学是关于自然界物质运动形式的普遍规律和理论的学问;技术科学是关于人工自然过程的一般机制和原理的学问;工程技术是关于设计和建造特定人工自然过程的技术手段与工艺方法的学问。

在"基础科学-技术科学-工程技术"层次结构中，抽象性、普遍性逐渐减弱，而实践性、特殊性逐渐增强。三者之间，前者都是后者的理论基础，后者都是前者的具体应用。哲学的一部分基本原理来源于自然科学，哲学对各门科学也有一定的指导作用。

在现代科学技术四个层次的基础上，钱学森进一步提出了包含有系统科学部类的现代科学技术体系结构，如表1.1所示。

现代科学技术体系结构　　　　　　　　　表1.1

学科部类	数学	自然科学	社会科学	系统科学	行为科学	军事科学	…
基础科学	几何、代数、数学分析	物理学、生物学、力学、化学	经济学、社会学、民族学	系统学	伦理学、行为学	战略学	…
技术科学	计算数学、应用数学	化工原理、机械原理、电工学	资本主义理论、社会主义理论	运筹学、信息论、控制论	社会主义道德理论	指挥学	…
工程技术	统筹方法、速算技术	硫酸生产工艺、齿轮技术	企业经营管理、社会工作	各门系统工程	公共关系学、人际关系学	战术训练、军事工程	…

社会科学是从人类社会发展运动的角度，从人的社会行为这一侧面来研究客观实际，人类社会的发展复杂多变，但在其背后也存在着固有的规律：经济基础决定上层建筑，生产力推动生产关系的变革，同时又受它的制约。

行为科学是从人的社会性角度来研究社会，主要研究人的群体行为，研究人的个体行为与群体表现之间的关系。生物界中群居的动物也都有个体之间交往，存在群体行为，因此行为科学研究的对象也包含除人以外的昆虫的组织结构、哺乳动物的生活规律等内容。

系统科学是从整体与局部的关系角度来研究客观实际，讨论系统整体的优化、系统结构与功能的关系、系统的稳定性等。其基础科学层次是系统学，系统学是关于一般系统的基本概念、性质、分类、结构与功能，以及系统演化、协同、控制等规律的理论。技术科学层次包括运筹学、信息论和控制论。工程技术层次则是系统工程理论方法在各个领域中的实际应用。

1986年钱学森首先提出来的是数学、自然科学、社会科学、系统科学、人体科学、思维科学六大部类，以后逐渐增加、不断完善、丰富，到1990年先后增加了行为科学、文学艺术、军事科学，共形成九大学科部类，上述学科部类基本上将所有知识都进行了划分，不过由于科学技术的复杂性及多样性，经常可以看到某一门学科很难归属到哪一类，更多的是一些与多门学科关联的综合、交叉学科。

同时，由于人们认识的局限性，一些学科部类的划分存在错误，如人体科学中对特异功能等非科学的研究。因此，科学技术体系结构仍在不断地发展、演化当中。

第二节　系统工程及其研究内容

一、系统工程的概念

用定性与定量相结合的系统思想和方法处理大规模复杂系统问题，无论是系统的设计或建造，还是系统的组织、经营管理，都可以统一地看作是工程实践，统称为系统工程。

传统意义上的"工程"，是指把科学技术的原理应用于实践，设计与制造出有形产品的过程。系统工程学中的"工程"概念,不仅包含"硬件系统"的设计与制造,而且还包含与设计和制造"硬件系统"紧密相关的"软件系统",诸如预测、规划、评价、决策等社会经济活动过程,即无论是系统的设计或建造,还是系统的组织、经营管理,都看作是一类工程实践,这就扩充了传统"工程"的含义。这两个侧面有机地结合在一起,即为系统工程。

二、系统工程的研究内容

从系统工程学的组成来看,它包括三个方面的内容:

1. 系统思想或系统观点

系统思想或系统观点是将研究对象作为系统来考虑,找出相关要素及外部环境,设定系统的总体目标,进行系统分析后,改变系统的输入变量,以求获得系统的最优输出。系统思想的核心是建立系统的整体最优及平衡协调。

2. 系统工程的程序体系

系统工程的程序体系,即在解决一个具体问题时,要求把建立或改善系统的过程分成几个步骤,每个步骤又按一定的程序展开。系统程序包括两个方面的程序,一是解决系统问题的工作步骤,包括系统规划、设计、建造、试验、运行和更新等从系统设想到具体实现的全部过程;二是解决实际问题的思考过程,由问题出发,建立概念系统、系统分析、系统建模与仿真、系统评价及决策的逻辑过程。两个程序相互渗透,贯穿从系统构想到问题解决的全过程。

3. 系统工程的方法

人们在分析系统现象或解决系统问题时,要建立系统的指导思想,并明确系统的工作步骤,但在具体的系统分析及问题解决时,还需要利用系统工程的方法,即一些结构模型、数学模型或模拟模型等,例如系统的规划方法、系统的评价及决策方法、系统的网络优化、基于计算机计算的系统动力学模型及其他系统仿真模型等。

这样,通过上述系统工程学的三个组成部分的处理,人们就能较好地分析及解决各种复杂系统的问题。从这个意义上说,系统工程是用来开发、运行、更新一个大规模复杂系统所需的思想、程序、方法的总和。

由上可知,系统分析可看作是系统工程生命周期的一个重要阶段,也有学者将系统分析概念等同于系统工程,本书的系统分析方法与系统工程方法的含义相同。

第三节　系统工程方法论

一、概述

1. 系统工程方法论的概念

方法(Method)和方法论(Methodology)是两个不同层次的概念。方法指的是处理问题的具体手段或技术,例如我们解决一个问题时,提出许多备选的方案,需要建立一个模型来评价各个方案的优劣。而方法论是分析和解决系统开发、运作及管理实践中的问题所应遵循的工作程序、逻辑步骤和基本方法,是运用方法的原则和思想。

当我们面临系统工程问题时，必须在正确的方法论指导下，采取适当的方法，只有这样居高临下地分析问题，才能事半功倍。在方法论指导下的具体方法一般也不止一种，如果方法论不对，具体方法再好，也解决不了根本问题。

从近代科学到现代科学，还原论发挥了重要作用，特别是在自然科学领域取得了很大成功。它所遵循的途径是把事物分解成局部或低层次事物来研究，认为低层次或局部问题弄清楚了，高层次或整体问题自然也就清楚了。如果低层次或局部问题仍弄不清楚，还可以继续分解下去，直到把整个问题弄清楚为止。

系统工程研究的对象是复杂大系统。一般情况下，除包含"硬件"单元外，也包含"软件"要素。这就涉及硬系统问题和软系统问题。硬系统问题指的是系统边界清晰、系统结构确定的情况。而软系统问题是指一些"问题情景"，即系统边界尚不清楚、系统结构凌乱的情况，尤其在涉及人类活动的系统中所出现的问题，其中包括行为管理、系统组织和系统规划等。

因此，要有独特的思考问题和处理问题的方法，应用多种技术方案，往往需要使用不同的方法论进行求解。

2. 系统工程方法论的特点

系统工程方法论强调对系统的深入了解，进行系统识别，处理问题应注重系统整体性及计算机手段的辅助作用等。系统工程方法论具有如下特征：

(1) 整体性

整体性是系统工程方法论的基本出发点，任何事物和过程都不是其组成部分的简单叠加，各组成部分孤立特征的总和并不能反映整体的特征，整体的性质与规律存在于各组成部分间的相互联系、相互依赖、相互制约和相互作用之中。

处理问题时，需遵循从整体到部分进行分析，再从部分到整体进行综合的途径，确定整体目标并从目标出发，协调各组成部分的活动。分析时，首先需要把整体分解成部分加以精确地研究，再将系统的各组成部分、各部分的结构和性能、各部分的联系、历史发展等因素联系起来加以考察，从中找出共同性和规律性，来揭示和推断系统整体特征。

(2) 系统识别的重要性

由于事物相互联系的错综复杂性，任何一个个体都可能隶属于不同的系统。因此，在许多情况下，要处理的系统对象并不具有非常清楚明了的，而是需要花费相当的气力才能识别。系统识别是找出系统对象，并划分系统与环境之间边界的过程。系统工程总是由问题出发，找出该问题所涉及的相关要素，建立系统，确定边界，区分系统及其外部环境。

系统识别之后，需分别对系统整体及内部结构作出分析：研究系统的整体特性，明确其目的、行为、功能及状态等；研究系统内部各要素的特点、要素间的相互关联作用、系统的结构层次，掌握系统运行机制。由此，在对系统进行深入了解后，才能提出各种解决方案，通过改变系统的输入，优化系统输出，从而解决系统问题。

(3) 人-机结合的方式

人利用计算机即人-机结合的方式是系统工程方法论中处理系统问题的基本方式，特别是系统越来越复杂，需要处理的信息量越来越大，仅靠人工处理是不够的，必须借助计算机的帮助，但最终需要由人来决策，即在处理系统问题的过程中，人处于主导地位。

3. 系统工程方法论的类型

(1) 硬系统方法论（Hard Systems Methodolgy, HSM）

硬系统方法论以具有清楚结构的问题及其相关系统为处理对象。

它的基本假定是：事物或过程都能借助试验方法被客观认识，试验结果是可用系统模型描述的，同时系统的目标是确定的，所有与问题有关的人员对目标的认识是一致的（即一元的），因而找到达到目标的最佳途径是可能的。在此基础上，硬系统方法主要是从阐述目标、建立模型、验证并确认模型到寻找最优解的理论方法。

(2) 软系统方法论（Soft Systems Methodolgy, SSM）

与硬系统方法论相对照，软系统方法论以结构不清楚的问题及其相关系统为处理对象，研究对象的结构不良是人类活动世界的一般情况。各种各样的所谓"管理"活动都是以这些情况为研究对象的。

软系统方法论的基本假定是：由于人的主观意识的存在，人类活动一般不会像物理试验那样是完全可重复的，因此，不可能完全客观地认识人类活动世界，因而也不可能用建立系统模型的方法直接对它们进行描述。同时，由于所有与问题有关的人员有不同或不完全相同的主观意识，因此，对活动目标的认识是不一致或不完全一致的（即多元的），因而想找到达到目标的最佳途径是不可能的。

(3) 其他系统方法论

在20世纪80年代末以后出现了几个重要的系统方法论，有钱学森等提出的用于解决开放复杂巨系统的从定性到定量综合集成的方法论、日本椹木义一等提出的西那雅卡那（Shinayakana）系统方法论以及顾基发等提出的物理-事理-人理（WSR）方法论。

西那雅卡那系统方法论最早在1988年提出，近年来又得到新的发展，这个方法论的提出是为了处理不良结构的问题，它一方面借鉴了过去处理不良结构问题的许多技术和方法，另一方面利用对话和智能化的方法将人工智能和人的直接判断综合进去，强调人和计算机的结合，但是以人为中心。这个方法论是在总结硬系统和软系统方法论基础上形成的。

20世纪80年代初，钱学森就提出将还原论方法和整体论方法结合起来，到了80年代末，他又提出了开放的复杂巨系统概念及研究这类系统的方法论，这就是"从定性到定量的综合集成法"及它的进一步发展，即在1992年提出的"从定性到定量的综合集成研讨厅体系"，并把运用这套方法的集体称为总体设计部。

物理-事理-人理（WSR）方法论是由顾基发与朱志昌在20世纪90年代中提出的，基于"懂物理、明事理、通人理"的观点，综合集成了自然科学、工程技术与社会科学研究问题，并利用计算机建立数据信息库、模型库、知识库等，随着环境条件变化，不断调整模型，从而指导社会实践活动。

二、霍尔的三维结构

20世纪60年代以来，许多学者对系统工程方法论进行了探讨。其中影响最大的是1968年美国贝尔电话公司工程师霍尔（A. D. Hall）提出的系统工程三维结构。霍尔认为系统工程整个活动过程可以分为前后紧密衔接的六个阶段，每个阶段应遵循一定的思维程序，同时需要各种专业知识和技能的支持。这构成了时间维、逻辑维和知识维的"三维空间结构"，概括了系统工程的一般过程。

霍尔三维结构集中体现了系统工程的系统化、综合化、最优化、程序化和标准化等特点,是系统工程方法论的重要基础内容,如图1.2所示。

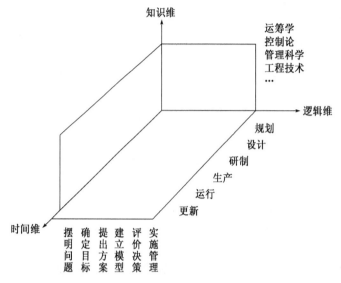

图1.2 霍尔三维结构示意图

时间维表示了系统工程的工作阶段和进程,是从系统规划到更新、按时间顺序排列的全过程,反映了系统的生命周期。

规划阶段:调研、明确目标,根据总体方针和发展战略制定规划。

设计阶段:根据总体规划,提出具体设计方案。

研制阶段:实现系统的研制方案,分析、制定出较为详细而具体的生产计划。

生产阶段:运筹各类资源及生产系统所需要的全部"零部件",进行生产组装。

运行阶段:系统投入实际运行。

更新阶段:系统运行一段时间后,评价系统运行状况,改进或更新系统,甚至废止旧的系统,建立新系统。

逻辑维是指系统工程每阶段工作所应遵从的逻辑顺序和工作步骤。

摆明问题:明确系统问题,找出与问题相关的各要素,建立系统。

确定目标:分析系统的整体行为,包括其功能和目的,并建立评价指标体系和判断标准,从而在系统实现后判断问题是否解决。

提出方案:分析系统的运行机制,找出问题的相关制约因素,提出初步的解决方案。

建立模型:建立系统的仿真模型,模拟系统运行状态,判断系统的发展趋势并预测出系统的运行结果。

评价决策:在各种不同状态下,对备选解决方案的各参数调整选优,确定最佳方案。

实施管理:实施决策方案,判断系统运行的效果,并进行反馈控制,动态管理系统运行过程。

系统逻辑维中,存在系统的识别、建模、预测、评价及决策的过程,这些过程涉及一些定性或定量的方法:如在摆明问题时,可能用到头脑风暴法、德尔菲法、结构模型法等;建立模型时,可能用到状态空间模型、系统动力学模型、计量经济模型等;而在评价决策时,可能用到模糊综合判定法、层次分析法、费用-效益分析法、效用理论等。

知识维表征了在分析、解决问题时所需要的知识，包括各种专业知识和管理知识。对于不同的问题，常常涉及不同的知识，通常会用到运筹学、控制论、管理科学和各类工程技术等。

三维结构中，时间维和逻辑维也并不是一成不变的，随着具体问题的不同，分析问题时，时间维和逻辑维的相关步骤相互渗透，如表1.2所示。

霍尔方法论的管理矩阵 表1.2

时间维 （阶段）	逻辑维（步骤）					
	摆明问题 1	确定目标 2	提出方案 3	建立模型 4	评价决策 5	实施管理 6
规划阶段1	a11	a12	a13	a14	a15	a16
设计阶段2	a21	a22	a23	a24	a25	a26
研制阶段3	a31	a32	a33	a34	a35	a36
生产阶段4	a41	a42	a43	a44	a45	a46
运行阶段5	a51	a52	a53	a54	a55	a56
更新阶段6	a61	a62	a63	a64	a65	a66

矩阵中，时间维的每一阶段与逻辑维的每一步骤对应的点，代表着一项具体的管理活动。矩阵中各项活动相互影响，紧密相关，要从整体上达到最优效果，必须使各阶段步骤的活动反复进行。反复性是霍尔管理矩阵的一个重要特点，它反映了从规划到更新的过程需要控制、调节和决策。

霍尔的系统工程方法论强调明确目标，核心内容是最优化。即对于结构优良的系统问题，明确其目标，通过模型运算，找到解决问题的最优方案，并使系统运行达到最佳。该方法论具有研究方法上的整体性（三维）、技术应用上的综合性（知识维）、组织管理上的科学性（时间维、逻辑维）及系统工程工作的问题导向性（逻辑维）。

三、软系统方法论

在复杂的现实世界里，人们所遇到的困惑情况，并非都可归结为"问题是什么？"和"解是什么？"。其中只有一部分情况才可以如此归结。

就大多数情况而言，人们往往只是觉得有"问题"，而不知道"问题"是什么；只是觉得需要"改进"，而不知道从"何处"着手去改进。用系统工程的语言说，人们不知道"系统"是什么，它的"边界"在哪里，或者是不同的人有不同的"系统"，即存在着"问题情景"。

对于问题所对应的系统，一般是偏工程、物理型的，它们的机理比较明显，因而容易用数学模型来描述，有较好的定量方法可以计算出系统的行为和最优解，我们称之为硬系统。相反的，对于偏社会、经济、管理类型的系统，它们的机理往往不清楚，较难完全用数学模型来表述，而常用定量和定性相结合的方法来处理问题，我们称之为软系统。软系统普遍存在于人类的经济社会活动中。

但是，到20世纪80年代初，系统理论和方法的应用还只限于运筹学等几个有明确目标的问题领域。对于那些结构较差、目标模糊的问题，运筹学和系统分析的方法则有很大局限性。

从20世纪70年代中期，许多学者提出了各种软系统方法论，系统工程也越来越多地研究社会经济的发展战略和组织管理问题。其中以1981年英国兰切斯特大学的切克兰德(Checkland)提出的"调查学习"的软系统方法论最具代表性。

软系统方法论用可行满意解代替最优解，用概念模型代替数学模型，从而使研究思路更为开阔。在分析与研究社会经济等问题时，通过认识与概念化、比较与学习、实施与再认识，从而较满意地解决系统问题。切克兰德提出的"调查学习"的软系统方法论如图1.3所示。

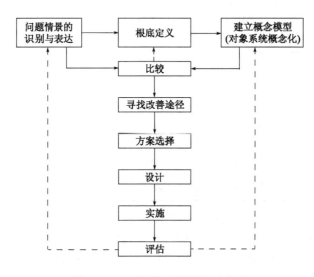

图1.3 切克兰德的"调查学习"方法论

软系统方法论用于人类活动系统所取得的巨大成功大大地拓宽了系统理论与方法的应用范围。

对于无结构或结构不良的问题情景的分析，尽量避免将其嵌入一个特定结构，通过记录在问题情景中缓慢变化的元素和连续变化过程的元素，对相关系统进行根底定义，目的是得到一个对某些系统性质的简洁清楚的陈述，从而建立系统的概念模型，并将概念模型与问题情景反复比较，改善概念模型，寻找改善问题的途径，提出各种解决方案以供选择，确定设计方案的运行参数，评估方案实施后的具体效果，并进行反馈，如图1.3中虚线所示，从而更好地建立概念模型，如此反复比较后，得到最终满意的方案。

切克兰德方法论的核心是"比较"和"探寻"，它强调从"理想"模式(概念模型)与现实状况的比较中，探寻改善现状的途径，使决策者满意。

四、两种方法论的比较

硬系统与软系统两种方法论的主要差别是前者可由问这样的问题而开始："必须设计什么系统来解决这个问题"或"什么系统将满足这种需求"，并且能将问题和需求当作是"给定的"。而后者却不得不允许在后面的阶段出现完全不可预料的回答。这一差别使得软系统方法论包含了概念模型与实际问题的比较阶段，而在硬系统方法论中则没有。

如表1.3所示，两者有如下的不同：

1. 对象系统及处理的问题

霍尔方法论的研究对象主要是工程或技术系统,出现的问题大多具有明确、良好的结构;而切克兰德方法论的研究对象是社会经济和经营管理等"软"系统,问题大多具有不明确、不良的结构。

两种方法论的比较　　　　　　　　　　表1.3

分类	硬系统方法论	软系统方法论
对象系统	工程、技术系统	社会经济或经营管理等软系统
处理的问题	明确、良好的结构	不明确、不良的结构
目的	一元的,要求优化,有明确的好结果	多元的,寻求满意解,系统有好的变化或问题取得进展
核心内容	优化分析	比较学习
分析方法	定量模型	概念模型,定性与定量相结合的方法

2. 目的

霍尔方法论的研究目的是一元的,要求取得最优,且问题有明确的好结果;而切克兰德方法论的研究目的是多元的,一般只求出满意解,或系统有好的变化或问题取得一定进展时即认为达到目标。

3. 核心内容

霍尔方法论的核心内容是优化分析,求出最优解;而切克兰德方法论的核心内容是比较学习,建立概念模型。

4. 分析方法

霍尔方法论使用的分析方法是比较成熟的定量模型,而切克兰德方法论的分析方法多是经过反复比较的概念模型,使用定量与定性相结合的方法。

五、从定性到定量的综合集成法

在复杂性科学逐渐在国外兴起的同时,我国科学家也积极开展着相关的研究。20世纪80年代末,钱学森对系统的研究加以拓广,提炼出开放的复杂巨系统的概念,并总结概括了处理开放的复杂巨系统的方法论。在这个基础上,1992年,钱学森又提出"从定性到定量的综合集成研讨厅体系"的思想,把复杂系统的研究推上了一个新的台阶,并从概念上弄清楚了"复杂性"问题,得出如下结论:"复杂性"实质上是开放的复杂巨系统的动力学特性,或开放的复杂巨系统学的问题。由于开放的复杂巨系统也把复杂系统、复杂巨系统和开放的简单巨系统作为特殊情况,所以复杂性的研究自然也把这些系统的动力学特性概括在其范畴之中。

开放的复杂巨系统广泛地存在于社会、地理、交通运输、军事等系统环境中,它是如下所述的一类系统:系统与子系统分别与外界有各种各样的能量、信息或物质的交换;子系统数量巨大;系统内部结构复杂,不仅要使用定量模型,更要使用其他定性模型;各个子系统的知识表达不同,获取知识的方式也各有不同;系统中的结构随着情况变化会不断演变。

对于开放的复杂巨系统,企图用精确的定量方法处理全部系统问题几乎是不可能的。这是因为:在复杂系统中,不仅常常存在一些难以测量或不可能直接观测的系统变量,而且由于系统的开放性、动态性、自主性和大规模的特点,即使某些系统变量的瞬时值是可以直接观测的,但要据此建立这些变量间的数学模型也是困难的。复杂系统所对应的问题往往表现为结构不良的问题,也就是说目标、任务范围、问题涉及因素都不明确。例如,对于同一个问题,两个专家的看法可能完全不同,发生了矛盾,就必须靠人的参与来解决。在这些情况下,为了处理系统问题,除使用定量方法之外,还必须使用定性方法。

钱学森等针对这类系统提出了从定性到定量的综合集成法,简称综合集成(Meta-Synthesis)。它的实质是将专家群体、数据和多种信息与计算机技术有机地结合起来,把各种学科的理论与人的经验知识结合起来,发挥它们的整体优势和综合优势。

所谓定性方法是这样的一类系统问题处理方法,它依据专家的经验知识和直观判断能力选择求解方向和某些系统变量允许或可能的取值范围。定量方法则是依据精确科学所提供的原理和定律,通过数学模型描述系统状态变量间的关系,从而处理系统问题。

从定性到定量的综合集成法,就是让专家们充分地发表不同的建议与意见,在众多专家建议和思路的基础上,综合起来,建立复杂巨系统的仿真模型进行运算,可能涉及上百个参数及变量。

从定性到定量的综合集成法的工作程序如图1.4所示,对于开放的复杂巨系统,召集专家或利用专家系统,分析系统目的、结构、功能及环境的适应特性,了解系统要素间的相互关系,并对系统的运行机制作出判断,在此基础上,建立与运行机制相适应的模型,将已知的资料统计分析后,得出输入变量及相关参数,用来仿真系统的行为,对运行结果分析后作出初步结论,再由专家依据经验认识对结论的合理性作出判断,并进一步深入对系统运行机制的认识,从而调整参数,修正模型,再次得出结论。如此反复,该系统的运行机制更加明确,模型经过不断的合理调整,最终达到满意效果,进而可根据结论提出相关建议,提供给决策部门,经决策后系统投入实际运行,并评价其运行效果,反馈给决策部门以便于进一步决策。如系统的运行未满足设定目标,可以继续按前述的过程分析系统运行机制、建模、分析、结论,再次给决策部门提供建议,直到系统的运行达到满意效果为止。

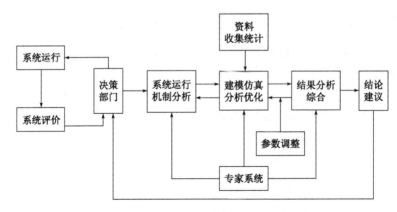

图1.4 从定性到定量的综合集成法的工作程序

综合集成是人用计算机的软硬件来综合专家群体定性认识、大量专家系统所提供的结论及各种数据与信息,经过加工处理,使之上升为对总体的定量认识。综合集成的过程是相当复杂的,即使掌握了大量的定性认识,也不是通过几个步骤、几次处理就能达到对全局的定量认识。定性定量相结合的综合集成法,就其实质而言,是将专家群体、数据和各种信息与计算机技术有机结合起来,把各种学科的科学理论和人的经验知识结合起来。这三者本身就构成了一个以人为主的高度智能化的人-机结合系统,并发挥这个系统的整体优势,去解决复杂的决策问题。

综合集成研讨厅体系是处理开放的复杂巨系统的方法论,相对于从定性到定量的综合集成法又有了新的构思,即把专家们和知识库、信息系统、各种人工智能系统、计算机等像作战指挥厅那样组织起来,形成一个巨型的人-机结合的智能系统,共同作用于复杂问题的求解。从对综合集成研讨厅体系的构思,我们可以看出,与历史上其他方法论不同的是,综合集成研讨厅体系不是一系列公式的汇总,也不是以某几条公理为基础搭建起来的抽象框架。它的实质是指导人们在处理复杂问题时,把专家的智慧、计算机的高性能和各种数据、信息有机地结合起来,从软硬件体系上和组织结构上构成一个统一的、强大的问题求解系统,使之能真正应用于复杂问题的研究。

应用综合集成研讨厅体系时,必须有总体设计部这样的实体机构。把处理开放的复杂巨系统的方法定名为从定性到定量的综合集成法,把应用这个方法的集体称为总体设计部。综合集成研讨厅体系是研究开放的复杂巨系统的方法论,那么总体设计部是实现这个方法论所必需的体制和机制。

本章习题

1. 查找国内外对系统工程的不同定义,分析这些定义的内涵和侧重点。
2. 霍尔方法论、切克兰德方法论和综合集成法的主要步骤有哪些?其核心观点是什么?
3. 简述系统工程、系统学和系统科学概念的内涵及三者之间的关系。
4. 选取某一研究对象,建立系统并进行系统特性分析,包括系统要素、要素间相互关系、系统功能及结构、系统存在目的及系统运行规律等,系统对象不限(如城市、交通运输、学校、图书馆等)。

第二章
系统的结构分析模型

第一节 系统的模型

系统是由两个或两个以上相互关联的要素组成的具有特定功能的整体。系统的特性可由这些要素之间的联系推导出来。为了掌握系统发展变化的规律,对系统进行有效的分析研究并得到可信的结果,就必须根据系统的目的,抓住系统各要素之间的联系,建立系统模型,然后借助模型对系统进行定量或定性与定量相结合的分析。因此,系统模型是系统工程解决问题的必要工具,是认识、评价、选定一个好的系统的重要手段。

一、系统模型的定义

一般来说,系统模型是利用图形、表格、数据、文字、数学表达式或计算机语言等来描述和抽象实际系统的替代物。

系统模型要反映出系统的整体功能、基本组成及其相互间的关系,但是由于系统一般来说都非常庞大、因素多、关系复杂,如果要包含全部因素,那么模型势必变得臃肿庞大,从而无法使用。因此,考虑到模型的现实性和易处理性,模型必须抓住系统的最本质要素,进行必要的、合理的抽象,使模型尽量做到简单、准确、可靠、经济、实用。任何成功的模型必须符合已经掌握的事实和数据资料,系统模型反映实际系统的主要特征,但它又高于实际系统而能够描述同类问题的共性。一个适用的系统模型应该具有如下三个特征：①它是现实系统的抽象或模仿；②它是由反映系统本质或特征的主要因素构成的；③它集中体现了这些主要因素之间的关系。

从系统模型的定义及特征可见，模型首先必须与所研究的系统"相似"，这种相似不是指形状上的"相似"，而是指本质上的"相似"；其次，模型必须有一定的描述形式，描述形式可以是形状的放大或缩小，但更常用的是文字、符号、图表等；再次，必须采用一套有科学依据的方法来描述。采用什么样的方法、怎样描述才能得到与所研究系统相似的模型则是系统模型化的内容。

系统的模型化就是建立系统模型，也即建立描述系统的特征和行为的数学模型或图形模型等抽象模型的过程。它是将系统各要素之间相互关联的信息，用数学、物理或其他方法进行抽象，使其与系统具有相似结构或行为并体现系统这一有机整体的科学方法。

模型化之所以成为系统工程的重要方法，其原因在于：

(1) 系统工程的研究对象是工程技术、社会、经济和生命等诸因素交织在一起的人、设备和过程的统一体，其中很多因素是难以定量的，因此需要应用计算机进行模拟分析，实现计算机的模拟就必须建立模型。

(2) 经济性是评价系统的重要指标之一，模型化的方法还可在选择最优的系统参数、最优的系统方案时，不必对实际系统进行各种试验和调整，从而达到以较少的费用可靠地实现系统最优化的目的。

(3) 安全可靠。某些系统的试验和运行蕴藏着危险性，这使系统的试验和研究难度加大。用模型化的方法可避免各种危险而提出各种可靠的数据，为决策提供依据。

(4) 可对不能进行实际试验的系统进行研究。某些系统，如生态系统、国民经济系统、社会系统是不允许试验的，为了探索这类系统的运行规律，只能靠模型化的方法。

二、模型的分类

一般来说，模型可分为概念模型、符号模型和形象模型等，本书重点讨论符号模型。

符号模型用符号来代表系统的各种因素和它们间的相互关系。它通常采用数学或图示形式，一般分为数学模型和图形模型。数学模型使用数学表达式，其优点是准确、简洁、易于操作，图形模型多采用图(如有向图)、表(如矩阵表)等形式，其优点是比较形象、直观。从模型的描述形式、对象系统的特性及建模的目的等方面，模型的分类如图2.1所示。

(一)数学模型

数学模型是用数字、拉丁字母、希腊字母及其他符号来体现和描述现实系统的各种因素形式及数量关系的一种数学结构。从模型特性和功能角度，数学模型可细分如下：

1. 根据特性分类

(1) 静态模型和动态模型

静态模型是指某一时刻模型的输出不依赖于过去的输入，只取决于当前输入的模型。动态模型是指模型的输出不仅依赖于当前输入，而且还依赖于过去的输入的模型。

通常，静态模型用代数方程、逻辑表达式等描述，动态模型用微分方程、积分方程、差分方程等描述。

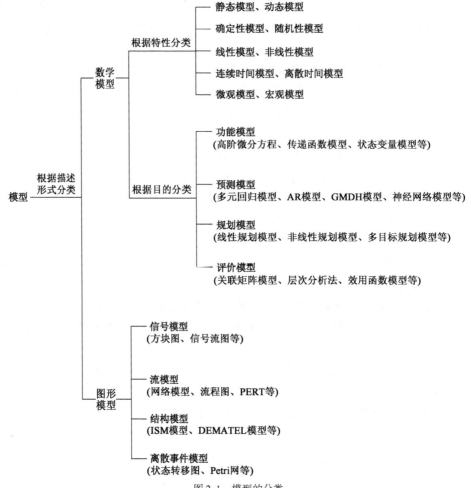

图 2.1　模型的分类

（2）确定性模型和随机性模型

模型的输入输出数据和参数确定的模型称为确定性模型。输入输出数据和参数随着未知因素而不规则地随机变化的模型称为随机性模型。

确定性模型用微分方程、差分方程等描述，随机性模型用概率微分方程、马尔科夫链等描述。

（3）线性模型和非线性模型

输入、输出为线性关系的模型称为线性模型。输入、输出为非线性关系的模型称为非线性模型。

实际分析系统时，线性模型便于处理，因此对具有非线性特性的系统，可尝试用线性模型近似分析。

（4）连续时间模型和离散时间模型

连续时间模型是指输入、输出随时间连续变化的模型，通常用微分方程描述。离散时间模型是指输入、输出每隔一定的时间间隔才发生变化的模型，通常用差分方程来描述。

（5）微观模型和宏观模型

瞬时地、微观地捕捉系统行为，以把握系统的瞬时变化和微观结构的模型为微观模型。长期地、宏观地捕捉系统行为,以把握系统的长期变化和整体结构的模型为宏观模型。

微观模型和宏观模型都可用微分方程、差分方程、代数方程等描述。

2. 根据目的分类

(1) 功能模型

功能模型是指为详细探讨系统的稳定性、可控性等动态特性,或系统的可靠性、安全性、持久性等特性和功能所建立的模型。包括高阶微分方程、传递函数模型(用输入输出函数的拉普拉斯变换比来表示系统的输入输出关系)、状态变量模型(用一阶联立微分方程组表示系统的内部状态)等。

(2) 预测模型

预测模型是指以过去及现在的数据预测系统将来值的模型。包括静态系统预测中常用的多元回归模型和动态系统预测中常用的 AR 模型(自回归模型)等。

(3) 规划模型

规划模型是指以最优为目标编制生产计划、运输计划、工程管理、人员配置等而产生的模型。包括线性规划模型(目标函数及约束条件全部用线性等式或不等式表达)、非线性规划模型(目标函数及约束条件用非线性等式或不等式表达)、多目标规划模型(有多个优化目标)等。

(4) 评价模型

评价模型是指用于综合评价系统的性能、成本、可靠性、安全性等的模型。包括关联矩阵模型(用几个评价项目来评价替代方案,并用评价值的加权和大小来评价替代方案的优劣)、层次分析法(用层次结构描述评价项目,然后用对比法求出每个评价项目的重要程度,最后通过综合这些重要程度来评价替代方案)、效用函数模型(把决策者对替代方案所持的主观态度用效用函数的形式表现出来,采用效用理论来评价替代方案)等。

(二) 图形模型

图形模型是指采用图表等格式来描述系统的信号和信息流,以及系统结构或系统内部的状态转移等的模型。图形模型可细分为信号模型、流模型、结构模型、离散事件模型等。

1. 信号模型

信号模型是指用图形表示系统内的信号流和信号间的输入输出关系的模型。信号模型包括方块图(用枝表示信号流,方块表示输入输出间的关系,用节点表示信号求和、求差点的有向图)和信号流图(用节点表示信号,用枝表示信号流的方向,用枝的权重表示输入输出间的关系的有向图)等。

2. 流模型

将系统的信号流概念延伸到信号以外(包括能量、物流、成本等的信息流),用图形表示信息流、作业过程、处理顺序等的模型称为流模型。流模型包括网络模型(用节点和枝表示系统组成要素间的连接关系,用枝的权重表示流经系统的流量)和流程图(表示处理顺序的有向图,在块中写入具体处理内容,用枝表示各个处理流程)。

3. 结构模型

结构模型是定性研究大规模复杂系统的组成要素及要素间存在的本质上相互依赖、相互制约和关联情况的模型。结构模型包括 ISM(解析结构模型)、DEMATEL 模型(决策试验与评价实验室)等。

4. 离散事件模型

离散事件模型用图形表示自动售货机、工厂生产线等由某一状态离散地转移到另一状态的情况。包括状态转移图(用节点表示系统的有限个状态,用枝表示状态的转移方向,在枝的旁边标注状态转移的原因和条件的有向图)和 Petri 网(用称作转移的方形节点表示系统各状态的发生及完成、用称作位置的圆形节点表示某一状态发生的条件,用枝表示它们的关联的有向图)等。Petri 网是对离散并行系统的表示,适合于描述异步的、并发的计算机系统模型。

三、建模的基本方法

建立系统模型的方法有很多,采用什么方法视具体情况而定。常用的系统建模方法有如下几种:

1. 理论分析法

深入剖析问题,根据问题的性质直接做出模型,在技术方法比较成熟,而对机理了解又比较透彻时,理论分析法较为适用。

例如,有 n 个煤矿、m 个用煤地点。已知产量和需求量分别为 $a_1, a_2, \cdots, a_n; b_1, b_2, \cdots b_m$。设供需正好平衡,即 $\sum_{i=1}^{n} a_i = \sum_{j=1}^{m} b_j$。已知从第 i 个煤矿到第 j 个用煤地的距离为 C_{ij},求解应如何组织运输分配,既能满足各地的需求,又使总的运费最小。由于运费与运输周转量(单位为吨公里)的关系可视为线性关系,目标可转化为求总的运输周转量为最小,可用运输问题的规划模型求解。

首先引入变量 x_{ij},代表第 i 个煤矿运往第 j 个用煤地的煤量。

根据上述条件,可得数学模型为

$$\min B = \sum_{i=1}^{n} \sum_{j=1}^{m} C_{ij} x_{ij}$$

约束条件为

$$\begin{cases} \sum_{j=1}^{m} x_{ij} = a_i & (i = 1, 2, \cdots, n) \\ \sum_{i=1}^{n} x_{ij} = b_j & (j = 1, 2, \cdots, m) \\ \sum_{i=1}^{n} a_i = \sum_{j=1}^{m} b_j & \\ x_{ij} \geq 0 & (i = 1, 2, \cdots, n; j = 1, 2, \cdots, m) \end{cases}$$

采用表上作业法等方法就可以求出结果。

2. 试验法

对于那些内部结构和特性不清楚或不很清楚的系统,即所谓"黑箱"或"灰箱"系统,或当现有数据分析不能确定个别因素(变量)对系统工作指标的影响时,如果允许进行试验性观察,则可以通过试验方法测量其输入和输出,记录输入输出变量的对应试验结果,并分析变量间的关系或搞清哪些是本质的变量及其对指标的影响,然后按照一定的辨识方法得到系统模型。

3. 类比方法

即建造原系统的类似模型。有的系统,其结构和性质虽然已经清楚,但其模型的数量描述和求解比较复杂,这时如果有另一种系统的结构和性质与之相同,但是该系统模型的建立及处理要简单得多,我们就可以把后一种系统的模型看成是原系统的类似模型。利用类似模型,按对应关系就可以很方便地求得原系统的模型。例如,很多机械系统、气动力学系统、水力学系统、热力学系统与电路系统之间某些现象彼此类似,特别是通过微分方程描述的动力学方程基本一致,因此可以利用相对成熟的电路系统模型来构造上述系统的类似模型。

4. 数据分析法

有些系统结构性质不太清楚,但可以通过对描述系统功能的数据的分析来搞清系统的结构模型。这些数据是已知的,或者可以通过收集材料得到。例如,在生产中经常遇到某些产品的质量有问题,造成质量出问题的影响因素很多,其中有些因素是可控的,有些却是不可控的,究竟这些因素与质量指标之间是什么关系和它们分别起多大的影响不是很清楚,这时往往使用回归分析等工具来帮助建立起模型,并在此基础上进一步分析一些因素的作用。

5. 利用"人工现实系统"

在复杂情况下构造模型,当系统结构性质不明确时,无法直接研究现实系统;若没有足够的数据,又无法进行试验研究。这时,表面看来似乎无法构造模型,但可以引入一个人工的现实系统,对要研究的真实系统进行一番科学的设想,从而把模型构造出来。

6. 程序设计方法

并非所有的模型都是解析的,这时可以考虑利用计算机程序设计来进行仿真试验。把一个问题拆成若干个子问题,按照系统运行规则和研究的目的要求,编写程序来计算结果。注意,这种方法和用计算机求解模型是完全不同的,后者是先建立模型,再编程序上机实现,而对于前者,程序本身就是模型。

第二节 系统结构模型化技术

当我们新建或改造一个系统的时候,首先要了解系统中各要素间存在怎样的关系。只有这样,才能更好地完成开发或改造系统的任务。要了解各要素之间的关系,也就是要建立系统的结构模型。

建立结构模型的方法包括只着眼于系统组成要素间有无关联的 ISM(解析结构模型)方法、用具体数值表示关联度的 DEMATEL 方法(决策试验与评价实验室)。这里介绍其中最具代表性的解析结构模型。

解析结构模型(Interpretative Structural Model,ISM),或称为解释型结构模型,是美国沃菲尔德教授(John N. Warfield)于 1973 年提出的。它是用于分析和揭示复杂关系结构的有效方法,可将系统中各要素之间的复杂、零乱关系分解成清晰的多级递阶结构形式。

ISM 的特点是把复杂的系统分解为若干子系统(要素),利用人们的实践经验和知识以及计算机的帮助,最终将系统构造成一个多级递阶的结构模型。ISM 的应用范围十分广泛,从能源、资源等国际性问题到地区开发以至企事业甚至个人范围的问题等,都可应用 ISM 来建立结构模型,并据此进行系统分析。

一、结构模型的基础知识

结构模型是表明系统各要素间相互关系的宏观模型。一种简便的办法是用图的形式表示这种关系。

将系统中的每个要素用一个点(或圆圈)来表示。如果要素 P_i 对 P_j 有影响,则在图中从点 P_i 到点 P_j 用一条有向线段连接起来。有向线段的方向从 P_i 指向 P_j。这种表示方式无论在工程系统或社会经济系统中都是很方便的,通常称为有向图,图2.2就是由6个要素构成的有向图。

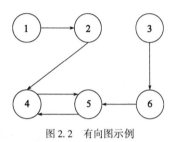

图2.2 有向图示例

设系统由 $n(n \geq 2)$ 个要素$(s_1, s_2, \cdots s_n)$所组成,其集合可表示为 $S = \{s_1, s_2, \cdots, s_n\}$,根据系统的性质和研究目的,要素$(s_i, s_j)$间存在的直接或间接关系称为二元关系,二元关系通常有影响关系、因果关系、包含关系、隶属关系及各种可以比较的关系,诸如大小、先后、轻重、优劣等。

对于系统的任意构成要素 s_i, s_j 来说,如果 s_i, s_j 存在相互影响,这种二元关系叫强连接关系,s_i, s_j 在有向图中构成回路,如图2.2中的4、5要素,这种关系下的各要素之间存在替换性,即4与其他要素间的关系同5与其他要素间的关系相同。

同样可看到,要素间除了具有直接关系外,还具有间接关系,如图2.2中要素1、4的关系,要素1能直接影响到2,2能直接影响到4,则要素1能间接影响到4。我们把这种通过中间要素传递影响关系的特性称为转移特性,即若 s_i 可达 s_j(s_i 有一条路至 s_j),s_j 可达 s_k(s_j 有一条路至 s_k),则 s_i 必定可达 s_k。

通过上述两个要素间二元关系的表示,可以用矩阵 A 表示出有向图。

$$A = (a_{ij})_{n \times n}$$

$$a_{ij} = \begin{cases} 1 & (当 s_i 指向 s_j, 即 s_i 对 s_j 有影响时) \\ 0 & (当 s_i 对 s_j 无影响时) \end{cases}$$

上述矩阵表示了有向图中的要素之间的直接关系,称为邻接矩阵,邻接矩阵中要素为1的元素表示由 s_i 可以一步到达 s_j,所以邻接矩阵又称为一阶关系矩阵。图2.2对应的邻接矩阵为

$$A = \begin{pmatrix} 0 & 1 & 0 & 0 & 0 & 0 \\ 0 & 0 & 0 & 1 & 0 & 0 \\ 0 & 0 & 0 & 0 & 0 & 1 \\ 0 & 0 & 0 & 0 & 1 & 0 \\ 0 & 0 & 0 & 1 & 0 & 0 \\ 0 & 0 & 0 & 0 & 1 & 0 \end{pmatrix}$$

实际中,为了研究方便,通常将系统要素自身的关系定义为1,要素自身间的关系矩阵为单位矩阵 I,即有

$$A+I = \begin{pmatrix} 0 & 1 & 0 & 0 & 0 & 0 \\ 0 & 0 & 0 & 1 & 0 & 0 \\ 0 & 0 & 0 & 0 & 0 & 1 \\ 0 & 0 & 0 & 0 & 1 & 0 \\ 0 & 0 & 0 & 1 & 0 & 0 \\ 0 & 0 & 0 & 0 & 1 & 0 \end{pmatrix} + \begin{pmatrix} 1 & 0 & 0 & 0 & 0 & 0 \\ 0 & 1 & 0 & 0 & 0 & 0 \\ 0 & 0 & 1 & 0 & 0 & 0 \\ 0 & 0 & 0 & 1 & 0 & 0 \\ 0 & 0 & 0 & 0 & 1 & 0 \\ 0 & 0 & 0 & 0 & 0 & 1 \end{pmatrix} = \begin{pmatrix} 1 & 1 & 0 & 0 & 0 & 0 \\ 0 & 1 & 0 & 1 & 0 & 0 \\ 0 & 0 & 1 & 0 & 0 & 1 \\ 0 & 0 & 0 & 1 & 1 & 0 \\ 0 & 0 & 0 & 1 & 1 & 0 \\ 0 & 0 & 0 & 0 & 1 & 1 \end{pmatrix}$$

利用二元关系的转移特性，就可以建立要素 s_i, s_j 间的 2 阶、3 阶、$\cdots$、r 阶关系，即要素 s_i 通过 2 步、3 步、$\cdots$、r 步是否能到达 s_j，相应地，可以建立系统的 2 阶、3 阶、$\cdots$、r 阶关系矩阵。有 n 个要素的系统，最多有 $n-1$ 阶的关系。当一个矩阵表示了系统要素的所有直接、间接的关系，则称该矩阵为可达矩阵。例如，有向图 2.2 所对应的可达矩阵为 R。

$$R = \begin{pmatrix} 1 & 1 & 0 & 1 & 1 & 0 \\ 0 & 1 & 0 & 1 & 1 & 0 \\ 0 & 0 & 1 & 1 & 1 & 1 \\ 0 & 0 & 0 & 1 & 1 & 0 \\ 0 & 0 & 0 & 1 & 1 & 0 \\ 0 & 0 & 0 & 1 & 1 & 1 \end{pmatrix}$$

通过对邻接矩阵 A 的运算，也可求出系统要素的可达矩阵 R，计算公式为

$$R = (A+I)^r$$

矩阵 A 和 R 的元素均为"1"或"0"，是 $n \times n$ 阶的 0-1 矩阵，计算过程符合布尔代数的运算法则，不考虑位与位之间的进位，有：

$$0+0=0, 0+1=1, 1+0=1, 1+1=1, 0 \times 0 = 0, 0 \times 1 = 0, 1 \times 0 = 0, 1 \times 1 = 1$$

最大传递次数 r 可根据下式确定：

$$A+I \neq (A+I)^2 \neq (A+I)^3 \neq \cdots \neq (A+I)^{r-1} \neq (A+I)^r = (A+I)^{r+1}$$

由于传递 r 步后已得到可达矩阵，因此有：

$$(A+I)^r = (A+I)^{r+1} = \cdots = (A+I)^{n-1} = R$$

有向图 2.2 对应的可达矩阵可计算如下：

$$(A+I)^2 = \begin{pmatrix} 1 & 1 & 0 & 0 & 0 & 0 \\ 0 & 1 & 0 & 1 & 0 & 0 \\ 0 & 0 & 1 & 0 & 0 & 1 \\ 0 & 0 & 0 & 1 & 1 & 0 \\ 0 & 0 & 0 & 1 & 1 & 0 \\ 0 & 0 & 0 & 0 & 1 & 1 \end{pmatrix} \times \begin{pmatrix} 1 & 1 & 0 & 0 & 0 & 0 \\ 0 & 1 & 0 & 1 & 0 & 0 \\ 0 & 0 & 1 & 0 & 0 & 1 \\ 0 & 0 & 0 & 1 & 1 & 0 \\ 0 & 0 & 0 & 1 & 1 & 0 \\ 0 & 0 & 0 & 0 & 1 & 1 \end{pmatrix} = \begin{pmatrix} 1 & 1 & 0 & \underline{1} & 0 & 0 \\ 0 & 1 & 0 & 1 & \underline{1} & 0 \\ 0 & 0 & 1 & 0 & \underline{1} & 1 \\ 0 & 0 & 0 & 1 & 1 & 0 \\ 0 & 0 & 0 & 1 & 1 & 0 \\ 0 & 0 & 0 & \underline{1} & 1 & 1 \end{pmatrix}$$

矩阵运算中的"$\underline{1}$"表示要素间间接（通过两步）到达的情况。由于 $A+I \neq (A+I)^2$，则继续计算。

$$(A+I)^3 = (A+I)^2 \times (A+I)$$

$$= \begin{pmatrix} 1 & 1 & 0 & \underline{1} & 0 & 0 \\ 0 & 1 & 0 & 1 & \underline{1} & 0 \\ 0 & 0 & 1 & 0 & 1 & 1 \\ 0 & 0 & 0 & 1 & 1 & 0 \\ 0 & 0 & 0 & 1 & 1 & 0 \\ 0 & 0 & 0 & 1 & 1 & 1 \end{pmatrix} \times \begin{pmatrix} 1 & 1 & 0 & 0 & 0 & 0 \\ 0 & 1 & 0 & 1 & 0 & 0 \\ 0 & 0 & 1 & 0 & 0 & 1 \\ 0 & 0 & 0 & 1 & 1 & 0 \\ 0 & 0 & 0 & 1 & 1 & 0 \\ 0 & 0 & 0 & 0 & 1 & 1 \end{pmatrix} = \begin{pmatrix} 1 & 1 & 0 & \underline{1} & \underline{\underline{1}} & 0 \\ 0 & 1 & 0 & 1 & 1 & 0 \\ 0 & 0 & 1 & \underline{\underline{1}} & 1 & 1 \\ 0 & 0 & 0 & 1 & 1 & 0 \\ 0 & 0 & 0 & 1 & 1 & 0 \\ 0 & 0 & 0 & 1 & 1 & 1 \end{pmatrix}$$

矩阵运算中的"$\underline{\underline{1}}$"表示要素间间接（通过三步）到达的情况。由于$(A+I)^3 \neq (A+I)^2$，则继续计算。

$$(A+I)^4 = (A+I)^3 \times (A+I)$$

$$= \begin{pmatrix} 1 & 1 & 0 & \underline{1} & \underline{\underline{1}} & 0 \\ 0 & 1 & 0 & 1 & \underline{1} & 0 \\ 0 & 0 & 1 & \underline{\underline{1}} & 1 & 1 \\ 0 & 0 & 0 & 1 & 1 & 0 \\ 0 & 0 & 0 & 1 & 1 & 0 \\ 0 & 0 & 0 & 1 & 1 & 1 \end{pmatrix} \times \begin{pmatrix} 1 & 1 & 0 & 0 & 0 & 0 \\ 0 & 1 & 0 & 1 & 0 & 0 \\ 0 & 0 & 1 & 0 & 0 & 1 \\ 0 & 0 & 0 & 1 & 1 & 0 \\ 0 & 0 & 0 & 1 & 1 & 0 \\ 0 & 0 & 0 & 0 & 1 & 1 \end{pmatrix} = \begin{pmatrix} 1 & 1 & 0 & \underline{1} & \underline{1} & 0 \\ 0 & 1 & 0 & 1 & \underline{1} & 0 \\ 0 & 0 & 1 & \underline{1} & 1 & 1 \\ 0 & 0 & 0 & 1 & 1 & 0 \\ 0 & 0 & 0 & 1 & 1 & 0 \\ 0 & 0 & 0 & 1 & 1 & 1 \end{pmatrix}$$

由于$(A+I)^4 = (A+I)^3$，计算终止，则可达矩阵为

$$R = (A+I)^3 = \begin{pmatrix} 1 & 1 & 0 & \underline{1} & \underline{\underline{1}} & 0 \\ 0 & 1 & 0 & 1 & 1 & 0 \\ 0 & 0 & 1 & \underline{\underline{1}} & 1 & 1 \\ 0 & 0 & 0 & 1 & 1 & 0 \\ 0 & 0 & 0 & 1 & 1 & 0 \\ 0 & 0 & 0 & \underline{1} & 1 & 1 \end{pmatrix}$$

二、由可达矩阵画出有向图

由可达矩阵R可看出各要素s_i与其他要素的到达关系，求如下集合：

$$P(s_i) = \{s_j | r_{ij} = 1, j = 1, 2, \cdots, n\} \quad (i = 1, 2, \cdots, n)$$
$$Q(s_i) = \{s_j | r_{ji} = 1, j = 1, 2, \cdots, n\} \quad (i = 1, 2, \cdots, n)$$

其中$P(s_i)$称为可达集合，即从要素s_i出发可以到达的全部要素的集合。可通过找可达矩阵R的第i行上值为1的列对应的要素来求得。$Q(s_i)$称为先行集合，也称前因集，即可以到达要素s_i的全部元素的集合。可通过找可达矩阵R的第i列上值为1的行对应的要素来求得。

再从$P(s_i)$、$Q(s_i)$求出它们的交集（也称共同集），得到满足下列条件的要素的集合L_1。

$$P(s_i) \cap Q(s_i) = P(s_i)$$

L_1中的元素有如下特征：该要素能够到达的其他要素，必定会到达该要素，即该要素与其可达集中的要素构成回路，该要素没有更上一级的要素。那么，L_1中的要素是位于最高层次（第1级）的要素。

然后，从原来的可达矩阵 R 中删去对应 L_1 中要素的行与列，得到矩阵 R_1，对 R_1 进行同样操作，确定属于第 2 级 L_2 的要素，重复同样的操作，依次求出 L_3，L_4，…，从而把各要素分配到相应的级别上。

下面根据矩阵 R，求与各要素对应的可达集合 $P(s_i)$、先行集合 $Q(s_i)$ 及共同集合 $P(s_i) \cap Q(s_i)$，如表 2.1 所示。

可达集合、先行集合与共同集合　　　　　　　　　　　　　　　表 2.1

s_i	$P(s_i)$	$Q(s_i)$	$P(s_i) \cap Q(s_i)$
1	1,2,4,5	1	1
2	2,4,5	1,2	2
3	3,4,5,6	3	3
4	4,5	1,2,3,4,5,6	4,5
5	4,5	1,2,3,4,5,6	4,5
6	4,5,6	3,6	6

满足 $P(s_i) \cap Q(s_i) = P(s_i)$ 的要素有 4 和 5。由此确定第 1 级，$L_1 = \{4,5\}$。

其次，删去第 4 行和第 5 行及表格中其他要素可达集中的"4 和 5"，得表 2.2。

级位划分过程（一）　　　　　　　　　　　　　　　　　表 2.2

s_i	$P(s_i)$	$Q(s_i)$	$P(s_i) \cap Q(s_i)$
1	1,2	1	1
2	2	1,2	2
3	3,6	3	3
6	6	3,6	6

满足 $P(s_i) \cap Q(s_i) = P(s_i)$ 的要素有 2 和 6。由此确定第 2 级，$L_2 = \{2,6\}$。

再次，删去要素 2 和 6 所在的行及表格中其他要素可达集中的"2 和 6"，得表 2.3。

级位划分过程（二）　　　　　　　　　　　　　　　　　表 2.3

s_i	$P(s_i)$	$Q(s_i)$	$P(s_i) \cap Q(s_i)$
1	1	1	1
3	3	3	3

要素 1 和 3 都满足 $P(s_i) \cap Q(s_i) = P(s_i)$，因此，第三级为 $L_3 = \{1,3\}$。

级别分配结束后，在最上层放第 1 级 L_1 的要素，它的下面放第 2 级 L_2 的要素，依此类推把各要素从上至下按级别顺序放置，该例中的 6 个要素分配在 3 个级别上。最后把可达矩阵 R 的行列也按这一级别顺序进行排列，通过这一操作，R 化为了分块三角阵 R'。

$$R' = \begin{array}{c} \\ 4 \\ 5 \\ 2 \\ 6 \\ 1 \\ 3 \end{array} \begin{array}{c} 4\;5\;2\;6\;1\;3 \\ \left(\begin{matrix} 1 & 1 & 0 & 0 & 0 & 0 \\ 1 & 1 & 0 & 0 & 0 & 0 \\ 1 & 1 & 1 & 0 & 0 & 0 \\ 1 & 1 & 0 & 1 & 0 & 0 \\ 1 & 1 & 1 & 0 & 1 & 0 \\ 1 & 1 & 0 & 1 & 0 & 1 \end{matrix} \right) \end{array}$$

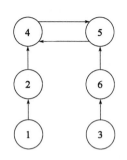

图 2.3 系统的多层递阶结构图

参照矩阵 R'，用有向线段代表相邻级别要素间的关系及同一级各要素间的关系，因而可用有向图的形式来表示系统的多层递阶结构，如图 2.3 所示。

三、解析结构模型的步骤

解析结构模型是按层次结构的形式对系统建模的方法，由以下 4 个步骤组成。

步骤 1：生成邻接矩阵。

首先要充分了解系统由哪些要素组成，并确定其组成要素 s_i ($i=1,\cdots,n$)。接下来，确定任意两个要素 s_i 和 s_j 之间的直接影响关系，即建立邻接矩阵，邻接矩阵描述了各点间通过长度为 1 的通路相互可以到达的情况。

步骤 2：计算可达矩阵。

求得邻接矩阵后，接下来求 A 与单位矩阵 I 的和 $A+I$，做矩阵 $A+I$ 的幂运算，直至下式成立为止：

$$A+I \neq (A+I)^2 \neq (A+I)^3 \neq \cdots \neq (A+I)^r = (A+I)^{r+1}$$

矩阵 $R=(A+I)^r$ 为可达矩阵。可达矩阵的元素 r_{ij} 的值代表了元素 s_i 到 s_j 间是否存在着可到达的路径，即可达矩阵完全表征了要素间直接的、间接的关系，表明了各点间经长度不大于 $n-1$ 的通路的可达情况。

步骤 3：各要素的级别分配。

找出每个要素的可达集 $P(s_i)$ 和先行集 $Q(s_i)$，求满足下列条件的要素集合 L_1。

$$P(s_i) \cap Q(s_i) = P(s_i)$$

L_1 中的要素处于有向图的第 1 级。然后，从原来的可达矩阵 R 中删去对应 L_1 中要素的行和列，得到矩阵 R_1，对 R_1 进行同样操作，确定属于第 2 级 L_2 的要素。以后重复同样操作，依次求出 $L_3, L_4, \cdots$，从而把各要素分配到相应的级别上。

步骤 4：画出有向图。

级别分配结束后，将各要素从上至下按级别顺序放置。同时将可达矩阵转化为按级别排列的可达矩阵，用有向线段表示相邻级别要素间的关系及同一级别要素间的关系，从而画出有向图。

这里举一个具体例子来说明前面介绍的 ISM 的步骤。现在以 7 个组成要素 $s_1,\cdots,s_7$ 组成的系统为对象，分析系统的结构，找出各要素之间相互影响的关系。得到邻接矩阵 A。经计算，当 $r=3$ 时，满足 $A+I \neq (A+I)^2 \neq (A+I)^3 = (A+I)^4$，可达矩阵 $R=(A+I)^3$。

$$A = \begin{pmatrix} 0 & 0 & 1 & 0 & 0 & 0 & 0 \\ 0 & 0 & 0 & 0 & 1 & 1 & 0 \\ 0 & 1 & 0 & 0 & 0 & 0 & 0 \\ 0 & 0 & 1 & 0 & 0 & 0 & 0 \\ 0 & 0 & 0 & 0 & 0 & 0 & 0 \\ 0 & 1 & 0 & 0 & 0 & 0 & 0 \\ 0 & 0 & 1 & 0 & 0 & 0 & 0 \end{pmatrix}, R = \begin{pmatrix} 1 & 1 & 1 & 0 & 1 & 1 & 0 \\ 0 & 1 & 0 & 0 & 1 & 1 & 0 \\ 0 & 1 & 1 & 0 & 1 & 1 & 0 \\ 0 & 1 & 1 & 1 & 1 & 1 & 0 \\ 0 & 0 & 0 & 0 & 1 & 0 & 0 \\ 0 & 1 & 1 & 0 & 1 & 1 & 0 \\ 0 & 1 & 1 & 0 & 1 & 1 & 1 \end{pmatrix}$$

该可达矩阵 R 中,存在着矩阵 $A+I$ 中取值不为 1 的元素(记作 $\underline{1}$),这说明这些要素之间没有直接关系,而是通过其他要素产生间接关系。

根据可达矩阵 R,求与各要素对应的可达集合 $P(s_i)$、先行集合 $Q(s_i)$ 及共同集合 $P(s_i) \cap Q(s_i)$,如表 2.4 所示,满足 $P(s_i) \cap Q(s_i) = P(s_i)$ 的要素只有 s_5。由此确定第 1 级 $L_1 = \{s_5\}$。

其次,从表 2.4 中删除要素 5 及其所在行,并删除其他要素可达集中的"5",得表 2.5,判断出第 2 级 $L_2 = \{s_2, s_6\}$。以下同理,可求得 $L_3 = \{s_3\}$,$L_4 = \{s_1, s_4, s_7\}$,如表 2.6、表 2.7 所示。因此,该例中的 7 个元素可分配在 4 个级别上。

级位划分过程(一)　　　　　　　　　　　　　　表 2.4

s_i	$P(s_i)$	$Q(s_i)$	$P(s_i) \cap Q(s_i)$
1	1,2,3,5,6	1	1
2	2,5,6	1,2,3,4,6,7	2,6
3	2,3,5,6	1,3,4,7	3
4	2,3,4,5,6	4	4
5)	5	1,2,3,4,5,6,7	5
6	2,5,6	1,2,3,4,6,7	2,6
7	2,3,5,6,7	7	7

级位划分过程(二)　　　　　　　　　　　　　　表 2.5

s_i	$P(s_i)$	$Q(s_i)$	$P(s_i) \cap Q(s_i)$
1	1,2,3,6	1	1
2)	2,6	1,2,3,4,6,7	2,6
3	2,3,6	1,3,4,7	3
4	2,3,4,6	4	4
6)	2,6	1,2,3,4,6,7	2,6
7	2,3,6,7	7	7

级位划分过程(三)　　　　　　　　　　　　　　表 2.6

s_i	$P(s_i)$	$Q(s_i)$	$P(s_i) \cap Q(s_i)$
1	1,3	1	1
3)	3	1,3,4,7	3
4	3,4	4	4
7	3,7	7	7

级位划分过程(四)　　　　　　　　　　　　　　表 2.7

s_i	$P(s_i)$	$Q(s_i)$	$P(s_i) \cap Q(s_i)$
1	1	1	1
4	4	4	4
7	7	7	7

将可达矩阵 R 按以上级别顺序排列,得到分块三角阵 R'。

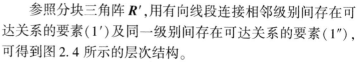

$$R' = \begin{pmatrix} 1 & 0 & 0 & 0 & 0 & 0 & 0 \\ 1' & 1 & 1'' & 0 & 0 & 0 & 0 \\ 1' & 1'' & 1 & 0 & 0 & 0 & 0 \\ 1 & 1' & 1' & 1 & 0 & 0 & 0 \\ 1 & 1 & 1 & 1' & 1 & 0 & 0 \\ 1 & 1 & 1 & 1' & 0 & 1 & 0 \\ 1 & 1 & 1 & 1' & 0 & 0 & 1 \end{pmatrix} \begin{matrix} 5 \\ 2 \\ 6 \\ 3 \\ 1 \\ 4 \\ 7 \end{matrix}$$

参照分块三角阵 R',用有向线段连接相邻级别间存在可达关系的要素($1'$)及同一级别间存在可达关系的要素($1''$),可得到图 2.4 所示的层次结构。

由图 2.4 可见,要素 s_1,s_4,s_7 相互间没有影响关系,但三个要素均直接影响 s_3。通过 s_3 间接影响 s_2,s_5,s_6。要素 s_2 与 s_6 构成回路。要素 s_2 与 s_6 均影响要素 s_5。由于要素 s_2 与 s_6 构成回路,s_2 和 s_6 与系统其他要素的关系完全相同,故在有向图中只标出要素 s_2 与上下级要素的关系。

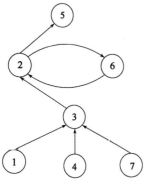

图 2.4 系统的有向图示例

本章习题

1. 为什么要进行系统建模?系统模型的特征及分类有哪些?
2. 利用某种计算软件(如 MATLAB)求解以下邻接矩阵所对应的可达矩阵。

$$A = \begin{pmatrix} 0 & 0 & 0 & 0 & 0 \\ 0 & 0 & 1 & 0 & 0 \\ 1 & 0 & 0 & 1 & 0 \\ 0 & 0 & 1 & 0 & 0 \\ 0 & 0 & 1 & 0 & 0 \end{pmatrix}$$

3. 由图 2.5 求出对应可达矩阵。

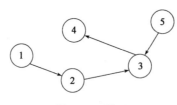

图 2.5 习题 3 图

4. 针对某一社会经济问题,如地下水污染、全球气候变暖、美元的国际市场主体地位等,运用系统分析思维及解析结构模型探讨该类问题及解决对策。
5. 选取城市交通的某一问题,如交通拥堵、交通事故或生态环境保护等,探讨解析结构模型在城市交通问题分析中的应用。

第三章 系统综合评价

第一节 系统综合评价概述

一、系统评价的概念

系统评价是系统分析中复杂而又重要的一个环节,在系统开发过程中,不仅要提出许多开发系统的备选方案,而且还要通过系统评价从众多的备选方案中找出所需的最优方案。

系统评价是对系统方案满足系统目标的综合分析和判定,也就是利用模型及各种资料,根据社会、政治、经济、技术等方面的客观要求,从系统整体出发,分析对比各备选方案,权衡各方案的利弊得失,并考虑成本与效益的关系,选出最佳方案的过程。评价对象是接受评价的事物、行为或对象系统,如待开发系统、待实施的方案等。评价主体是评定对象系统价值大小的评价个人或评价集体。

系统评价是系统决策的重要依据和基础,评价的好坏影响着决策的正确性,所以,系统评价是系统决策的重要组成部分,甚至评价本身就是一种决策形式。自20世纪50年代以来,欧美等发达国家及前苏联对系统的技术评价、政策评价、经济评价等都非常的重视。我国在20世纪80年代以来也开始重视系统评价的研究,对一些重大工程项目进行技术经济论证,对一些大系统的开发进行综合评价。目前,系统评价的方法呈现出两个明显的特征:一是定性研究与定量研究相结合;二是评价指标的体系化,评价方法也在不断地完善。

交通运输系统是国民经济大系统中的重要子系统,交通运输项目,往往是数亿元投资的大项目,它涉及的问题多而且复杂,影响广而且深远。因此,在对交通运输系统进行评价时,一要考察它与社会、政治、经济、技术系统的相互联系与相互作用,从生产系统的角度评价其经营效果,从服务系统的角度评价其满足用户需要的程度、服务质量对用户的影响等;二要考察它对自然环境的影响,因为交通运输系统是在一定的外部空间环境中运行的。此外,交通运输系统又是由各种运输方式相互结合、相互作用的一个综合的、复杂的系统,在某种程度上,各种运输方式之间存在着可替代性,但每种运输方式都有其各自的技术经济特点、优势以及合理的使用范围,其功能作用和影响也不尽相同。

充分发挥各种运输方式的优势,提高运输系统的综合运输能力,是当今世界交通运输发展的总趋势。因此,必须从社会、政治、经济和技术等方面,对交通运输系统进行全面的、客观的、科学的评价,为交通运输系统的规划、决策提供可靠的依据。

二、系统评价的分类

按不同的分类方法,系统评价可以进行如下分类:

1. 按评价的时间顺序分类

(1) 事前评价

在是否要开发一个系统,进行系统规划研究时进行的评价。由于没有系统的实物,一般只能采用预测和仿真的方法来进行评价。如规划评价就属于事前评价。

(2) 事中评价

在系统计划实施中期进行的评价,着重检验系统是否按计划进行,例如检查项目完成情况,往往采用计划协调技术。

(3) 事后评价

在一个系统完成后,对照系统目标及决策主体的要求,评价是否达到了预期的效果。这时已经有了大量的数据,可以采用定量方法进行评价。

(4) 跟踪评价

在系统的整个运行阶段每隔一定时间进行一次评价,跟踪方案实施进程,及时发现问题进行解决。

2. 按评价的内容分类

(1) 技术评价

技术评价是围绕系统功能来进行的,对系统方案技术上的先进性、可靠性、维护性、通用性、安全性等方面做出评价。

(2) 经济评价

经济评价是围绕系统的经济效益来进行的,评价的内容主要是以成本为中心的经济可行性分析。

(3) 社会评价

社会评价是从社会分配、社会福利、劳动就业、社会稳定等方面,评价方案实施带来的社会效益及产生的社会影响。

(4) 可持续性评价

可持续性评价是对方案与人口增长、环境保护及资源利用等方面的协调作出评价,使方案实施与社会经济的可持续性发展相协调。

(5) 综合评价

综合评价是在上述多方面评价的基础上,对系统方案价值的大小所做的综合评价。

三、系统评价的原则和步骤

1. 系统评价的原则

为了做好系统评价,必须坚持以下原则:

(1) 评价的客观性

评价的目的是为了决策,因此评价的质量直接影响着决策的正确性,评价必须能客观地反映实际。要求进行评价所依据的资料要全面、可靠、准确,评价人员要客观公正,评价人员的组成要有代表性,并保证评价人员能够自由发表观点。

(2) 评价方案的可比性

所提出的系统方案在保证实现系统的基本功能上要有可比性和一致性,不能搞"陪衬"方案,否则就失去了评价的意义。可比性的另一方面是指对于某个标准,必须能够对方案作出比较。

(3) 评价指标的系统性

评价指标自身应为一个系统,能反映系统的目标,而系统的目标是多元的、多层次的和多时序的,因此评价指标也应具有多元、多层次、多时序的特点。

2. 系统评价的步骤

系统评价是一项复杂的工作,为了保证评价工作的高效和有序,一般应遵循以下步骤:

(1) 明确系统目的,熟悉系统方案

为了进行可行的评价,必须反复调查、了解系统的目的,熟悉所提出的系统方案。

(2) 分析系统要素,确定评价项目

根据系统的目的,集中收集有关的资料和数据,对组成系统的各个要素及系统的性能特征进行全面的分析,找出进行系统评价的项目。系统评价的项目一般是由构成系统的性能要素所决定的,主要包括系统的功能、进度、成本、可靠性、实用性、适应性、寿命、技术水平等因素。

(3) 确定评价指标体系

指标是衡量系统总体目的的具体标志,对于所评价的系统,必须建立能够对照和衡量各个方案的统一尺度,即评价指标体系。指标体系要根据系统的目的和特点来确定,可以通过大量的资料,在调查分析的基础上得到。评价指标体系必须科学地、客观地、尽可能全面地考虑各种因素,包括组成系统的主要因素及有关系统性能、费用、效果等方面的因素,由若干个单项评价指标组成,并形成一个整体。

(4) 制定评价结构和评价标准

在评价过程中,如果只是定性地描述系统的目的,而没有定量地表述,就难以做出科学的评价,因而,要对所确定的指标进行定量化的处理。由于每一个要评价的系统都有不同的特性、不同的目的,所以,就有不同的评价指标体系。进行评价标准的制定,以使指标规范化,并根据指标所反映出的各要素的状况,确定各指标的结构和权重。

(5) 确定评价方法

评价方法根据评价对象的具体要求不同而有所不同,总的来说,要按照系统目的和系统分析的结果、实施费用、评价效果等方面来确定系统评价的方法。

(6) 进行系统评价

根据系统目的、要求,按照评价标准,进行单项系统评价或系统综合评价,选择恰当而且可行的最优方案或满意方案。

四、评价指标体系的建立

要进行系统综合评价,就必须建立系统的综合评价指标体系。指标体系的建立要以系统性、可测性、层次性、简易性、可比性,以及定性指标与定量指标相结合、绝对指标与相对指标相结合等为原则。

(1) 系统性

指标体系应能全面反映被评价对象的综合情况,从中抓出主要因素,使评价指标既能反映系统的直接效果,又能反映系统的间接效果,以保证综合评价的全面性和可信度。

(2) 可测性

评价指标的含义明确,数据资料收集方便,计算简单,易于掌握。

(3) 层次性

评价指标体系要有层次性,这样,才能为衡量系统方案的效果和确定评价指标的权重提供方便。

(4) 简易性

评价指标体系的制定,要言简意明,避免烦琐,避免指标中明显的包含关系,对隐含的相关关系,要在模型中以适当的方法加以消除。

(5) 可比性

指标的选择要保持同趋势化,即同向化,随着指标值的增加而同时使系统的价值增加或减小,如果指标不具备同趋势化,应做指标值的数据处理,以保证可比性。

(6) 定性指标与定量指标相结合

运输系统的综合评价,既包括技术经济指标,又包括社会环境指标,前者比较易于用定量指标来度量,但后者却很难用定量化的指标衡量,如交通运输工具的安全、舒适、便利等。要使得评价更具有客观性,就必须坚持定量指标与定性指标相结合的原则。这样做也便于系统模型的处理,并且可以弥补单纯定量评价的不足以及数据本身存在的某些缺陷。

(7) 绝对指标与相对指标相结合

绝对指标反映系统的规模和总量,相对指标反映系统在某些方面的强度或性能,两者结合起来使用,才能全面地描述交通运输系统的特性。

运输系统评价指标体系的建立,是以运输系统的目的为依据的。以往在选择或设计一个系统的时候,大多只注意对这个系统的经济目标和技术目标进行评价、协调,这也是一般系统设计所遵循的"技术-经济"原则。这种设计原则的最大弊端是忽视对人力、物力、时间等资源的考虑,以及对环境带来的影响,从而导致人力、物力、时间的浪费和对环境的破坏。按照系统工程的方法,在对系统进行选择或设计的时候,不仅考虑技术-经济方面的准则,而且要同时考虑环境-社会这一非技术方面的准则,综合考虑社会、政治、经济、技术等方面的因素,对系统进行综合评价。这样,才能使系统有较好的整体性,更好地适应环境,更好地实现系统的目的。

五、系统评价的方法

评价方法发展到今天,已不下数十种之多。由于回收率法、收益-成本分析法等主要用于项目经济方面的评价,而层次分析法、模糊评价法、灰色关联法等可对不同项目进行综合评价。因此后文将经济评价方法单独列出,这里仅就较为常用的几种方法列举如下。

(1) 收益-成本分析法

这是系统评价的经典方法之一。美国政府部门将收益-成本分析(Cost Benefit Analysis)作为评价政策的工具。始于1902年的"河川江湾法"(The River and Harbor Act)。这个法律规定,在制定河川与江湾的投资规划时,必须有有关部门的专家提供关于费用与效益在内的报告,即在可能的领域内,要进行包括费用与效益在内的经济评价。这种评价方法后来逐步渗透到各种经济领域。而且要求所投资的工程项目给社会提供财富和服务的价值——效益,必须超过其费用,作为工程项目投资合理性的依据。理论界则要求从经济总体上考虑费用和效益的关系,以达到资源的最优化分配。

(2) 层次分析法

层次分析法是一种定性分析和定量分析相结合的评价决策方法,它将评价者对复杂系统的评价思维过程数学化。其基本思路是评价者通过将复杂问题分解为若干层次和若干要素,并在同一层次的各要素之间简单地进行比较、判断和计算,就可得出不同替代方案的重要度,从而为选择最优方案提供决策依据。层次分析法的特点是:能将人们的思维过程数学化、系统化,便于人们接受;所需定量数据信息较少。但要求评价者对评价问题的本质、包含的要素及其相互之间的逻辑关系能掌握得十分透彻。这种方法尤其可用于对无结构特性的系统评价以及多目标、多准则、多时期等的系统评价。由于上述这些特点,这种方法目前已在各个领域获得广泛应用。

(3) 模糊评价法

这是运用模糊集理论对系统进行综合评价的一种方法。通过模糊评价,能获得系统各替代方案优先顺序的有关信息。应用模糊评价法时,除了确定评价项目及其权重和评价尺度外,在对各评价项目进行评定时,用对第 i 评价项目作出第 j 评价尺度的可能程度的大小来表示,这种评定是一种模糊映射。其可能程度的大小用隶属度 γ_{ij} 来反映。近年来,模糊评价法也是常用的一种综合评价方法。

第二节 系统的经济评价

运输系统经济评价是以货币价值或经济效益为评价标准的,一个运输系统的规划、设计、施工及经营管理,在技术上往往有多种方案,究竟采用哪种方案,需要通过经济分析,选择经济效果最好的方案,即在相同的收益下资源消耗最少的方案或在相同的资源消耗下收益最大的方案。常用的经济评价方法有现值法、年值法、回收率法、收益-成本分析法等。

一、单复利公式

由于资金具有时间价值,因而资金在不同的时期其价值是不同的。现值指资金现在的价值。终值指资金在将来某一时期的价值。现值与终值通常用现金流图表示,如图 3.1 所示。

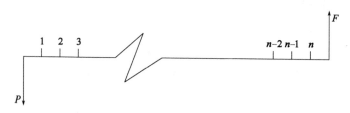

图 3.1 现金流图

对现金流程图的几点说明:

(1)图中水平线是时间标度,自左向右表示时间的延续;每一等分的间隔代表一个时间单位,一般是年,也可以是月、日等。水平线上的点,称为时点,时点通常表示该年的年末,同时也是下一年的年初。零时点即为第一年开始之时点。整个水平线可以看作是我们要考察的"系统"的有效时间。

(2)水平线的垂直线,表示流入或流出该"系统"的现金流量。垂直线的长度根据现金流量的大小按比例画出。箭头表示现金流动的方向,箭头向上表示现金流入(资金增加),箭头向下表示现金流出(现金减少)。

(3)在箭头的上方(或下方)表明该现金流量的金额大小。

设 P 表示现值;F 表示终值;n 表示计算周期数;i 表示某一规定周期(年、月)的利率;则现值与终值之间有如下关系:

1. 单利法

在单利法中,资金的时间价值只与资金的本金有关,在资金的增值过程中,只有本金产生时间价值。而已产生的时间价值不再增值,因而资金在各个时期产生的时间价值是相同的。

单利法的计算公式为

$$F = P(1 + ni) \tag{3.1}$$

2. 复利法

在复利法计算中,资金在增值过程中已产生的时间价值仍继续增值,因而资金在各个时期产生的时间价值是不一样的。

复利法的计算公式为

$$F = P(1 + i)^n \tag{3.2}$$

【例 3.1】 某物流公司向银行借款 100 万元,用于公司运输设备更新,年利率为 8%,借期为 10 年,试问 10 年后,该单位应向银行还多少钱?分别用单利法和复利法计算。

解:

单利法 $F = 100(1 + 10 \times 0.08) = 180$(万元)

复利法 $F = 100(1 + 0.08)^{10} = 215.9$(万元)

可见,用单利法计算与用复利法计算,其结果相差是很大的。期限越长,利率越高,则两者之差就越大。在资金投资或贷款计算中,一般都采用复利法。

3. 复利公式

上述公式是最基本的计算公式,在实际应用中,还有一些其他公式,如表3.1所示。

复利公式汇总表　　　　　　　　　表3.1

序号	名　称	公　式	系数符号	系数公式
1	一次整付终值公式	$F = P(1+i)^n$	$(F/P, i, n)$	$(1+i)^n$
	说明	计算复利终值相当于求在银行整存整取的本利和,所以该公式又称"整付本利和"公式,是银行业务和项目经济评价中常用的公式之一		
2	一次整付现值公式	$P = \dfrac{F}{(1+i)^n}$	$(P/F, i, n)$	$\dfrac{1}{(1+i)^n}$
	说明	该公式是在已知终值 F 的情况下求现值 P 的公式。它的计算过程是求复利终值的逆运算。这种计算过程又称"贴现"或"折现"		
3	分期等值支付终值公式	$F = A\left[\dfrac{(1+i)^n - 1}{i}\right]$	$(F/A, i, n)$	$\dfrac{(1+i)^n - 1}{i}$
	说明	应用该公式求终值相当于求在银行零存整取的本利和,即每年年末收入或支出相等的金额,按一定的复利系数折算到 n 年末的终值		
4	积累基金公式	$A = F\left[\dfrac{i}{(1+i)^n - 1}\right]$	$(A/F, i, n)$	$\dfrac{i}{(1+i)^n - 1}$
	说明	该公式表示在预定将来 n 年末偿还一笔借款 F,已知年利率为 i,则可以计算每年年末存储等额资金 A		
5	分期等值支付现值公式	$P = A\left[\dfrac{(1+i)^n - 1}{i(1+i)^n}\right]$	$(P/A, i, n)$	$\dfrac{(1+i)^n - 1}{i(1+i)^n}$
	说明	该公式所求的现值是指每年年末收入或支出相等的金额,按一定的折现率到期初时的现值		
6	资金回收基金公式	$A = P\left[\dfrac{i(1+i)^n}{(1+i)^n - 1}\right]$	$(A/P, i, n)$	$\dfrac{i(1+i)^n}{(1+i)^n - 1}$
	说明	该公式指项目初始投入的资金 P 应在预定的期限 n 年内收回,已知年利率为 i,可以计算每年应等额收回的 A		

注:P 表示现值;F 表示终值;n 表示计算周期数;i 表示某一规定周期(年、月)的利率;A 表示每次支付的等额资金。

【例3.2】 某运输集团用分期付款的方式向银行贷款1000万元购置一批运输车辆,贷款条件为:年利率10%,从贷款后的第一年开始,平均分8年还清,问运输集团每年需还款多少万元?

解:已知 $P = 1000$ 万元,$i = 10\%$,$n = 8$ 年。
根据资金回收基金公式:

$$A = 1000 \times \dfrac{0.1 \times (1+0.1)^8}{(1+0.1)^8 - 1} = 187.44(万元)$$

二、现值法

现值法是进行系统经济分析时最常用的一种方法。它是通过将各种方案不同时期的投资都换算成现值的方法,来进行方案的分析、评价、选择的。根据方案的使用年限,现值法可分为使用期相等与使用期不等两种情况。

1. 相同使用期的方案比较

所谓相同使用期的方案比较就是直接将各方案在各个时期的投资换算成现值,并进行比较,选择投资现值最少的方案为合理的方案。

【例3.3】 某水运设计院在设计某一港口时,提出两个港口设计方案,使用期都是20年。方案A的初始投资为100万元,年运营费用30万元;方案B的初始投资为100万元,第10年末再增加投资100万元,年营运费用10万元。资金年利率为10%,试确定最经济的港口设计方案。

解:方案A:

$$P_1 = 100(万元)$$

$$P_2 = 30 \times \frac{(1+0.1)^{20}-1}{0.1 \times (1+0.1)^{20}} = 255.4(万元)$$

$$P_A = P_1 + P_2 = 355.4(万元)$$

方案B:

$$P_1 = 100 + \frac{100}{(1+0.1)^{10}} = 138.55(万元)$$

$$P_2 = 10 \times \frac{(1+0.1)^{20}-1}{0.1 \times (1+0.1)^{20}} = 85.13(万元)$$

$$P_B = P_1 + P_2 = 223.68(万元)$$

可以看出,方案B总投资现值最少。

2. 不同使用期方案比较

各方案的使用期如果不同,必须求出各方案使用期的最小公倍数,把各方案的使用期延长,使各方案的使用期相等,并且假设在延长的使用期中,各方案按原来的使用期重复投资,然后按使用期相同的方法,计算现值,并进行比较、选择。

三、年值法

年值法是在考虑资金时间价值的条件下,计算项目在寿命期内每年的成本,需要将方案的各项投资和运转费用换算成年值再进行比较,年值最少的方案是经济上最合理的方案。使用期相同的方案进行比较时,使用年值法进行比较,不如直接比较现值方便。但当方案的使用期不同时,年值法比现值法方便得多,年值法中无须将各方案的使用期换算成相等的期限。

【例3.4】 在例3.3中,各方案的年值为多少?

解:方案A:

$$P_1 = 100 \times \frac{0.1 \times (1+0.1)^{20}}{(1+0.1)^{20}-1} = 11.746(万元)$$

$$P_2 = 30(万元)$$

$$P_A = P_1 + P_2 = 41.746(万元)$$

方案B:

$$P_1 = 100 \times \frac{0.1 \times (1+0.1)^{20}}{(1+0.1)^{20}-1} = 11.746(万元)$$

$$P_2 = 10(万元)$$

$$P_3 = 100 \times \frac{1}{(1+0.1)^{10}} \times \frac{0.1 \times (1+0.1)^{20}}{(1+0.1)^{20}-1} = 4.528(万元)$$

$$P_B = P_1 + P_2 + P_3 = 26.274(万元)$$

根据计算结果,方案B的年成本少,与现值法结果相同。

四、回收率法

1. 回收率

一项工程建成后,在工程的使用期限内工程将产生效益,否则,这项工程也就失去了意义。回收率与利率具有相似的含义,为了说明回收率的概念,我们举一个简单的例子。假设某工程初始投资为A万元,五年后,该工程创造一次性收益B_1万元。若当初投资A不是用于工程投资,而是存入银行,那么,这A万元资金在五年后的价值可用复利公式计算,但在现在的情况中,初始投资A,投资五年后得到的收益(回收价值)为B_1万元,而它的回收利率(回收率)i是未知的,可用复利公式反算求得。

$$B_1 = A(1+i)^5 \tag{3.3}$$

则:

$$i = \sqrt[5]{\frac{B_1}{A}} - 1 \tag{3.4}$$

投资回收率反映了工程投资的回收效果,回收率大,投资者就愿意投资。显然,只有当回收率大于银行利率时,才能吸引投资。

回收率的计算方法有两种:现值计算法和年值计算法。

(1)现值计算法

在现值计算法中,先将工程的所有支出与收入全部都换算成现值,然后令支出与收入相等,用试算反求回收率i。

(2)年值计算法

回收率的年值计算法是将工程的所有收入与支出,全部换算成年等值,并令工程的收入年值与支出年值相等,用试算法反求回收率。

2. 回收率比较法

回收率比较法的基本原理是:将各方案的收入与支出都换算成现值或年值,令各方案的收入现值(或年值)等于各方案的支出现值(或年值),用试算法求出回收率,然后,对各方案的回收率进行比较,回收率最大的方案就是最优方案。这种比较法的优点是,事先知道各个比较方案的投资效果,对方案的评价比较确切,缺点是计算比较麻烦。

【例3.5】 某港口拟购买运输货车,初步定了两种车型,已知这两种车型的有关情况如表3.2所示,问:购买哪种汽车比较合理?

车型价格表   表3.2

车型	1	2
购买价格(万元)	17	20
使用期(年)	10	12
使用期末残值(元)	5000	6000
年维修费(元)	5000	7000
年净收益(未扣维修费)(万元)	5	6

解:因为两种方案的使用期不同,所以用年值法求回收率比较方便。

(1)方案 A 的回收率

购入投资年值:$A_1 = 170000 \times \dfrac{i(1+i)^{10}}{(1+i)^{10}-1}$(元)

维修费的年值:$A_2 = 5000$(元)

残值的年值:$A_3 = 5000 \times \dfrac{i}{(1+i)^{10}-1}$(元)

净收益年值:$A_4 = 50000$(元)

令:K = 收入年值 − 支出年值

$= A_3 + A_4 - A_1 - A_2$

$= 5000 \times \dfrac{i}{(1+i)^{10}-1} + 50000 - 170000 \times \dfrac{i(1+i)^{10}}{(1+i)^{10}-1} - 5000$

用试算法求使 $K = 0$ 的 i 值,可得方案 A 的回收率为 $i_A = 23.25\%$。

(2)方案 B 的回收率

购入投资年值:$B_1 = 200000 \times \dfrac{i(1+i)^{12}}{(1+i)^{12}-1}$(元)

维修费的年值:$B_2 = 7000$(元)

残值的年值:$B_3 = 6000 \times \dfrac{i}{(1+i)^{12}-1}$(元)

净收益年值:$B_4 = 60000$(元)

令:K = 收入年值 − 支出年值

$= B_3 + B_4 - B_1 - B_2$

$= 6000 \times \dfrac{i}{(1+i)^{12}-1} + 60000 - 200000 \times \dfrac{i(1+i)^{12}}{(1+i)^{12}-1} - 7000$

用试算法求使 $K = 0$ 的 i 值,可得方案 B 的回收率为 $i_B = 24.73\%$

方案 B 的回收率大于方案 A 的回收率,可见方案 B 比方案 A 合理,故购买 B 型车比较合算。

五、收益-成本分析法

收益-成本分析法又可以分为两种:一种是从方案的总成本角度进行的收益-成本分析;另一种是从方案追加成本的角度进行的收益-成本分析。所谓总成本是指系统的开发、建设投资与运行成本之和。所谓追加成本是指相互对比的两个系统方案总成本的差额。此外,按照货币时间价值的等值计算形式的不同,收益-成本分析可采用现值计算,也可以采用年值计算。

1. 总成本的收益-成本分析

(1) 第一种计算形式(现值计算方法)

$$\frac{B}{C} = \frac{\sum_{t=1}^{n} B_t (1+i)^{-t}}{K_0 + \sum_{t=1}^{n} C_t (1+i)^{-t}} \tag{3.5}$$

$$B - C = \sum_{t=1}^{n} (B_t - C_t)(1+i)^{-t} - K_0 \tag{3.6}$$

式中:B_t——系统第 t 年的净收入,即系统第 t 年社会收益人的收入与社会受损者支出的差额值;

C_t——系统第 t 年的净经营成本值,即系统第 t 年兴办者的经营支出费用与经营收入的差额值;

K_0——系统的初始投资额;

i——系统的最低期望收益率;

n——系统的使用期;

t——年次($t = 1, 2, \cdots, n$);

B/C——系统收益与成本之比,即单位成本所获得的收益;

$B - C$——系统的收益与成本之差,即系统的经济收益的绝对值。

判断准则:对单一系统方案而言,只要 $B/C > 1$ 或 $B - C > 0$,即可认为该方案在经济上可行。

在应用以上公式时,应注意"收益"与"成本"的计算范围和内容,式中的收益是指系统给社会带来的收入或节约值减去损失后的净值;同样,成本是指系统兴办者支付的全部投资和经营成本。

例如,政府投资兴建的公路可能发生如下收益与成本费用:

①社会收益人的收入。例如,车辆运行成本的节约,减少车祸的损失,缩短行车距离的时间节约,公路沿线商业、旅游业、服务业收入的增长等。

②社会所受的损失。例如,农田改作公路的经济损失,空气污染和环境干扰所造成的损失等。

③政府收入。例如,车辆通行税收入,以及由于土地提价,商业与服务业发展等带来的税收增加等。

④政府支出的公路成本费用。例如,公路勘探、设计费用、筑路费用及公路管理费用等。

(2) 第二种计算形式(现值计算方法)

$$\frac{B}{C} = \frac{\sum_{t=1}^{n} (B_t - C_t)(1+i)^{-t}}{K_0} \tag{3.7}$$

$$B - C = \sum_{t=1}^{n}(B_t - C_t)(1+i)^{-t} - K_0 \qquad (3.8)$$

判断准则:对单一系统方案而言,只要 $B/C > 1$ 或 $B - C > 0$,即可认为该方案在经济上可行。

上述两种计算形式中,其经济效益绝对值的计算形式是相同的,而经济效益的相对值的计算形式虽然有所不同,但只要方案的现金流量不变,其评价结论是一致的。

从总成本角度进行的收益-成本分析所得到的经济效益相对比值 B/C,可以用来评价单一方案的经济可行性。但是由于这个比值只能反映系统单位成本所获得的收益,不能反映系统所获得的总收益值,故不能单独作为系统方案优劣的评价指标,必须同经济效益绝对值指标 $B - C$ 结合起来同时使用。

2. 追加成本的收益-成本分析

系统方案比较的实质,是对系统方案的收入和成本的差值进行比较,一般成本高的方案其收入也高,故可通过比较一个方案比另一个方案增加的收入和追加的成本来评价系统方案的优劣。从追加成本的角度进行系统收益-成本的分析,也需要计算反映经济效益的相对评价指标和绝对评价指标,计算公式(现值计算方法)如下:

$$\frac{\Delta B}{\Delta C} = \frac{\sum_{t=1}^{n}(B_{2t} - B_{1t})(1+i)^{-t}}{(K_{20} - K_{10}) + \sum_{t=1}^{n}(C_{2t} - C_{1t})(1+i)^{-t}} \qquad (3.9)$$

$$\Delta B - \Delta C = \sum_{t=1}^{n}[(B_{2t} - B_{1t}) - (C_{2t} - C_{1t})](1+i)^{-t} - (K_{20} - K_{10}) \qquad (3.10)$$

式中: ΔB ——两方案收入差的现值;

ΔC ——两方案成本差的现值;

K_{10} ——第一方案的初始投资;

K_{20} ——第二方案的初始投资;

B_{1t} ——第一方案第 t 年的收入;

B_{2t} ——第二方案第 t 年的收入;

C_{1t} ——第一方案第 t 年的运行成本;

C_{2t} ——第二方案第 t 年的运行成本。

【例3.6】 某船公司为开辟某条新航线,打算购置一艘船舶,现有两种船型的船舶备选方案,成本与收益如表3.3所示,若贴现率为8%,试用收益-成本分析方法进行方案的评价与选择。

成本-收益表(万元)　　　　　　　　　　表3.3

方案	船舶费用	年收入增加额	年营运费用	使用寿命(年)	残值
①	2000	600	150	6	100
②	3000	800	200	6	700

解: 采用第一种计算形式,将初始投资与年营运费用一起进行计算。

(1) 采用年值法计算

方案①:

$$B = 600 + 100 \times \frac{8\%}{(1+8\%)^6 - 1} = 613.63(万元)$$

$$C = 2000 \times \frac{8\% \times (1+8\%)^6}{(1+8\%)^6 - 1} + 150 = 582.6(万元)$$

同理可得方案②计算结果(表3.4)。

方案②计算结果(年值法) 表3.4

方案	收益年值 B	成本年值 C	总成本收益-成本分析		ΔB	ΔC	追加成本收益-成本分析	
			B/C	$B-C$			$\Delta B/\Delta C$	$\Delta B - \Delta C$
①	613.63	582.6	1.053	31.03	281.78	266.3	1.058	15.48
②	895.41	848.9	1.055	46.51				

(2) 采用现值法计算

方案①:

$$B = 600 \times \frac{(1+8\%)^6 - 1}{8\% \times (1+8\%)^6} + 100 \times \frac{1}{(1+8\%)^6} = 2836.82(万元)$$

$$C = 2000 + 150 \times \frac{(1+8\%)^6 - 1}{8\% \times (1+8\%)^6} = 2693.45(万元)$$

同理可得方案②计算结果(表3.5)。

方案②计算结果(现值法) 表3.5

方案	收益现值 B	成本现值 C	总成本收益-成本分析		ΔB	ΔC	追加成本收益-成本分析	
			B/C	$B-C$			$\Delta B/\Delta C$	$\Delta B - \Delta C$
①	2836.82	2693.45	1.053	143.37	1302.72	1231.15	1.058	71.57
②	4139.54	3924.6	1.055	214.94				

由计算结果可知:

①总成本的收益-成本分析结果表明,方案①、②的相对评价指标 B/C 值均大于1,故均可作为备选方案。

②追加成本的收益-成本分析结果表明,方案②相对于方案①的相对评价指标 $\Delta B/\Delta C$ 为1.058,大于1,绝对评价指标 $\Delta B - \Delta C$ 为正,说明其收入的增加高于其追加的成本费用,所以方案②优于方案①。

③无论用现值法计算还是用年值法计算,结论都是一致的。

第三节 常用的系统综合评价方法

一、层次分析法

层次分析法(Analytic Hierarchy Process,AHP)由美国运筹学家萨蒂教授(Thomas L. Saaty)于20世纪70年代中期提出,是一种将定性和定量分析方法相结合的多目标决策分析方法。

AHP方法的基本原理是:首先将复杂的问题分解为若干个组成要素,并按照要素之间的关联影响以及隶属关系分层聚合,形成有序的递阶层次结构,依靠人的判断通过两两比较的方式确定层次中各个要素的相对重要性,最终得出最底层(供决策的方案、措施等)相对于最高层(总目标)的优先顺序。

AHP方法适用于在层次指标下的各方案排序及权重分析。在一定程度上减少了人为的主观影响,具有实用性、系统性、简洁性等诸多优点。

运用AHP处理问题一般可分为以下步骤:建立描述系统功能或特征的层次结构模型;两两比较结构要素,构造判断矩阵,计算相对权重,这又称为层次单排序;判断一致性检验;计算各层元素的组合权重,并通过组合权重的对比,得到方案的优劣顺序,这又称为层次总排序。

1. 建立层次结构模型

这是AHP的关键步骤。通常模型结构分为3层,如图3.2所示。

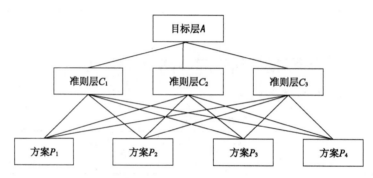

图3.2 递阶的层次结构模型

(1) 目标层

第一层次为目标层(最高层),一般为系统的总体目标。如有需要,可再分为总目标层、战略目标层、战术目标层以及子战术目标层等。

(2) 准则层

第二层次为评价准则或衡量的指标,可再分为子准则层。

(3) 方案层

第三层次为方案层,或称对策层、措施层等,通常设置解决系统问题的各种备选方案、政策、措施等,可再分为子措施层或子对策层等。

层次结构模型的好坏决定了分析结果的有效程度。层次结构模型建立在决策者(或分析者)对问题全面深入认识的基础之上。

2. 构造判断矩阵

递阶层次结构模型建立以后,上下层之间要素的隶属关系就确定了。假定上一层次的元素作为准则,对下一层次的元素有支配关系,则要在准则下,按其相对重要性对指标赋予相应的权重。对于大多数社会问题,往往要通过适当的方法来计算其权重。AHP中采取的是两两比较的方法。

在此,决策者或专家系统要反复问答:对于准则,下层元素中哪一个更重要?重要多少?且对重要多少赋予1~9的比例标度。比例标度的意义见表3.6。

比例标度的意义　　　　　　　　　　　　　　　　　表 3.6

标 度 值	说　　明	标 度 值	说　　明
1	表示 i 与 j 相比,同等重要	7	表示 i 比 j 重要得多
3	表示 i 比 j 稍微重要	9	表示 i 比 j 绝对重要
5	表示 i 比 j 明显重要	2、4、6、8	表示两相邻标度的中间值

对于 n 个元素(假定都隶属于 C_k),可得判断矩阵:

$$A(C_k) = \begin{pmatrix} a_{11} & a_{12} & \cdots & a_{1n} \\ a_{21} & a_{22} & \cdots & a_{2n} \\ \vdots & \vdots & & \vdots \\ a_{n1} & a_{n2} & \cdots & a_{nn} \end{pmatrix}$$

$A(C_k)$ 的性质包括:①$a_{ij}>0$;②$a_{ii}=1$;③$a_{ij}=\dfrac{1}{a_{ji}}$。

3. 层次单排序

所谓层次单排序,指根据判断矩阵 A 计算对于上一层要素而言,本层次与之有联系的要素的权值。要计算在准则 C_k 下 n 个元素的排序权重向量 W。即为判断矩阵解特征根问题:

$$AW = \lambda W \tag{3.11}$$

式中:λ——对角阵,对角线数值为特征根,λ_{max} 为各个特征根求均值。

W 经正规化后,作为元素在准则下的排序权重。此法称为排序权向量计算的特征根法。计算 λ_{max} 和 W 的方法有很多种,这里仅介绍和法和根法:

(1)和法

①将 A 的元素按列归一化:

$$b_{ij} = \frac{a_{ij}}{\sum_{k=1}^{n} a_{kj}} \tag{3.12}$$

式中:$i,j = 1,2,\cdots,n$。

②将列归一化后的 A 的元素按行相加:

$$\overline{W}_i = \sum_{j=1}^{n} b_{ij} \tag{3.13}$$

③将 $\overline{W}_i$ 归一化,就得排序权重向量 $W = (W_1\ W_2\cdots W_n)$,其中:

$$W_i = \frac{\overline{W}_i}{\sum_{i=1}^{n} \overline{W}_i} \tag{3.14}$$

④计算 λ_{max}:

$$\lambda_{max} = \sum_{i=1}^{n} \frac{(AW)_i}{nW_i} \tag{3.15}$$

(2)根法

①将 A 的元素按行相乘:

$$C_i = \prod_{j=1}^{n} a_{ij} \tag{3.16}$$

②将 C_i 开 n 次方:

$$\overline{W}_i = \sqrt[n]{C_i} \tag{3.17}$$

③将 $\overline{W}_i$ 归一化,就得排序权重向量 $\boldsymbol{W} = (W_1\ W_2\cdots\ W_n)$:

$$W_i = \frac{\overline{W}_i}{\sum_{i=1}^{n}\overline{W}_i} \tag{3.18}$$

④计算 $\lambda_{\max}$:

$$\lambda_{\max} = \sum_{i=1}^{n}\frac{(\boldsymbol{AW})_i}{nW_i} \tag{3.19}$$

4. 一致性检验

求出 $\lambda_{\max}$ 后要进行一致性检验,这是保证结论可靠的必要条件。其步骤如下:

(1)计算一致性指标 CI

$$CI = \frac{\lambda_{\max} - n}{n - 1} \tag{3.20}$$

(2)引入平均随机一致性指标 RI 作为修正值,RI 是多次重复进行随机判断矩阵特征值的计算后取算术平均值得到的,如表 3.7 所示。

平均随机一致性指标　　　　　　　表 3.7

n	1	2	3	4	5	6	7	8	9	10	11	12
RI	0	0	0.52	0.89	1.12	1.26	1.36	1.41	1.46	1.49	1.52	1.54

(3)计算一致性比例

$$CR = \frac{CI}{RI} \tag{3.21}$$

当 $CR < 0.1$ 时,认为 $\boldsymbol{A}$ 具有满意的一致性,否则必须重新构造判断矩阵 $\boldsymbol{A}$。

5. 层次总排序

利用同一层次中所有单层次排序的结果,就可以计算针对上一层次而言,本层次所有因素重要性的权值。层次总排序需要从上到下逐层顺序进行,对于最高层下面的第二层,其层次排序即为总排序。

6. 计算方案的评价值

各方案的评价指标值分为定性和定量两种,对于定性指标,先作定性分析,后采用专家评分法或构造判断矩阵法,求出各方案的评价值;对于定量指标,可以先给出各指标的优劣临界值,然后用数值插入法求出各方案的评价值。

【例3.7】　钢铁公司将向其客户运输一批钢材。其客户钢材还有库存,对到货时间没有紧迫性;该企业与客户企业建有铁路工业线;该企业离水路较近,但客户离水路距离适中。总目标是希望选择钢材的运输方式。可供选择的方案有:铁路运输、公路运输、水路运输与航空运输。衡量这些方案可以从以下四个因素着眼:便利性、经济性、安全性、迅速性。现在要对上述四种方案进行优劣性评价,或者说按优劣顺序把这四种方案排列起来,以便决策者从中选择一种方案付诸实施。

应用 AHP 对此问题进行分析后,可建立如下层次结构模型,如图 3.3 所示。

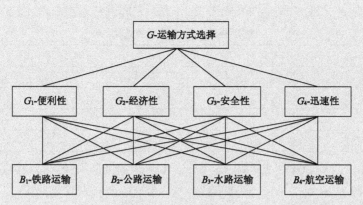

图 3.3 运输方式选择层次结构模型图

根据因素的重要性比较构造判断矩阵并进行计算,所得判断矩阵及相应计算结果如下。
(1)判断矩阵 **G-C**(相对于总目标而言,各准则之间的相对重要性比较,见表 3.8)

判断矩阵 G-C 及相应计算结果   表 3.8

G	C_1	C_2	C_3	C_4	**W**
C_1	1	3	7	9	0.5831
C_2	1/3	1	5	7	0.2895
C_3	1/7	1/5	1	3	0.0849
C_4	1/9	1/7	1/3	1	0.0425

$\lambda_{max} = 4.1646, CI = 0.05487, CR = 0.0610 < 0.01$,可见判断矩阵具有满意的一致性。

(2)判断矩阵 **P**(相对于便利性准则来说,各方案之间的相对重要性比较,见表 3.9)

判断矩阵 P 及相应计算结果   表 3.9

C_1	B_1	B_2	B_3	B_4	**W**
B_1	1	3	2	9	0.4733
B_2	1/3	1	1/2	9	0.1952
B_3	1/2	2	1	9	0.2973
B_4	1/9	1/9	1/9	1	0.0342

$\lambda_{max} = 4.1431, CI = 0.0477, CR = 0.0530 < 0.10$,可见判断矩阵具有满意的一致性。

(3)判断矩阵 **P**(相对于经济性准则来说,各方案之间的相对重要性比较,见表 3.10)

判断矩阵 P 及相应计算结果   表 3.10

C_2	B_1	B_2	B_3	B_4	**W**
B_1	1	2	1/3	9	0.2540
B_2	1/2	1	1/2	9	0.1728
B_3	3	2	1	9	0.5401
B_4	1/9	1/9	1/9	1	0.0331

$\lambda_{max} = 4.2427, CI = 0.0809, CR = 0.090 < 0.10$,可见判断矩阵具有满意的一致性。

(4) 判断矩阵 P(相对于安全性准则来说,各方案之间的相对重要性比较,见表 3.11)

判断矩阵 P 及相应计算结果　　　　表 3.11

C_3	B_1	B_2	B_3	B_4	W
B_1	1	2	3	1/5	0.1908
B_2	1/2	1	2	1/5	0.1219
B_3	1/3	1/2	1	1/5	0.0779
B_4	5	5	5	1	0.6094

$\lambda_{\max} = 4.1431, CI = 0.0477, CR = 0.0530 < 0.10$,可见判断矩阵具有满意的一致性。

(5) 判断矩阵 P(相对于迅速性准则来说,各方案之间的相对重要性比较,见表 3.12)

判断矩阵 P 及相应计算结果　　　　表 3.12

C_4	B_1	B_2	B_3	B_4	W
B_1	1	1/2	5	1/5	0.1330
B_2	2	1	6	1/5	0.1976
B_3	1/5	1/6	1	1/9	0.0404
B_4	5	5	9	1	0.6290

$\lambda_{\max} = 4.2066, CI = 0.0689, CR = 0.0765 < 0.10$,可见判断矩阵具有满意的一致性。
层次总排序计算结果如表 3.13 所示。

层次总排序计算结果　　　　表 3.13

层次	C_1	C_2	C_3	C_4	层次 B 总排序权值	方案排序
	0.5831	0.2895	0.0849	0.0425		
B_1	0.4733	0.2540	0.1908	0.1330	0.3714	1
B_2	0.1952	0.1728	0.1219	0.1977	0.1826	3
B_3	0.2973	0.5401	0.0779	0.0440	0.3380	2
B_4	0.0342	0.0331	0.6094	0.6290	0.1080	4

$RI = 0.8999, CI = 0.0582, CR = CI/RI = 0.0647 < 0.10$。

计算结果表明,为合理选择钢材的运输方式,对于该企业来说,所提出的四种方案的优先次序为:B_1-铁路运输,权值为 0.3714;B_2-公路运输,权值为 0.1826;B_3-水路运输,权值为 0.3380;B_4-航空运输,权值为 0.1080。企业决策者可以根据上述排序结果进行决策。

二、群组层次分析法

在涉及多准则、多因素重要问题的决策时,单个专家往往难以胜任对复杂问题的决策,此时就需要专家群体决策。由于参与决策的群体中的每个人都呈现出其独特的偏好结构,及对决策问题的不同理解,这就给决策分析带来了复杂性,也就是如何根据群体中每个专家的判断形成群体的判断,从而来排列方案的优劣次序。群组层次分析法适应于那些关系复杂的系统,它可以发挥群体的智慧来去除由于个人偏好而产生的判断偏置。

在各个专家判断矩阵已知的情况下,有两种途径进行决策分析:一种是根据各个专家的判断矩阵构造综合判断矩阵,利用综合判断矩阵进行排序;第二种是对每个专家的判断矩阵实施层次分析法进行计算,得到各个专家的层次总排序权值,然后对不同专家的层次总排序权值进行合成,得到综合的总排序权值。第二种方法可以先对各个专家的评判结果分别进行检验,对于不符合逻辑一致性的判断矩阵能及时进行修改,从而能够较有效地保证总体综合分析的可靠性。所以,该方法在目前来说是一种较为可靠而且运用较多的群组决策方法。

设有 s 个专家参与某项判断,他们各自的判断矩阵 $\boldsymbol{A}_k$ 为

$$\boldsymbol{A}_k = (a_{ijk}) \tag{3.22}$$

式中:$k = 1, 2, \cdots, s$;

$i, j = 1, 2, \cdots, n$。

则可用下面两种途径得到综合排序,其中每种途径中都可以分别运用加权几何平均法与加权算术平均法。

(1) 综合判断矩阵法

①加权几何平均综合判断矩阵法。

将 s 个判断矩阵,用加权几何平均的方法获得一个综合判断矩阵,其中:

$$a_{ij} = (a_{ij,1})^{\lambda_1} \cdot (a_{ij,2})^{\lambda_2} \cdots (a_{ij,s})^{\lambda_s} \tag{3.23}$$

其中,λ_k 是各个专家的权重系数,$\sum_{k=1}^{s} \lambda_k = 1$,是对专家能力水平的一个综合的数量表示。当对专家的能力水平的高低难以获得先验信息或不易做出比较时,可取:

$$a_{ij} = \sqrt[s]{a_{ij,1} a_{ij,2} \cdots a_{ij,s}} \tag{3.24}$$

得到综合判断矩阵,然后求得特征向量作为排序向量。

②加权算术平均综合判断矩阵法。

用加权算术平均法构造一个综合判断矩阵,则有:

$$a_{ij} = \lambda_1 a_{ij,1} + \lambda_2 a_{ij,2} + \cdots + \lambda_s a_{ij,s} \tag{3.25}$$

其中,$\sum_{k=1}^{s} \lambda_k = 1$,当 $\lambda_1 = \lambda_2 = \cdots = \lambda_s$ 时,有:

$$a_{ij} = \frac{1}{s} \sum_{k=1}^{s} a_{ij,k} \tag{3.26}$$

(2) 综合排序向量法

①加权几何平均综合排序向量法。

对 s 个专家判断矩阵 $\boldsymbol{A} = (a_{ij,k})$,分别求出它们的排序向量 $\boldsymbol{W}_k = (\omega_{1k}\ \omega_{2k} \cdots \omega_{nk})^{\mathrm{T}}$,然后求出它们的加权几何平均综合排序向量 $\boldsymbol{W} = (W_1\ W_2 \cdots W_n)^{\mathrm{T}}$,其中:

$$W_j = \frac{\overline{W_j}}{\sum_{i=1}^{n} \overline{W_i}} \tag{3.27}$$

$$\overline{W_j} = (\omega_{j1})^{\lambda_1} (\omega_{j2})^{\lambda_2} \cdots (\omega_{js})^{\lambda_s} \tag{3.28}$$

当 $\lambda_1 = \lambda_2 = \cdots = \lambda_s$ 时,有:

$$\overline{W_j} = \sqrt[s]{\omega_{j1}\ \omega_{j2} \cdots \omega_{js}} \tag{3.29}$$

②加权算术平均综合排序向量法。

类似于加权几何平均综合排序向量法,采用各个判断矩阵的加权算术平均值作为综合排序向量 $\boldsymbol{W} = (W_1\ W_2 \cdots W_n)^{\mathrm{T}}$。

$$W_j = \lambda_1 \omega_{j1} + \lambda_2 \omega_{j2} + \cdots + \lambda_s \omega_{js} \tag{3.30}$$

式中：$\sum_{k=1}^{s} \lambda_k = 1$，当 $\lambda_1 = \lambda_2 = \cdots = \lambda_s$ 时，有：

$$W_j = \frac{1}{s}(\omega_{j1} + \omega_{j2} + \cdots + \omega_{js}) \tag{3.31}$$

【例 3.8】 对配送中心配送绩效进行评价。选取战略规划、物流、财务、客户关系、计算机技术等方面的专家 10 人，他们的权重分别为

$$\lambda_1 = 0.15, \lambda_2 = 0.15, \lambda_3 = 0.1, \lambda_4 = 0.1, \lambda_5 = 0.05$$
$$\lambda_6 = 0.1, \lambda_7 = 0.1, \lambda_8 = 0.05, \lambda_9 = 0.15, \lambda_{10} = 0.05$$

指标包括主因素层和子因素层，在层次结构模型中以 $B_i(i=1,\cdots,4)$ 表示主因素层，以 $B_{ij}(i,j=1,\cdots,4)$ 表示子因素层，层次结构模型如图 3.4 所示。

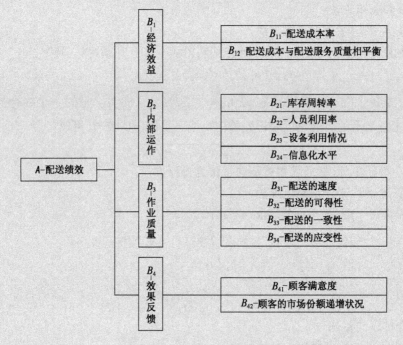

图 3.4 层次结构模型

首先建立判断矩阵并进行一致性检验，以专家 1 为例。

1. 专家 1 的评价过程

计算结果如表 3.14 所示。

计算结果（一）　　　　　表 3.14

A	B_1	B_2	B_3	B_4	W
B_1	1	1/3	1/3	1	0.125
B_2	3	1	1	3	0.375
B_3	3	1	1	3	0.375
B_4	1	1/3	1/3	1	0.125

用根法计算 λ_{max}：

$$C_i = \prod_{j=1}^{n} a_{ij} = \begin{pmatrix} 0.111 \\ 9 \\ 9 \\ 0.111 \end{pmatrix}$$

$$\overline{W_i} = \sqrt[n]{C_i} = \begin{pmatrix} 0.577 \\ 1.732 \\ 1.732 \\ 0.577 \end{pmatrix}$$

$$W_i = \frac{\overline{W_i}}{\sum_{i=1}^{n} \overline{W_i}} = \begin{pmatrix} 0.125 \\ 0.375 \\ 0.375 \\ 0.125 \end{pmatrix}$$

$$\lambda_{max} = \sum_{i=1}^{n} \frac{(AW)_i}{nW_i} = 4$$

$\lambda_{max} = 4, CI = 0, RI = 0.89, CR = 0 < 0.1$，计算结果如表 3.15、表 3.16 所示。

计算结果（二）　　　　　　　　　　　　表 3.15

B_1	B_{11}	B_{12}	W
B_{11}	1	2	0.6667
B_{12}	1/2	1	0.3333

计算结果（三）　　　　　　　　　　　　表 3.16

B_2	B_{21}	B_{22}	B_{23}	B_{24}	W
B_{21}	1	3	1	1	0.3
B_{22}	1/3	1	1/3	1/3	0.1
B_{23}	1	3	1	1	0.3
B_{24}	1	3	1	1	0.3

$\lambda_{max} = 4, CI = 0, RI = 0.89, CR = 0 < 0.1$，计算结果如表 3.17 所示。

计算结果（四）　　　　　　　　　　　　表 3.17

B_3	B_{31}	B_{32}	B_{33}	B_{34}	W
B_{31}	1	1/2	1/2	1/2	1/7
B_{32}	2	1	1	1	2/7
B_{33}	2	1	1	1	2/7
B_{34}	2	1	1	1	2/7

$\lambda_{max} = 4, CI = 0, RI = 0.89, CR = 0 < 0.1$，计算结果如表 3.18 所示。

计算结果(五)　　　　　　　　　　　　　　　　　表 3.18

B_4	B_{41}	B_{42}	W
B_{41}	1	3	0.75
B_{42}	1/3	1	0.25

2. 层次总排序并进行一致性检验

层次总排序如表 3.19 所示。

层次总排序表　　　　　　　　　　　　　　　　　表 3.19

指标	B_1 0.125	B_2 0.375	B_3 0.375	B_4 0.125	层次总排序	一致性检验 CR
B_{11}	0.6667				0.0833	
B_{12}	0.3333				0.0417	
B_{21}		0.3			0.1125	
B_{22}		0.1			0.0375	
B_{23}		0.3			0.1125	
B_{24}		0.3			0.1125	
B_{31}			1/7		0.0536	$CI=0$
B_{32}			2/7		0.1071	$RI=1.54$
B_{33}			2/7		0.1071	$CR=0<0.1$
B_{34}			2/7		0.1071	
B_{41}				0.75	0.0938	
B_{42}				0.25	0.0312	

专家 1 的总排序的结果如下：

$W_1 = (0.0833\ \ 0.0417\ \ 0.1125\ \ 0.0375\ \ 0.1125\ \ 0.1125\ \ 0.0536\ \ 0.1071\ \ 0.1071$
$\quad\quad 0.1071\ \ 0.0938\ \ 0.0313)$

同理，求出其余 9 位专家的总排序结果，略。

3. 各指标的综合权重

对每位专家的总排序值进行加权平均得出各指标的综合排序值 $W_i = \lambda_1 \omega_{i1} + \lambda_2 \omega_{i2} + \cdots + \lambda_{10}\omega_{i10}$，其中，$\omega_{ik}$ 为第 k 个专家对 i 项评判对象的有效判断权重值，λ_k 为第 k 个专家的专家权重。

$W = (0.0827\ \ 0.0783\ \ 0.1085\ \ 0.0637\ \ 0.0737\ \ 0.1061\ \ 0.0759\ \ 0.0898\ \ 0.0996$
$\quad\quad 0.0867\ \ 0.069\ \ 0.066)$

转化成表 3.20。

群组层次总排序表　　　　　　　　　　　　　　　　　表 3.20

指标	B_1	B_2	B_3	B_4
	0.161	0.352	0.352	0.135
B_{11}	0.5137			
B_{12}	0.4863			
B_{21}		0.3082		
B_{22}		0.1808		
B_{23}		0.2095		
B_{24}		0.3015		
B_{31}			0.2157	
B_{32}			0.2551	
B_{33}			0.2829	
B_{34}			0.2463	
B_{41}				0.5116
B_{42}				0.4884

则一级指标的权重为 $A = (0.161\ \ 0.352\ \ 0.352\ \ 0.135)$；

二级指标的权重分别为 $A_1 = (0.5137\ \ 0.4863)$，$A_2 = (0.3082\ \ 0.1808\ \ 0.2095\ \ 0.3015)$，$A_3 = (0.2157\ \ 0.2551\ \ 0.2829\ \ 0.2463)$，$A_4 = (0.5116\ \ 0.4884)$。

4. 对每一个子因素集分别做出评判

评语集 $V = \{$优秀,良好,一般,差,很差$\}$，专家评判统计如表 3.21 所示。

专家评判统计表　　　　　　　　　　　　　　　　　　表 3.21

一级指标	二级指标	专家人数占专家总数的比重				
		优秀	良好	一般	差	很差
经济效益	配送成本率	0.3	0.6	0.1	0	0
	配送成本与配送服务质量相平衡	0.2	0.6	0.2	0	0
内部运作	库存周转率	0.3	0.5	0.2	0	0
	人员利用率	0.6	0.3	0.1	0	0
	设备利用情况	0.3	0.4	0.3	0	0
	信息化水平	0.3	0.5	0.2	0	0
作业质量	配送的速度	0.4	0.4	0.2	0	0
	配送的可得性	0.5	0.4	0.1	0	0
	配送的一致性	0.6	0.4	0	0	0
	配送的应变性	0.4	0.5	0.1	0	0
效果反馈	顾客满意度	0.4	0.4	0.2	0	0
	顾客的市场份额递增状况	0	0.7	0.3	0	0

对各二级指标集分别进行评判：

$$B_1 = (0.5137 \quad 0.4863) \begin{pmatrix} 0.3 & 0.6 & 0.1 & 0 & 0 \\ 0.2 & 0.6 & 0.2 & 0 & 0 \end{pmatrix}$$

$$= (0.2541 \quad 0.6000 \quad 0.1486 \quad 0 \quad 0)$$

同理,$B_2 = (0.3542 \quad 0.4229 \quad 0.2029 \quad 0 \quad 0)$,$B_3 = (0.4821 \quad 0.4246 \quad 0.0933 \quad 0 \quad 0)$,$B_4 = (0.2046 \quad 0.5465 \quad 0.2488 \quad 0 \quad 0)$。

5. 综合评价

一级评判向量对一级指标而言又构成一级指标评判矩阵:

$$R = \begin{pmatrix} B_1 \\ B_2 \\ B_3 \\ B_4 \end{pmatrix} = \begin{pmatrix} 0.2514 & 0.6000 & 0.1486 & 0 & 0 \\ 0.3542 & 0.4429 & 0.2029 & 0 & 0 \\ 0.4821 & 0.4246 & 0.0933 & 0 & 0 \\ 0.2046 & 0.5465 & 0.2488 & 0 & 0 \end{pmatrix}$$

二级评判向量;$B = AR = (0.3625 \quad 0.4757 \quad 0.1618 \quad 0 \quad 0)$。

设置的百分值如表 3.22 所示,则转化矩阵 $E = (95 \quad 85 \quad 70 \quad 50 \quad 20)^T$。

百 分 值 表　　　　　　　　　　表 3.22

评 判 等 级	区间(x,y)	组 中 值
优秀	90～100	95
良好	80～90	85
一般	60～80	70
差	40～60	50
很差	40 以下	20

总得分 $D = BE = 86.2$。根据百分值表,该配送中心配送活动情况良好。

三、模糊综合评价法

现实世界中有很多事物的特征描述是模糊的,并没有明确的界限,如人的身高常用"高个子"或"低个子"来描述,虽然并未指明该人身高具体是多少,但听众能大致了解这个人的身高状况,这种描述对象特征的不精确性就是模糊性。为了定量地刻画这种模糊概念,我们常用隶属函数 A 来表示,如对成年男性身高而言,$A = \{1/180, 0.67/175, 0.33/170, 0/165\}$ 表示身高 180cm 为高个子,175cm 身高者为高个子的程度仅为 0.67,显然隶属度表征了模糊性。

1. 模糊综合评价法的基本原理

模糊综合评价法是一种应用模糊数学原理来分析具有"模糊特性"对象的方法,其原始数据可以是定量数据,也可以是定性数据。

对于评价方案(可以是一个或几个),假设包含 m 个评价要素,评价等级为 n 级,则有如下两个有限论域:

$$U = \{u_1, u_2, \cdots, u_m\}$$
$$V = \{v_1, v_2, \cdots, v_n\}$$

式中:U——要素论域;

V——等级论域。

前者是评价要素的集合,后者是评价等级的集合。

根据 U、V 之间的隶属度关系(函数),可以确定二者之间的模糊关系 R,构成隶属度矩阵为

$$R = (r_{ij}) \quad (i = 1,2,\cdots,m;j = 1,2,\cdots,n)$$

式中:r_{ij}——要素 u_i 隶属于等级 v_j 的概率(可能程度)。

从隶属度矩阵 R 出发,根据评价要素的权重矩阵 $A = (a_1 \quad a_2 \quad \cdots \quad a_m)$,进行模糊变换,就可以得到论域 V 上的一个模糊子集 B,即评价结果为

$$B = AR = (b_1 \quad b_2 \quad \cdots \quad b_n) \tag{3.32}$$

2. 实施步骤

模糊综合评价法的具体步骤如下:

(1)确定评价系统的评价要素集合 $U = \{u_1, u_2, \cdots, u_m\}$。

(2)确定评价元素的权重矩阵 $A = (a_1 \quad a_2 \quad \cdots \quad a_m)$,可以采用专家打分法或层次分析法。

(3)确定评价等级集合 $V = \{v_1, v_2, \cdots, v_n\}$。

(4)确定各评价方案关于各评价要素的隶属度矩阵:

$$R = (r_{ij}) \quad (i = 1,2,\cdots,m;j = 1,2,\cdots,n)$$

(5)对隶属度矩阵进行加权,得出模糊综合评价结果:$B = AR = (b_1 \quad b_2 \quad \cdots \quad b_n)$,如果是单方案评价,可通过相应准则决策该方案的等级。

(6)对于多方案评价问题,计算各评价方案的可行度。

(7)比较各方案的可行度,按可行度的大小排出先后次序。

3. 隶属度矩阵的确定

1)隶属度矩阵的转换

模糊综合评价方法的原始数据既可以是定量数据,也可以是定性数据。因此,从原始数据到隶属度的转换也相应地分为两种情况。这种转换的依据是评价等级标准。

(1)定性数据的评价等级标准是定性的

比如,区位因子的评价等级标准划分为 5 级:{沿海,沿江,沿边,内陆,边远}。某一评价单元的该因子符合该标准的,其隶属度为 1,余为 0。比如,上海的区位隶属度为{1,0,0,0,0}。

(2)定量数据的评价等级标准是定量的

其隶属度的计算要依据隶属度函数。本方法采用的是较为简单的插值法。假设因子值为 x,介于评价标准 r_2 和 r_3 之间($r_2 \leq x \leq r_3$),则隶属于 r_2 和隶属于 r_3 的隶属度 $f(x, r_2)$ 和 $f(x, r_3)$ 分别为

$$f(x, r_2) = \frac{|r_3 - x|}{|r_2 - x| + |r_3 - x|} \tag{3.33}$$

$$f(x, r_3) = 1 - f(x, r_2) \tag{3.34}$$

其余为 0。如果满足边界条件(小于最小值或大于最大值),则该级别的隶属度为 1,其余为 0。比如,工业产值的 5 级评价标准为{>1000,800,500,150,<50}(单位:百万元)。某地区的工业产值为 320 百万元,则隶属度为{0,0,0.49,0.51,0}。

2) 隶属度归一化处理

有时得到的隶属度向量的各分量 x_{ij} 是根据考评资料的统计得到的，需要进行归一化处理。即：

$$\sum_{j=1}^{n} r_{ij} = 1 \tag{3.35}$$

$$r_{ij} = \frac{x_{ij}}{\sum_{j=1}^{n} x_{ij}} \tag{3.36}$$

式中：$i = 1, 2, \cdots, m$。

4. 模糊综合评价结果的归一化处理

通过 $\boldsymbol{B} = \boldsymbol{AR} = (b_1 \quad b_2 \quad \cdots \quad b_n)$ 得出的模糊综合评价结果，在进行评价时一般要进行归一化处理，得出具有可比性的综合评价结果 $\boldsymbol{S} = (s_1 \quad s_2 \quad \cdots \quad s_n)$。其中：

$$s_i = \frac{b_i}{\sum_{i=1}^{n} b_i} \tag{3.37}$$

5. 确定评价等级

根据综合评价模型，利用最大隶属度原则进行评定等级的判定。一般选 $s_k = \max_{1 \leq i \leq n} \{s_i\}$，其中 s_i 为 S 向量中的元素，对应的评语为评价等级。但出现下面情况时应做相应调整：

(1) 设 $s_k = \max_{1 \leq i \leq n} \{s_i\}$，计算出 $\sum_{i=1}^{k-1} s_i$ 及 $\sum_{i=k+1}^{n} s_i$。若 $\sum_{i=1}^{k-1} s_i \geq \frac{1}{2} \sum_{i=1}^{n} s_i$，或 $\sum_{i=k+1}^{n} s_i \geq \frac{1}{2} \sum_{i=1}^{n} s_i$，则按 s_{k-1}（或 s_{k+1}）所属等级评定。

(2) 如果 $\boldsymbol{S} = (s_1 \quad s_2 \quad \cdots \quad s_n)$ 中有 q 个 ($q \leq n$) 相等的最大数，则仍按 (1) 中规定，先分别作移位计算，移位后的评定等级若仍然离散，则取移位后的中心等级评定。若中心等级有两个，则根据评价因素的权重，按权重系数大的位置评定等级。

6. 各评价方案的可行度的计算

对于评价结果，如果给各评价等级一个尺度，如 $\boldsymbol{V} = (1.0 \quad 0.7 \quad 0.4 \quad 0.1)$，已知评价结果 $\boldsymbol{B} = (0.2 \quad 0.4 \quad 0.5 \quad 0.1)$，则可将综合评价模糊值转换为一个确定的标量值：

$$d = (0.2 \quad 0.4 \quad 0.5 \quad 0.1)(1.0 \quad 0.7 \quad 0.4 \quad 0.1)^{\mathrm{T}} = 0.69$$

这样便于与其他方案比较。

【例3.9】 设某交通安全工程有三个实施方案可供选择，方案 A、B、C，拟对这三个方案作出评选，评价指标为环境保护、费用效益、区域发展三个方面，权重集为 $A = \{0.2, 0.3, 0.5\}$。经抽样调查，得出三个方案的隶属度矩阵如下所示：

$$\boldsymbol{R}_A = \begin{pmatrix} 0.7 & 0.2 & 0.1 \\ 0.1 & 0.2 & 0.7 \\ 0.3 & 0.6 & 0.1 \end{pmatrix} \quad \boldsymbol{R}_B = \begin{pmatrix} 0.3 & 0.6 & 0.1 \\ 1 & 0 & 0 \\ 0.7 & 0.3 & 0 \end{pmatrix} \quad \boldsymbol{R}_C = \begin{pmatrix} 0.1 & 0.4 & 0.5 \\ 1 & 0 & 0 \\ 0.1 & 0.3 & 0.6 \end{pmatrix}$$

且已知评价等级为 3 级：$V = (优, 中, 差)$，尺度为 $V = (5, 3, 1)$，试用模糊综合评价法评价上述三个方案，并作出选择。

解：(1) 确定评价系统的评价要素集合 $U = \{u_1, u_2, \cdots, u_m\} = \{$环境保护，费用效益，区域发展$\}$。

(2) 确定评价元素的权重矩阵 $A = (0.2 \quad 0.3 \quad 0.5)$。

(3) 确定评价等级矩阵 $V = ($优 中 差$) = (5 \quad 3 \quad 1)$。

(4) 各评价方案关于各评价要素的隶属度矩阵：

$$R_A = \begin{pmatrix} 0.7 & 0.2 & 0.1 \\ 0.1 & 0.2 & 0.7 \\ 0.3 & 0.6 & 0.1 \end{pmatrix} \quad R_B = \begin{pmatrix} 0.3 & 0.6 & 0.1 \\ 1 & 0 & 0 \\ 0.7 & 0.3 & 0 \end{pmatrix} \quad R_C = \begin{pmatrix} 0.1 & 0.4 & 0.5 \\ 1 & 0 & 0 \\ 0.1 & 0.3 & 0.6 \end{pmatrix}$$

(5) 对隶属度矩阵进行加权，得出模糊综合评价结果：

$$S_A = AR_A = (0.2 \quad 0.3 \quad 0.5) \begin{pmatrix} 0.7 & 0.2 & 0.1 \\ 0.1 & 0.2 & 0.7 \\ 0.3 & 0.6 & 0.1 \end{pmatrix} = (0.32 \quad 0.4 \quad 0.28)$$

同理：

$$S_B = AR_B = (0.2 \quad 0.3 \quad 0.5) \begin{pmatrix} 0.3 & 0.6 & 0.1 \\ 1 & 0 & 0 \\ 0.7 & 0.3 & 0 \end{pmatrix} = (0.71 \quad 0.27 \quad 0.02)$$

$$S_C = AR_C = (0.2 \quad 0.3 \quad 0.5) \begin{pmatrix} 0.1 & 0.4 & 0.5 \\ 1 & 0 & 0 \\ 0.1 & 0.3 & 0.6 \end{pmatrix} = (0.37 \quad 0.23 \quad 0.4)$$

(6) 计算各评价方案的可行度：

$$d_A = (0.32 \quad 0.4 \quad 0.28)(5 \quad 3 \quad 1)^T = 3.08$$

$$d_B = (0.71 \quad 0.27 \quad 0.02)(5 \quad 3 \quad 1)^T = 4.38$$

$$d_C = (0.37 \quad 0.23 \quad 0.4)(5 \quad 3 \quad 1)^T = 2.94$$

(7) 比较各方案的可行度，按可行度的大小排出先后次序：

$$方案 B > 方案 A > 方案 C$$

所以应选择方案 B。

四、聚类分析法

聚类分析(Cluster Analysis)方法是运用模糊数学方法研究、处理社会经济生活和自然科学中"物以类聚"的一种多元统计分析方法，即用数学方法定量地确定研究对象的亲疏关系，将性质比较相似、综合差异较小的单位分别聚合成类，而将性质相似性较小、综合差异较大的单位区分为不同的类，从而能够客观地将整个研究对象划分类别。

聚类分析法的具体步骤如下：

(1) 选取样本(n 个)，确定评价指标(m 个)，建立样本数据表。

(2) 从样本数据表中选出每项指标所对应的最大和最小值，通过公式对指标值进行标准化处理，得到标准化数据。

(3) 计算衡量样本对象间相似系数，从而得到模糊相似矩阵。

计算相似系数的方法很多，例如：

① 夹角余弦法：

$$r_{ij} = \frac{\sum_{k=1}^{m} x_{ik} x_{jk}}{\sqrt{\left(\sum_{k=1}^{m} x_{ik}^2\right)\left(\sum_{k=1}^{m} x_{jk}^2\right)}} \tag{3.38}$$

② 数量积法：

$$\gamma_{ij} = \begin{cases} 1 & (i=j) \\ \dfrac{1}{N}\sum_{k=1}^{m} x_{ik} x_{jk} & (i \neq j) \end{cases} \tag{3.39}$$

其中，N 是一个适当选择的正数。

③ 相关系数法：

$$r_{ij} = \frac{\sum_{k=1}^{m}(x_{ik}-\bar{x}_i)(x_{jk}-\bar{x}_j)}{\sqrt{\sum_{k=1}^{m}(x_{ik}-\bar{x}_i)^2} \cdot \sqrt{\sum_{k=1}^{m}(x_{jk}-\bar{x}_j)^2}} \tag{3.40}$$

式中：$\bar{x}_i = \dfrac{1}{m}\sum_{k=1}^{m} x_{ik}$；

$\bar{x}_j = \dfrac{1}{m}\sum_{k=1}^{m} x_{jk}$。

④ 最大-最小方法：

$$r_{ij} = \frac{\sum_{k=1}^{m}\min(x_{ik}, x_{jk})}{\sum_{k=1}^{m}\max(x_{ik}, x_{jk})} \tag{3.41}$$

⑤ 算术平均最小方法：

$$r_{ij} = \frac{\sum_{k=1}^{m}\min(x_{ik}, x_{jk})}{\dfrac{1}{2}\sum_{k=1}^{m}(x_{ik}+x_{jk})} \tag{3.42}$$

⑥ 几何平均最小方法：

$$r_{ij} = \frac{\sum_{k=1}^{m}\min(x_{ik}, x_{jk})}{\sum_{k=1}^{m}\sqrt{x_{ik} x_{jk}}} \tag{3.43}$$

⑦ 绝对值指数方法：

$$r_{ij} = e^{-\sum_{k=1}^{m}|x_{ik}-x_{jk}|} \tag{3.44}$$

除上述方法外，还可以采取专家评分，一般可用百分制，然后再除以100即得[0,1]区间的一个小数，把专家们的评分再平均取值来确定。

(4) 将模糊相似关系转换为模糊等价关系。

通过模糊相似矩阵自乘，得模糊等价矩阵 $\boldsymbol{R}^k$（满足条件 $\boldsymbol{R}^{k-2} \neq \boldsymbol{R}^{k-1} = \boldsymbol{R}^k, k \leq n-1$），使其具有传递性，为加快收敛速度，也可用 $\boldsymbol{R}^m \neq \boldsymbol{R}^{2m} = \boldsymbol{R}^{4m}, 4m \leq n-1$ 判断。

在计算模糊综合评价结果时，由于隶属度矩阵是模糊矩阵，因此其计算应为模糊运算。设已知模糊矩阵 $\boldsymbol{Q}$ 和 $\boldsymbol{R}$，则它们的复合运算相应于矩阵的乘法，只是乘法用 ∧（min，取小）代替

"$*$",加法用 $\vee$(max,取大)代替"$+$"。

例如,已知两个模糊矩阵:

$$Q = \begin{pmatrix} 0.4 & 0.6 & 0 \\ 0.9 & 1 & 0.1 \end{pmatrix}, R = \begin{pmatrix} 0.5 & 0.8 \\ 0.1 & 1 \\ 0 & 0.6 \end{pmatrix}$$

$$QR = \begin{pmatrix} (0.4 \wedge 0.5) \vee (0.6 \wedge 0.1) \vee (0 \wedge 0) & (0.4 \wedge 0.8) \vee (0.6 \wedge 1) \vee (0 \wedge 0.6) \\ (0.9 \wedge 0.5) \vee (1 \wedge 0.1) \vee (0.1 \wedge 0) & (0.9 \wedge 0.8) \vee (1 \wedge 1) \vee (0.1 \wedge 0.6) \end{pmatrix}$$

$$= \begin{pmatrix} 0.4 & 0.6 \\ 0.5 & 1 \end{pmatrix}$$

(5)模糊聚类。

对模糊等价关系矩阵进行聚类处理,给定不同置信水平 α,得到普通的分类关系,建立动态聚类谱系图。

【例 3.10】 已知某一年度各城市或地区的评价指标值,用数字代表各城市(区),分别有:北京 1;上海 2;天津 3;重庆 4;广州 5;沈阳 6;南京 7;哈尔滨 8;西安 9;庄河 10;普兰店 11;大连开发区 12。各城市(区)交通设施状况评价指标数据如表 3.23 所示,试评价各城市(区)的交通设施状况。

城市(区)交通设施状况评价指标数据表　　　　　表 3.23

城市区代号	人均 GDP（万元）	非农人口比例	城区路网密度（km/km²）	人均道路用地（m²/人）	人均机动车数量（辆）	城市建成区面积率(%)
1	3.04	0.66	6.93	5.91	0.20	0.26
2	4.27	0.59	5.62	2.18	0.14	0.13
3	2.52	0.49	3.9	3.92	0.11	0.36
4	0.70	0.08	3.52	3.59	0.02	0.07
5	5.50	0.60	2.45	1.52	0.10	0.19
6	2.39	0.57	5.95	5.49	0.06	0.01
7	3.01	0.50	5.60	3.82	0.11	0.15
8	1.50	0.35	4.56	6.70	0.03	0.03
9	1.44	0.46	3.52	5.88	0.07	0.11
10	1.10	0.19	3.40	7.20	0.01	0.21
11	1.21	0.14	7.02	6.78	0.04	0.11
12	7.44	0.52	4.54	13.83	0.05	0.11
min	0.70	0.08	2.45	1.52	0.01	0.01
max	7.44	0.66	7.02	13.83	0.20	0.36
max − min	6.74	0.58	4.57	12.53	0.19	0.35

解:(1)对基础数据进行标准化处理。

(2)根据夹角余弦法建立模糊相似关系矩阵:

$$R = \begin{pmatrix} 1 & 0.96 & 0.89 & 0.71 & 0.77 & 0.86 & 0.99 & 0.82 & 0.91 & 0.65 & 0.73 & 0.71 \\ 0.96 & 1 & 0.83 & 0.54 & 0.85 & 0.89 & 0.98 & 0.79 & 0.87 & 0.49 & 0.62 & 0.72 \\ 0.89 & 0.83 & 1 & 0.64 & 0.84 & 0.64 & 0.88 & 0.63 & 0.86 & 0.79 & 0.54 & 0.64 \\ 0.71 & 0.54 & 0.64 & 1 & 0.24 & 0.59 & 0.68 & 0.72 & 0.59 & 0.84 & 0.94 & 0.58 \\ 0.77 & 0.85 & 0.84 & 0.24 & 1 & 0.64 & 0.80 & 0.55 & 0.80 & 0.48 & 0.24 & 0.72 \\ 0.86 & 0.89 & 0.64 & 0.59 & 0.64 & 1 & 0.90 & 0.95 & 0.86 & 0.50 & 0.74 & 0.77 \\ 0.99 & 0.98 & 0.88 & 0.68 & 0.80 & 0.90 & 1 & 0.85 & 0.90 & 0.63 & 0.74 & 0.75 \\ 0.82 & 0.79 & 0.63 & 0.72 & 0.55 & 0.95 & 0.85 & 1 & 0.87 & 0.67 & 0.80 & 0.84 \\ 0.91 & 0.87 & 0.86 & 0.59 & 0.80 & 0.86 & 0.90 & 0.87 & 1 & 0.71 & 0.57 & 0.29 \\ 0.65 & 0.49 & 0.79 & 0.84 & 0.48 & 0.50 & 0.63 & 0.67 & 0.71 & 1 & 0.58 & 0.60 \\ 0.73 & 0.62 & 0.54 & 0.94 & 0.24 & 0.74 & 0.74 & 0.80 & 0.57 & 0.58 & 1 & 0.60 \\ 0.71 & 0.72 & 0.64 & 0.58 & 0.72 & 0.77 & 0.75 & 0.84 & 0.79 & 0.60 & 0.60 & 1 \end{pmatrix}$$

(3)将模糊相似关系转换为模糊等价关系:

$$R^{16} = \begin{pmatrix} 1 & 0.98 & 0.89 & 0.80 & 0.85 & 0.91 & 0.99 & 0.91 & 0.91 & 0.80 & 0.80 & 0.84 \\ 0.98 & 1 & 0.89 & 0.80 & 0.85 & 0.91 & 0.98 & 0.91 & 0.91 & 0.80 & 0.80 & 0.84 \\ 0.89 & 0.89 & 1 & 0.80 & 0.85 & 0.89 & 0.89 & 0.89 & 0.89 & 0.80 & 0.80 & 0.84 \\ 0.80 & 0.80 & 0.80 & 1 & 0.80 & 0.80 & 0.80 & 0.80 & 0.80 & 0.84 & 0.94 & 0.80 \\ 0.85 & 0.85 & 0.85 & 0.80 & 1 & 0.85 & 0.85 & 0.85 & 0.85 & 0.80 & 0.80 & 0.84 \\ 0.91 & 0.91 & 0.89 & 0.80 & 0.85 & 1 & 0.91 & 0.95 & 0.91 & 0.80 & 0.80 & 0.84 \\ 0.99 & 0.98 & 0.89 & 0.80 & 0.85 & 0.91 & 1 & 0.91 & 0.91 & 0.80 & 0.80 & 0.84 \\ 0.91 & 0.91 & 0.89 & 0.80 & 0.85 & 0.95 & 0.91 & 1 & 0.91 & 0.80 & 0.80 & 0.84 \\ 0.91 & 0.91 & 0.89 & 0.80 & 0.85 & 0.91 & 0.91 & 0.91 & 1 & 0.80 & 0.80 & 0.84 \\ 0.80 & 0.80 & 0.80 & 0.84 & 0.80 & 0.80 & 0.80 & 0.80 & 0.80 & 1 & 0.84 & 0.80 \\ 0.80 & 0.80 & 0.80 & 0.94 & 0.80 & 0.80 & 0.80 & 0.80 & 0.80 & 0.84 & 1 & 0.80 \\ 0.84 & 0.84 & 0.89 & 0.80 & 0.84 & 0.84 & 0.84 & 0.84 & 0.80 & 0.80 & 0.80 & 1 \end{pmatrix}$$

由于 R^{16} 为模糊等价矩阵,通过给出不同的水平值 α 来进行聚类划分。当矩阵中的因子大于 α 时变为1,小于 α 时变为0。聚类分析图如图3.5所示。

(4)模糊聚类分析:

由聚类分析图可以看出,城市(区)交通状况大体(当聚类水平 $\alpha = 0.84$ 时)可以分为两大类,即北京、南京、上海、沈阳、哈尔滨、西安、天津、大连开发区属于一类,简称"Ⅰ";重庆、普兰店、庄河属于一类,简称"Ⅱ"。从指标值中也可以看出,Ⅱ类地区在人均GDP、非农业人口比例、人均机动车保有量、城市建成区面积率等多项指标值和Ⅰ类地区相差较大。

由于所用指标具有同向性,即指标值越大越好,所以根据模糊聚类图可以看出北京、南京、上海这几个城市的交通状况比较好;沈阳、哈尔滨次之;西安、天津、广州、大连开发区再次之;重庆、普兰店、庄河较差。

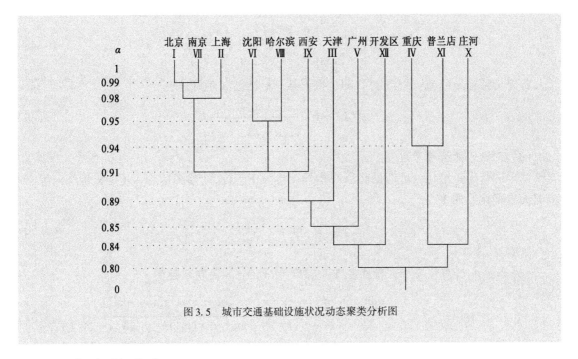

图 3.5 城市交通基础设施状况动态聚类分析图

五、灰色关联法

灰色关联法由我国邓聚龙教授提出,是根据因素间的相似程度来衡量因素之间的关联度,其计算步骤如下。

(1) 步骤1:构造指标特征值矩阵。

对于 n 个评价指标、m 个评价对象的系统而言,找出评价对象对应各指标的原始数据,构造指标特征值矩阵,设各指标数列为 $X_1, X_2, \cdots, X_n$,各对象数列为 $Y_1, Y_2, \cdots, Y_m$。

$$X_i = (x_i(1) \quad x_i(2) \quad \cdots \quad x_i(k) \quad \cdots)$$
$$Y_k = (y_k(1) \quad y_k(2) \quad \cdots \quad y_k(i) \quad \cdots)$$

其中,$i = 1, 2, \cdots, n, k = 1, 2, \cdots, m$,并有:

$$x_i(k) = y_k(i) \tag{3.45}$$

(2) 步骤2:指标特征值的无量纲化处理。

为了消除各指标量纲的影响,使各指标值具有可比性,需进行无量纲化,无量纲化的方法有很多,例如可以将同一指标的各数值做纵向比较,使得:

$$x_i'(k) = \frac{x_i(k)}{x_i(1)} \tag{3.46}$$

也可以有更复杂的方法,例如:

若评级指标为 $x_i(k)$ 正指标,则:

$$x_i'(k) = \frac{x_i(k) - \min\limits_{k=1}^{m}(x_i(k))}{\max\limits_{k=1}^{m}(x_i(k)) - \min\limits_{k=1}^{m}(x_i(k))} \tag{3.47}$$

若评级指标 $x_i(k)$ 为逆指标,则:

$$x'_i(k) = \frac{\max_{k=1}^{m}(x_i(k)) - x_i(k)}{\max_{k=1}^{m}(x_i(k)) - \min_{k=1}^{m}(x_i(k))} \tag{3.48}$$

若评价指标 $x_i(k)$ 为适度指标,即越接近某一标准值 u 越好,则:

$$x'_i(k) = 1 - \frac{|x_i(k) - u|}{\max_{k=1}^{m}(x_i(k) - u)} \tag{3.49}$$

(3) 步骤 3:确定参考数列。

由于进行无量纲化处理时已将所有指标调整为正指标,故参考数列 Y_0(也称最优向量)对应的无量纲化数列 Y'_0 为

$$y'_0(i) = \max_{k=1}^{m}(x'_i(k)) \tag{3.50}$$

其中,$i = 1, 2, \cdots, n$。

(4) 步骤 4:计算第 k 个评价对象 Y_k 与参考数列 Y_0 的关联系数为:

$$\gamma(y_0(i), y_k(i)) = \frac{\min_i \min_k |y'_0(i) - x'_i(k)| + \zeta \max_i \max_k |y'_0(i) - x'_i(k)|}{|y'_0(i) - x'_i(k)| + \zeta \max_i \max_k |y'_0(i) - x'_i(k)|} \tag{3.51}$$

对于关联系数也有不同的计算方法,如:

$$\gamma(y_0(i), y_k(i)) = \left(\frac{\min_i \min_k |y'_0(k) - x'_i(k)| + \max_i \max_k |y'_0(k) - x'_i(k)|}{|y'_0(k) - x'_i(k)| + \max_i \max_k |y'_0(k) - x'_i(k)|}\right)^{\zeta} \tag{3.52}$$

其中,ζ 为分辨系数,$\zeta \in [0,1]$,一般取 $\zeta = 0.5$。

(5) 步骤 5:计算对象数列 Y_k 与参考数列 Y_0 的关联度 $\gamma(Y_0, Y_k)$。

$$\gamma(Y_0, Y_k) = \frac{1}{n} \sum_{i=1}^{n} \omega_i \gamma(y_0(i), y_k(i)) \tag{3.53}$$

其中,ω_i 为第 i 个指标的权重。

确定 ω_i 的方法有很多,包括层次分析法、逐对比较法等。因此,对于 m 个评价对象来说,可得到一个关联度向量,向量中的最大值即为与参考数列最接近的评价对象。

本章习题

1. 现有一项目建设决策评价问题,已经建立起如图 3.6 所示的层次结构和判断矩阵,试用层次分析法确定 5 个备选方案的先后顺序。

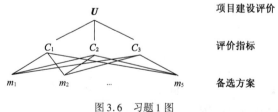

图 3.6 习题 1 图

习题1 表(一)　　　　　　　　　　　　　　　　　　　　　表3.24

U	C_1	C_2	C_3
C_1	1	3	5
C_2	1/3	1	3
C_3	1/5	1/3	1

习题1 表(二)　　　　　　　　　　　　　　　　　　　　　表3.25

C_1	m_1	m_2	m_3	m_4	m_5
m_1	1	1/5	1/7	2	5
m_2	5	1	1/2	6	8
m_3	7	2	1	7	9
m_4	1/2	1/6	1/7	1	4
m_5	1/5	1/8	1/9	1/4	1

习题1 表(三)　　　　　　　　　　　　　　　　　　　　　表3.26

C_2	m_1	m_2	m_3	m_4	m_5
m_1	1	1/3	2	1/5	3
m_2	3	1	4	1/7	7
m_3	1/2	1/4	1	1/9	2
m_4	5	7	9	1	9
m_5	1/3	1/7	1/2	1/9	1

习题1 表(四)　　　　　　　　　　　　　　　　　　　　　表3.27

C_3	m_1	m_2	m_3	m_4	m_5
m_1	1	2	4	1/9	1/2
m_2	1/2	1	3	1/6	1/3
m_3	1/4	1/3	1	1/9	1/7
m_4	9	6	9	1	3
m_5	2	3	7	1/3	1

2. 某交通企业欲购置大型交通设备,厂商提出两个方案:方案一是现在一次性支付80万元;方案二是5年后支付100万元。若银行贷款利率是4.35%,交通企业应如何付款?

3. 企业欲购买某种交通控制设备,已初选出三种设备,型号分别为A_1、A_2、A_3,应用模糊综合评判法对其进行评价。评价指标由价格f_1、技术性能f_2和外观f_3组成,相应权重由表3.28所示判断矩阵求得。评价等级分为3级,如价格有低(0.3分)、中(0.2分)、高(0.1分)3级。评价结果如表3.29所示。请计算三种交通控制设备的评价值并排序。

习题3 表(一)　　　　　　　　　　　　　　　　　　　　　表3.28

	f_1	f_2	f_3
f_1	1	1/3	2
f_2	3	1	5
f_3	1/2	1/5	1

习题3表(二)　　　　　　　　　　　　　表3.29

设备		A_1			A_2			A_3		
评价指标		f_1	f_2	f_3	f_1	f_2	f_3	f_1	f_2	f_3
评价等级	0.3	2	1	2	2	4	3	2	1	3
	0.2	2	4	3	1	0	0	2	3	2
	0.1	1	0	0	2	1	2	1	1	0

4. 某港口码头因装卸量大幅增加而导致作业紧张,迫切需要增加泊位及其附属设施以提高泊位通过能力。根据目前的航道水深条件,共有三个投资方案:一是改造原泊位;二是增建一个2.5万t级泊位;三是增建一个5万t级泊位。表3.30给出了各方案的投资与运行成本年值及30年运营期后的残值,试从方案总成本与追加成本两方面进行收益–成本分析。

各方案的投资与运行成本(单位:万元)　　　　表3.30

方　案	投资与运行成本年值	收入年值	残　值
A_1-维持现状	0	0	0
A_2-改造现有泊位	400	700	800
A_3-增建2.5万t级泊位	1200	1600	1500
A_4-增建5万t级泊位	1600	1900	2700

5. 系统综合评价方法种类较多,如层次分析法、灰色关联分析法、模糊聚类法、网络层次分析法(ANP)等,请根据所研究内容,选择某种系统评价方法对实际系统进行评价。

6. 应用层次分析法时有怎样的流程?为何一致性检验必不可少?如何进行一致性检验?使用群组层次分析法进行系统评价时,还需要增加哪些步骤?

第四章 系统预测

第一节 系统预测概述

一、系统预测的意义

预测是对事物或现象将要发生的或目前不明确的情况进行预先估计和推测。预测要有一定的科学依据,其建立在对事物历史与现状调查的基础上,建立在对有关主要因素分析的基础上。

系统预测就是根据系统发展变化的实际数据和历史资料,运用科学的理论、方法和各种经验、判断、知识,去推测、估计、分析事物在未来一定时期内的可能变化情况。其实质是充分分析、理解待测系统及其有关主要因素的演变,以便找出系统发展变化的固有规律,根据过去、现在估计未来,根据已知预测未知,从而推断该系统的未来发展状况。

对交通运输系统进行预测,一是运输系统投资、规划的需要,二是运输系统评价的需要。

首先,一个国家、一个地区或部门,对运输系统进行投资,主要是由于现有运输能力不能满足运量尤其是未来运量的需求。从宏观角度来看,要对交通运输系统的投资作出合理的规划,包括确定其在整个国民经济发展中的比重,各种运输方式之间的投资比例及其投资方向,就必须对全局范围内的运量需求状况和总趋势作出科学的预测;从微观角度来看,一个具体的运输项目是否值得投资、什么时候投资、投资规模多大,也必须根据未来的运量来确定,否则很难作出科学合理的决策。

其次,运输系统的预测也是运输系统评价的基础。运输系统评价包括运输系统的经济评价、技术评价、社会评价和环境评价等,其中,进行经济评价离不开对运输系统未来运量的预测。这是因为,一个运输系统的建造成本、投资规模和建成以后其寿命周期内的营运成本,主要取决于对运量的预测;同样,一个运输系统建成以后,其在寿命期内能获利多少,也需要借助于逐年的未来运量才能衡量和计算。如果没有可靠的运量预测作为基础,就不能正确地估算运输系统的经济成本和经济效益,以致使经济评估失去真实性,导致投资决策的失误。

二、预测的种类

根据预测的目标和特征不同,可以把预测分为不同的类别。一般来说,有以下两种分类:

1. 按预测方法的性质分类

(1)定性预测。这种预测主要确定对象未来发展的性质、方向和程度,利用直观材料,依靠预测人员的经验判断和分析能力,对未来的发展趋势作出预测。主要方法有德尔菲法(Delphi法)、市场调查法、主观概率法、交叉概率法、领先指标法、类推法等。

(2)定量预测。这种预测主要确定未来事件可能出现的具体结果,从数量上来描述时间发展的趋势和程度,利用数据资料,运用统计方法和数学模型推算未来的发展趋势。

定量预测方法按其基本依据不同可分为三类:第一类是依据历史统计数据随时间的规律性变化建立模型,然后进行预测,称为时间序列预测,如移动平均法、指数平滑法、灰色预测法等;第二类是把所要预测的对象同其他有关因素联系起来分析,建立关系模型,根据模型再进行预测,称为相关分析预测,常用的有投入产出法、回归分析法等;第三类是将多种预测方法综合使用的组合预测法。

定性预测和定量预测并不是相互排斥的,而是相互补充的,在实际预测过程中,可以把两者结合起来使用。

2. 按预测时间分类

按预测时间的分类通常有长期、中期、近期和短期预测,由于不同领域的研究对象不同,时间划分范围通常不一致,在交通运输领域,可参考交通规划的时间范围对预测时间进行界定。

(1)长期预测。一般是指20年左右的预测,如《国家公路网规划》(2013—2030年)。它是制定长期发展规划,提出长期发展目标和任务的依据。

(2)中期预测。一般是指10年左右的预测,它是制定中期发展规划的依据。如国务院批准的《中长期铁路网规划》(2016—2030)、《广西高速公路网规划》(2018—2030),目标年均为2030年。

(3)近期预测。一般是指3~5年的预测,如城市道路交通管理规划中,交通预测数据为城市近期的道路规划建设、交通组织管理提供依据,它是制定五年规划、近期规划的依据。

(4)短期预测。一般是指3年以内的预测,它是制定年度计划、季度计划,甚至月计划、旬计划等短期计划的依据。

三、预测的程序

预测过程包括归纳、演绎两个阶段。

归纳阶段:从预测目标入手,收集资料,通过对资料的分析、处理、提炼和概括,用恰当的形式描述预测对象的基本规律。

演绎阶段:利用所归纳的基本规律,推算出预测对象在未来某期间的可能水平。

第二节 定性预测方法

定性预测是一种直观性预测。它主要根据预测人员的经验和判断能力,不用或仅用少量的计算,即从对被预测对象过去和现在的有关资料及相关因素的分析中,揭示出事物发展规律,求得预测结果。

定性预测适用于对事物发展的性质进行预测,主要凭借人的经验及分析能力;同时适用于对事物发展的趋势、方向和重大转折点进行预测。

定性预测的优点在于注重于事物发展在性质方面的预测,具有较大的灵活性,易于充分发挥人的主观能动作用,且简单、迅速、省时而经济;其缺点在于易受主观因素的影响,比较注重人的经验和主观判断能力,从而易受人的知识、经验和能力的限制,对事物发展缺乏数量上的精确描述。

一、德尔菲法

1964年,美国兰德公司的赫尔默(Helmer)和戈登(Gordon)发表了"长远预测研究报告",首次将德尔菲法(Delphi Method)用于技术预测中,以后便迅速地应用于美国和其他国家。

德尔菲法依据系统的程序,采用匿名发表意见的方式,即专家之间不得互相讨论,不发生横向联系,只能与调查人员发生联系,通过多轮调查专家对问卷所提问题的看法,经过反复征询、归纳、修改,最后汇总成专家基本一致的看法,作为预测的结果。这种方法有广泛的应用范围,几乎可以用于任何领域的预测,如科技、军事、人口、医疗、管理、教育等。此外,德尔菲法还可用来进行评价、决策和规划工作。

1. 预测特点

(1)匿名性。应邀参加预测的专家互不了解,不能彼此通气,完全消除了心理因素的影响。专家可以参考前一轮的预测结果,修改自己的意见而无须做出公开说明,无损自己的威望。

(2)反馈性。德尔菲法一般要经过四轮。在匿名情况下,为了使参加预测的专家掌握每一轮预测的汇总结果和其他专家提出意见的论证,预测领导小组对每一轮的预测结果做出统计,并作为反馈材料发给每个专家,供下一轮预测时参考。

(3)统计性。为了定量评价预测结果,德尔菲法采用统计方法对各轮数值结果进行处理。

2. 专家选择

进行德尔菲法预测需要成立预测领导小组。领导小组不仅负责拟订预测主题,编制预测事件一览表,以及对结果进行分析和处理,更重要的是负责专家的选择。

德尔菲法是一种对于意见和价值进行判断的作业。在选择专家过程中不仅要注意选择精通技术、有一定名望、有学派代表性的专家,同时还需要选择边缘学科、社会学和经济学等方面的专家。

预测小组人数视预测问题规模而定,一般以 10~50 人为宜,人数太少,限制学科代表性,且缺乏权威性,影响预测精度;人数太多,难以组织,对结果处理比较复杂。然而,对于一些重大问题,专家人数也可扩大到 100 人以上。在确定专家人数时需要注意,即使专家同意参加预测,因种种原因也不见得每轮必答,有时甚至中途退出,因而预选人数要多于规定人数。

3. 预测步骤

传统的德尔菲法一般需要进行四轮征询,各轮的征询内容和问题环环相扣,逐步深入。需要注意的是,德尔菲法中的调查表与通常的调查表有所不同,通常的调查表只向被调查者提出问题,要求回答。而德尔菲的调查表不仅提出问题,还兼有向被调查者提供信息的责任,它是专家们交流思想的工具。

第一轮:首先,由预测组织者发给专家第一轮调查表,该调查表是开放式的,不带任何"框框",只提出预测问题,但问题不过于具体,请专家围绕预测主题提出预测事件。然后,预测组织者对专家填好的调查表进行汇总整理,归并同类事件,排除次要事件,用准确术语提出一个预测事件一览表,并作为第二轮调查表发给专家。

第二轮:首先,由专家对第二轮调查表所列的每个事件做出评价。例如,说明事件发生的时间,阐述争论问题和时间或迟或早发生的理由。然后,预测组织者在分析第二轮专家意见后,对专家意见作统计处理,整理出第三张调查表。第三张调查表一般包括:事件、事件发生的中位数和上下四分点,以及事件发生时间在四分点外侧的理由。

第三轮:首先,发放第三轮调查表,请专家重审争论,对上下四分点外的对立意见做一个评价,给出自己新的评价(尤其是在上下四分点外的专家,应重述自己的理由)。如果修正自己的观点,也要叙述为何改变、原来的理由错在哪里,或者说明哪里不完善。然后,专家们的新评论和新争论返回到组织者手中后,组织者的工作与第二轮类似:统计中位数和上下四分点;总结专家观点,重点是研究分析争论双方的意见,形成第四张调查表。

第四轮:首先请专家对第四轮调查表再次评价和权衡,做出新的预测。是否需要做出新的论证与评价,取决于组织者的要求。当第四张调查表返回后,组织者的任务与上一轮的任务相同:计算每个事件的中位数和上下四分点,归纳总结各种意见的理由及争论点。

需要说明的是,并不是所有被预见的事件都要经过四轮征询,如果有的事件在第二轮就达到统一,就不必在第三轮中出现。第四轮调查结束后,专家对各事件的预测也不一定都达到统一。不统一的意见可用中位数和上下四分点来做结论。

中位数法是将专家预测结果从小到大顺序排列,选择中间位置的那个数作为预测结果的期望值,上、下四分位数表明预测值的置信区间,下四分位数表明预测期望值的下限,上四分位数表明预测期望值的上限。当有奇数个专家预测结果时,正中位置的数即为中位数;当有偶数个专家预测结果时,则以处于最中间的两个数的算术平均值为中位数。上、下四分位数分别表示处于专家预测结果排序数列中 3/4 处与 1/4 处的两个数。

德尔菲法的优点是简便易行,具有一定的科学性和实用性,可以避免会议讨论时因害怕权威而随声附和,或固持己见,或因顾虑情面不愿与他人意见冲突等弊端;同时,也可使大家发表的意见较快收敛,参加者也易接受结论,在操作上,综合意见具有一定程度的客观性。该方法的不足之处在于:如可靠性不够高,容易受到专家的主观意识和思维局限的影响;在技术上,调查表的设计对预测结果的影响较大。

德尔菲法适用于没有足够信息资料的中长期预测,尤其适用于难以用精确的数学模型处理,需要征求意见的人数较多、人员较分散、经费有限、难以多次开会或因某种原因不宜当面交换意见的问题。

【例 4.1】 某货运站因运输需求大幅增加而计划扩建,为对其进行可行性研究,需对未来的运量进行预测。预测采用德尔菲法进行。

(1)提出问题。预测某货运站未来的运量情况。

(2)聘请专家。聘请 12 位专家,发放意见征询表,要求每人对该服务区域内未来的运输量进行预测,包括最高运量、最可能运量和最低运量。

(3)意见汇总、整理、计算、分析。经过三轮的意见反馈,得到运量预测统计,见表 4.1。

德尔菲法预测运输量(万 t)　　　　　表 4.1

专家	第 一 轮			第 二 轮			第 三 轮		
	最低	最可能	最高	最低	最可能	最高	最低	最可能	最高
1	150	750	900	600	750	900	550	750	900
2	200	450	600	300	500	650	400	500	650
3	400	600	800	500	700	800	500	700	800
4	750	900	1500	600	750	1500	500	600	1250
5	100	200	350	220	400	500	300	500	600
6	300	500	750	300	500	750	300	600	750
7	250	300	400	250	400	500	400	500	600
8	260	300	500	350	400	600	370	410	610
9	500	700	900	500	600	900	450	550	600
10	600	800	1000	500	700	900	500	600	700
11	300	400	500	300	450	550	300	450	500
12	500	600	800	400	500	700	450	550	650
合计							5020	6710	8610
平均值							418	559	718

(4)根据统计表 4.1,可以采用适当的计算方法求出需要预测的运量。

方法一:用平均数求解。

在预测时,最终一次判断是综合前几次的反馈做出的,因此在预测时一般以最后一轮判断为主,用平均数求解:

最低运输量平均值为 $5020 \div 12 = 418$(万 t)

最可能运输量平均值为 $6710 \div 12 = 559$(万 t)

最高运输量平均值为 $8610 \div 12 = 718$(万 t)

运输量预测值为 $(418 + 559 + 718) \div 3 = 565$(万 t)

方法二:用中位数求解。

首先,把12位专家的第三次预测的运量从小到大依次排列(如遇到相同的数,不重复计算)。

最低运输量:300,370,400,450,500,550。

最可能运输量:410,450,500,550,600,700,750。

最高运输量:500,600,610,650,700,750,800,900,1250。

最低运输量的中位数:3、4,故取第3、4个值(400和450)的平均数425万t。

最可能运输量的中位数:(7+1)÷2=4,故取第4个值550万t。

最高运输量的中位数:(9+1)÷2=5,故取第5个值700万t。

运输量的预测值为(425+550+700)÷3=558(万t)。

二、类推法

类推法也称类比法,是把预测目标与同类的或相似的先行事物加以对比分析,来推断预测目标未来发展趋向与可能水平,适合于中、长期的预测。

类推法预测的步骤如下:

(1)选择先导事件。如果预测事件A,可选择另一事件B,要求B与A具有相同或相似的发展规律,但发现规律已知并领先于事件A。事件A称为迟发事件,事件B称为先导事件。

(2)找出先导事件的发展规律、关键特征,并绘制演变趋势图。

(3)分析先导事件与迟发事件发展规律的差异程度以判断是否可以进行类推,若差异显著,须重新选择先导事件。

(4)根据先导事件的发展规律,类推迟发事件的未来状况。

选择先导事件是类推法预测的关键,不同的预测目标有不同的先导模型。常用的先导模型有三种:一是历史上发生过的同类事件;二是国外或外地发生过的同类事件;三是其他领域发生过的同类事件。

第三节 时间序列预测

时间序列又称动态序列,它是将某个变量的观测值,按时间先后顺序排列而成的序列。时间序列预测法就是根据时间序列所反映的事物发展过程、方向和趋势,将时间序列外推或延伸,以预测事物未来可能达到的水平值。常见的时间序列预测法包括简单平均法、移动平均法、指数平滑法、趋势预测法、季节变动预测法等。

时间序列预测法基于这样的原理:一方面承认事物发展的延续性,因为任何事物的发展总是同它的过去有着密切的联系,因此,运用过去时间序列的数据进行统计分析,就能够推测事物的发展趋势;另一方面,又充分考虑到事物发展受偶然因素的影响而具有随机性,为了消除随机波动的影响,利用历史数据进行统计分析,并用加权平均等方法对数据加以适当的处理,进行趋势预测。

时间序列预测法的主要优点是简单易行、便于掌握,且能够充分利用原时间序列的各项数据;但该方法准确程度较差,一般只适用于中短期预测。

时间序列的发展变化,是由许多复杂因素共同作用的结果。影响因素归纳起来大体有4种:长期变动、季节变动、循环变动和不规则变动。

(1) 长期趋势:在一段较长的时间内,由于普遍的、持续的、决定性的基本因素的作用,使发展水平沿着一个方向,逐渐向上或向下变动的趋势。长期趋势是时间序列的主要构成要素,它表示时间序列中的数据不是由意外的冲击因素引起的,而是随着时间的推移逐渐发生的变动。

(2) 季节变动:指现象受季节的影响而发生的变动,即现象在一年内或更短的时间内随着时序的更换呈现周期重复的变化。"季节"一词是广义的,它不仅指一年中的四季,还指任何一种周期性的变化。季节变动的原因,既有自然因素,又有社会因素。季节变动是一种极为普遍的现象,它是诸如气候条件、节假日等各种因素作用的结果。

(3) 循环变动:指现象发生的周期有比较长的涨落起伏变动,多指经济发展兴衰交替变动。循环变动不同于趋势变动,它不是朝着单一方向的持续运动,而是涨落相间的交替波动;它也不同于季节变动,季节变动有比较固定的规律,而循环变动没有固定的规律。

(4) 不规则变动:指时间序列数据在短期内由于偶然因素而引起的无规律的变动,例如,战争、自然灾害等偶然因素所导致的不规则变动。

在上述各类影响因素的作用下,时间序列的变化有的具有规律性,如长期趋势变动和季节变动;有的不具有规律性,如不规则变动和循环变动。把这些影响因素同时间序列的关系用一定的数学关系表示出来,就构成了时间序列的分解模型。

一、移动平均法

移动平均法是根据时间序列资料逐项推移,依次计算包含一定项数的时序平均数,以反映长期趋势的方法。当时间序列的数值由于受周期变动和不规则变动的影响起伏较大、不易显示出发展趋势时,可用移动平均法消除这些因素的影响,分析、预测序列的长期趋势。

移动平均法包括一次移动平均法、二次移动平均法、加权移动平均法等。

1. 一次移动平均法

设时间序列为 $y_1, y_2, \cdots, y_t, \cdots$,一次移动平均法的预测模型为

$$\hat{y}_{t+1} = M_t^{(1)} = \frac{y_t + y_{t-1} + \cdots + y_{t-n+1}}{n} \qquad (t \geq n) \tag{4.1}$$

式中: $\hat{y}_{t+1}$——第 $t+1$ 期的预测值;

$M_t^{(1)}$——第 t 期的一次移动平均值;

n——移动平均的项数,即参加移动平均的历史数据的个数。

【例 4.2】 2020 年某段高速公路 1—10 月的月平均日交通量的统计资料如表 4.2 所示,试用一次移动平均预测法预测 11 月的月平均日交通量。分别取 $n=3$ 和 $n=5$ 计算,并进行比较。

某高速公路的月平均日交通量　　　　　表4.2

月份	1	2	3	4	5	6
月平均日交通量（辆/d）	19836	15920	5540	16846	15714	16755
月份	7	8	9	10	—	—
月平均日交通量（辆/d）	19807	21966	18426	25147	—	—

解：分别取 $n=3$ 和 $n=5$，按预测公式

$$\hat{y}_{t+1} = \frac{y_t + y_{t-1} + y_{t-2}}{3}$$

和

$$\hat{y}_{t+1} = \frac{y_t + y_{t-1} + y_{t-2} + y_{t-3} + y_{t-4}}{5}$$

计算 $n=3$ 和 $n=5$ 的移动平均预测值。结果如表4.3所示，预测图见图4.1。

$n=3$ 和 $n=5$ 计算结果（单位：辆/d）　　　　　表4.3

月份	实际值	预测值 $\hat{y}_{t+1}$		绝对误差 $|\hat{y}_t - y_t|$	
		$n=3$	$n=5$	$n=3$	$n=5$
1	19836	—	—	—	—
2	15920	—	—	—	—
3	5540	—	—	—	—
4	16846	13765	—	3081	—
5	15714	12769	—	2945	—
6	16755	12700	14771	4055	1984
7	19807	16438	14155	3369	5652
8	21966	17425	14932	4541	7034
9	18426	19509	18218	1083	208
10	25147	20066	18534	5081	6613
11	—	21846	20420	—	—
平均误差值				3451	4298

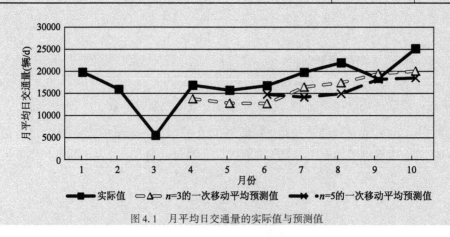

图4.1　月平均日交通量的实际值与预测值

应用一次移动平均进行预测时，n 的选择很重要，n 应取多大，应该根据具体情况作出决策。一个有效的方法是取几个 n 值进行试算，比较它们的预测误差，从中选择最优的。

例 4.2 中，对该高速公路路段的月平均日交通量进行预测后，由于 $n=5$ 时的预测平均误差为 4298 辆/d，明显大于 $n=3$ 时的预测平均误差 3451 辆/d，因此采用 $n=3$ 时的预测结果。即 11 月该高速公路路段的月平均日交通量预测值是 21846 辆/d。

一次移动平均法一般适用于时间序列数据波动较小的预测，不适用于明显的长期变动趋势和循环型变动趋势的时间序列预测。

2. 二次移动平均法

二次移动平均法是对一次移动平均数再进行第二次移动平均，再以一次移动平均值和二次移动平均值为基础建立预测模型，计算预测值的方法。

设时间序列为 $y_1, y_2, \cdots, y_t, \cdots$，二次移动平均值公式为

$$\begin{cases} M_t^{(1)} = \dfrac{y_t + y_{t-1} + \cdots + y_{t-n+1}}{n} & (t \geq n) \\ M_t^{(2)} = \dfrac{M_t^{(1)} + M_{t-1}^{(1)} + \cdots + M_{t-n+1}^{(1)}}{n} \end{cases} \quad (4.2)$$

式中：$M_t^{(1)}$——第 t 期的一次移动平均值；

$M_t^{(2)}$——第 t 期的二次移动平均值；

n——移动平均值的项数。

预测模型为

$$\hat{y}_{t+T} = a_t + b_t T \quad (4.3)$$

式中：a_t——截距，$a_t = 2M_t^{(1)} - M_t^{(2)}$；

b_t——斜率，$b_t = \dfrac{2}{n-1}(M_t^{(1)} - M_t^{(2)})$；

T——由第 t 期至预测期的时期数。

【例 4.3】 对例 4.2 中的数据，应用二次移动平均法预测 11 月和 12 月的月平均日交通量。

解： 取 $n=3$，计算结果如表 4.4 所示。

二次移动平均法计算结果（辆/d） 表 4.4

月份	实际值	预测值 $M_t^{(1)}$ ($n=3$)	预测值 $M_t^{(2)}$ ($n=3$)	a_t	b_t	预测值 $\hat{y}_{t+1}$	绝对误差 $|\hat{y}_t - y_t|$
		(1)	(2)	(3)	(4)	(5)	(6)
1	19836	—	—				
2	15920	—	—				
3	5540	13765	—				
4	16846	12769	—				
5	15714	12700	13078	12322	−378		
6	16755	16438	13969	18908	2469	11944	4811

续上表

月 份	实际值	预测值 $M_t^{(1)}$ ($n=3$)	预测值 $M_t^{(2)}$ ($n=3$)	a_t	b_t	预测值 $\hat{y}_{t+1}$	绝对误差 $|\hat{y}_t - y_t|$
		(1)	(2)	(3)	(4)	(5)	(6)
7	19807	17425	15521	19329	1904	21377	1570
8	21966	19509	17791	21228	1718	21234	732
9	18426	20066	19000	21132	1066	22946	4520
10	25147	21846	20474	23219	1372	22198	2949
平均误差							2916

具体计算步骤如下：

①列表求出一次移动平均值和二次移动平均值，取 $n=3$，先求出一次移动平均值。对一次移动平均值再做移动，求出二次平均值（也取 $n=3$），见表4.4中的(1)、(2)列。

②求各期 a_t、b_t 的值。根据式(4.2)得表4.4中的(3)、(4)列。

③建立预测模型，计算预测值。

根据式(4.3)计算11月和12月的月平均日交通量：

$$\hat{y}_{10+T} = a_{10} + b_{10}T$$

11月的月平均日交通量预测值为

$$\hat{y}_{10+1} = 23219 + 1372 \times 1 = 24591 (辆/d)$$

12月的月平均日交通量预测值为

$$\hat{y}_{10+2} = 23219 + 1372 \times 2 = 25963 (辆/d)$$

对于本例题，如果应用一次移动平均法预测，当 $n=3$ 时，预测平均误差为3451辆/d；采用二次移动平均法预测，平均误差为2916辆/d，明显比采用一次移动平均法预测更符合实际。

二次移动平均预测法解决了预测值滞后于实际观察值的矛盾，适用于对有明显趋势变动的时间序列的预测，同时它还保留了一次移动平均法的优点。

3. 加权移动平均法

在一次移动平均法公式中，每期数据在求平均时的作用是等同的。但是，每期数据所包含的信息量不同，一般情况下，近期数据包含着更多关于未来情况的信息。因此，把各期数据等同看待是不尽合理的，应考虑各期数据的重要性，对近期数据给予较大的权重，这就是加权移动平均法的基本思想。

设时间序列为 $y_1, y_2, \cdots, y_t, \cdots$，加权移动平均预测模型为

$$\hat{y}_{t+1} = \frac{\omega_1 y_t + \omega_2 y_{t-1} + \cdots + \omega_n y_{t-n+1}}{\omega_1 + \omega_2 + \cdots + \omega_n} \quad (t \geq n) \tag{4.4}$$

式中：$\hat{y}_{t+1}$——第 $t+1$ 期的预测值；

ω_i——y_{t-i+1} 的权数（$i=1,2,\cdots,n$）。

【例 4.4】 对例 4.2 中的数据,用加权移动平均法预测 11 月的月平均日交通量。

解:取移动期数 $n=3$,权数由远到近分别为 $\omega_3=1, \omega_2=2, \omega_1=3$,分别计算加权移动平均数,计算结果如表 4.5 所示。

加权移动平均法计算结果(辆/d)　　　　表 4.5

月　份	实际值	预测值 $\hat{y}_{t+1}=1$	绝对误差
1	19836	—	—
2	15920	—	—
3	5540	—	—
4	16846	11383	5463
5	15714	12923	2791
6	16755	14396	2359
7	19807	16423	3384
8	21966	18108	3859
9	18426	20378	1952
10	25147	19836	5311
11 月的预测值		22377	—
平均误差值		—	3588

在加权移动平均中,n 和 ω_t 的选择具有一定的经验性。最好采用几种不同的权数方案,求出它们对应的加权移动平均数,再比较它们的预测误差,从中选择预测误差最小的加权移动平均数作为预测值。

二、指数平滑法

指数平滑法利用对历史数据进行平滑来消除随机因素的影响,只需要本期的实际值和本期的预测值便可以预测下一期的数据,不需要保存大量的历史数据。

指数平滑法根据平滑次数的不同,又分为一次指数平滑法、二次指数平滑法和三次指数平滑法等。

1.一次指数平滑法

设时间序列为 $y_1, y_2, \cdots, y_t, \cdots$,为预测 $t+1$ 期的数值 $\hat{y}_{t+1}$,仍然依据加权移动平均的思想,将全部数列各期的权数,按离预测值接近的历史数据取较大的权数,离预测值远的取较小的权数来布置。按此,$t+1$ 期的预测值 $\hat{y}_{t+1}$ 可采用如下数学形式来表示:

$$\hat{y}_{t+1} = \frac{y_t + \omega y_{t-1} + \omega^2 y_{t-2} + \cdots + \omega^{t-1} y_1}{1 + \omega + \omega^2 + \cdots + \omega^{t-1}} \quad (4.5)$$

可以看出,在观测值对预测值的影响中,人为添入了一个由近及远的等比数列,由于等比数列绘制成的曲线是指数曲线,这正是这种方法取名为指数平滑法的原因。

因为 $0<\omega<1$,ω^t 随着 t 的增大而减小,又因为:

$$\frac{1-\omega^t}{1-\omega} = 1 + \omega + \omega^2 + \cdots + \omega^{t-1}$$

当 t 很大时，$1 + \omega + \omega^2 + \cdots + \omega^{t-1} = \dfrac{1}{1-\omega}$，所以 $\hat{y}_{t+1}$ 可写成：

$$\hat{y}_{t+1} = (1-\omega)y_t + \omega(1-\omega)(y_{t-1} + \omega y_{t-2} + \omega^2 y_{t-3} + \cdots + \omega^{t-2} y_1)$$
$$= (1-\omega)y_t + \omega \hat{y}_t$$

令 $\alpha = 1 - \omega$，α 称为平滑系数，从而得到一次指数平滑法预测公式：

$$\hat{y}_{t+1} = \alpha y_t + (1-\alpha)\hat{y}_t \qquad (4.6)$$

式中：$\hat{y}_{t+1}$——第 $t+1$ 期的预测值；

$\hat{y}_t$——第 t 期的预测值（一次指数平滑值）。

在进行指数平滑时，加权系数 α 的选择是很重要的。一般可遵循以下原则：①如果时间序列波动不大，比较平稳，则 α 应取小一点，如 0.1~0.3，以减小修正幅度，使预测模型能包含较长时间序列的信息；②如果时间序列具有迅速且明显的变动倾向，则 α 应取大一点，如 0.6~0.8，使预测模型灵敏度高一些，以便迅速跟上数据的变化。在使用上，可多取几个 α 值进行试算，哪个预测误差小就采用哪个。

用一次指数平滑法进行预测，除需选择合适的 α 外，还要确定初始值 $\hat{y}_t$。初始值的确定有两种方法：一种是取第 1 期的实际值为初值；另一种是取最初几期的平均值作为初值。

【例 4.5】 对例 4.2 中的数据运用一次指数平滑法进行预测，分别取 $\alpha = 0.2$、$\alpha = 0.5$ 和 $\alpha = 0.8$ 预测 11 月的月平均日交通量。（初始值取第 1 期实际值）

解：应用式(4.6)，计算结果如表 4.6 所示。

一次指数平滑法预测结果（辆/d）　　　　　　　　　　　表 4.6

月 份	实 际 值	预测值			绝对误差值		
		$\alpha=0.2$	$\alpha=0.5$	$\alpha=0.8$	$\alpha=0.2$	$\alpha=0.5$	$\alpha=0.8$
1	19836	—	—	—			
2	15920	19836	19836	19836	3916	3916	3916
3	5540	19053	17878	16703	13513	12338	11163
4	16846	16350	11709	7773	496	5137	9073
5	15714	16449	14278	15031	735	1437	683
6	16755	16302	14996	15577	453	1759	1178
7	19807	16393	15875	16519	3414	3932	3288
8	21966	17076	17841	19149	4890	4125	2817
9	18426	18054	19904	21403	372	1478	2977
10	25147	18128	19165	19021	7019	5982	6126
11月的预测值		19532	22156	23922	—	—	—
平均绝对误差					3868	4456	4580

由于 $\alpha = 0.2$ 时的平均绝对误差最小，所以取 $\alpha = 0.2$ 时预测结果较好，即 11 月的月平均日交通量预测值为 19532 辆/d。

一次指数平滑法是一种对无明显趋势变动的序列做短期预测的重要方法。

2. 二次指数平滑法

指数平滑法对实际序列具有平滑作用,权系数(平滑系数)越小,平滑作用越强,但是对实际数据的变动反映较迟缓。

在实际序列的线性变动部分,指数平滑值序列出现滞后偏差的程度随着权系数(平滑系数)的增大而减少;但当时间序列的变动出现线性趋势时,用一次指数平滑法来进行预测仍存在着明显的滞后偏差。因此,也需要进行修正。

修正方法是在一次指数平滑的基础上再进行二次指数平滑,利用滞后偏差的规律找出曲线的发展方向和发展趋势,然后建立线性趋势预测模型,故称为二次指数平滑法。计算公式为

$$\hat{y}_{t+1}^{(2)} = \alpha y_t^{(1)} + (1-\alpha) \hat{y}_t^{(2)} \tag{4.7}$$

式中:$\hat{y}_{t+1}^{(2)}$——第 $t+1$ 期的二次指数预测值;

$y_t^{(1)}$——第 t 期的一次指数预测值;

$\hat{y}_t^{(2)}$——第 t 期的二次指数预测值;

α——加权系数,也称平滑系数。

$$\hat{y}_{t+T} = a_t + b_t \cdot T \tag{4.8}$$

$$\begin{cases} a_t = 2\hat{y}_t^{(1)} - \hat{y}_{t+1}^{(2)} \\ b_t = \dfrac{\alpha}{1-\alpha}[\hat{y}_t^{(1)} - \hat{y}_{t+1}^{(2)}] \end{cases}$$

第四节 回 归 预 测

客观世界中的许多事物彼此关联而构成系统。在经济活动中,变量与变量之间的关系有两类,一类是函数关系,即一一对应的确定关系;另一类是相关关系,是客观现象存在的一种非确定相互依存关系,变量之间的关系不能用函数关系精确表达,由于受随机因素的影响,一个变量的取值不能由另一个变量唯一确定。

在相关关系的分析中,可以借助函数关系来表示它们之间的统计规律,这种近似地表示变量之间的相关关系的函数被称为回归方程。"回归"是指研究某一变量(因变量)与其他一个或多个变量(自变量)的依存关系。回归分析预测法是通过处理已知数据以寻求这些数据演变规律的一种数理统计方法,用途极为广泛,包括线性回归、非线性回归、一元回归、多元回归等。

回归分析的具体步骤如下:

(1)收集资料,初步建立预测模型。应用相关知识及实践经验对预测目标和影响因素作定性分析,确定是否存在相关关系,若存在,选取回归模型。

(2)计算模型中的参数。根据最小二乘法估计参数,求出回归方程。

(3)检验模型,确定回归预测模型。在运用回归方程进行预测之前,必须对回归方程和回归系数进行检验。常用的检验方法有相关系数检验、F 检验和 t 检验。

(4)预测。利用回归模型进行预测,并讨论预测结果的置信度。

一、一元线性回归预测法

一元线性回归是指成对的两个变量数据分布大体上呈线性趋势时,运用合适的参数估计方法,求出一元线性回归模型,根据自变量的变动预测因变量的变动趋势。

设预测对象为因变量 Y,自变量为 X,已知 n 对样本数据 $(x_1,y_1),(x_2,y_2),\cdots,(x_n,y_n)$。将这些数据绘出散点图,当走向大致趋于一条直线时,可以建立一元线性回归方程:

$$\hat{y} = a + bx \tag{4.9}$$

式中:a——直线在 y 轴上的截距;

b——直线的斜率,又称为回归系数。

1. 模型参数 a、b 的最小二乘估计

对应于每一个 x_j,根据回归方程可计算出一个因变量估计值 $\hat{y}_j$,实际观察值 y_j 与回归估计值 $\hat{y}_j$ 之间的离差记作 $e_j = y_j - \hat{y}_j$,现在要确定一组参数 (a,b),使其对应的离差平方和最小,即:

$$\min \sum_{j=1}^{n} e_j^2 = \min \sum_{j=1}^{n} (y_j - a - bx_j)^2$$

将 a、b 看成变量,对上式求偏导数,并令其等于零,得:

$$\begin{cases} b = \dfrac{L_{XY}}{L_{XX}} \\ a = \bar{y} - b\bar{x} \end{cases} \tag{4.10}$$

式中:$\bar{x} = \dfrac{1}{n}\sum_{j=1}^{n} x_j$;

$\bar{y} = \dfrac{1}{n}\sum_{j=1}^{n} y_j$;

$L_{XX} = \sum_{j=1}^{n}(x_j - \bar{x})^2 = \sum_{j=1}^{n} x_j^2 - \dfrac{1}{n}\left(\sum_{j=1}^{n} x_j\right)^2$;

$L_{XY} = \sum_{j=1}^{n}(x_j - \bar{x})(y_j - \bar{y}) = \sum_{j=1}^{n} x_j y_j - \dfrac{1}{n}\left(\sum_{j=1}^{n} x_j\right)\left(\sum_{j=1}^{n} y_j\right)$。

另外,$L_{YY} = \sum_{j=1}^{n}(y_j - \bar{y})^2 = \sum_{j=1}^{n} y_j^2 - \dfrac{1}{n}\left(\sum_{j=1}^{n} y_j\right)^2$。

2. 显著性检验

回归方程是否基本上符合变量 Y 与 X 之间的规律?根据自变量 X 的值来预测因变量 Y 的值,效果如何?为回答这些问题,需要对回归模型进行显著性检验。常用的检验方法有相关系数检验、F 检验和 t 检验。

(1)相关系数检验

相关系数用 R 表示,计算公式为

$$R = \dfrac{L_{XY}}{\sqrt{L_{XX} L_{YY}}} \tag{4.11}$$

相关系数的取值范围为 $-1 \leq R \leq 1$,R 值为负时称为负相关,表明 Y 随 X 的增大而减少;R 值为正时称为正相关,表明 Y 随 X 的增大而增大。

相关系数检验法的步骤如下：
① 按公式计算相关系数 R。
② 根据回归模型的自由度 $n-2$ 和给定的显著性水平 α，从相关系数临界值表中查出临界值 $R_\alpha(n-2)$。
③ 判别。若 $|R| \geq R_\alpha(n-2)$，表明两变量之间线性相关关系显著，检验通过；若 $|R| < R_\alpha(n-2)$，表明两变量之间线性相关关系不显著，检验不通过。

（2）F 检验

F 统计量可以检验 X 与 Y 之间是否存在显著的线性关系，即回归方程总体是否具有显著性。F 统计量可用下式计算：

$$F = \frac{(n-m-1)R^2}{m(1-R^2)} \tag{4.12}$$

式中：m——自变量个数，对于一元线性回归模型，$m=1$；
  n——样本数；
  R——相关系数。

因此，对于一元线性回归模型有：

$$F = \frac{(n-2)R^2}{1-R^2} \tag{4.13}$$

F 统计检验步骤如下：
① 选择检验的显著性水平 α。
② 根据 α、m 和自由度 $n-2$，查 F 分布表，可得临界值 F_α。
③ 将计算的 F 与 F_α 比较，若 $F > F_\alpha$，则回归效果显著。否则，回归效果不显著。

（3）t 检验

t 检验是对回归系统的检验。如果某个系数的 t 检验通不过，则这个系数所对应的这一项在回归方程中作用不显著。t 统计检验步骤如下：
① 计算检验的统计量：

$$t = \frac{b}{S_b} \tag{4.14}$$

式中：S_b——回归系统的抽样标准差，其计算公式为

$$S_b = \frac{S_y}{\sqrt{\sum(x_i - \bar{x})^2}} \tag{4.15}$$

  S_y——估计标准误差，其计算公式为

$$S_y = \frac{\sqrt{\sum(y_i - \hat{y}_i)^2}}{n-2} \tag{4.16}$$

估计标准误差是实际观察值与回归估计值离差平方和的均方根，反映实际观察值在回归直线周围的分散状况，是在排除了 X 对 Y 的线性影响后，Y 随机波动大小的一个估计量，反映了用估计的回归方程预测 Y 时预测误差的大小。

② 确定显著性水平 α。
③ 查 t 分布表，可得临界值 $t_{\alpha/2}$，当 $t > t_{\alpha/2}$ 时，表示 X、Y 有线性关系，否则两者无线性关系。

3. 预测区间估计

利用回归方程预测不可能准确无误,因而,通常不采用定点预测,而采用区间预测,即对给定的预测自变量 X 的值 x_0,由回归方程(4.17)求得预测值。

$$\hat{y}_0 = a + bx_0 \tag{4.17}$$

对给定的置信水平 $1-\alpha$,寻找一个正数 δ,使得实际观测值 y_0,以 $1-\alpha$ 的概率落在区间 $(\hat{y}_0 - \delta, \hat{y}_0 + \delta)$ 内,这个区间称为 y_0 的置信水平为 $1-\alpha$ 的预测区间。其中:$\delta = t_{\alpha/2} S_y \sqrt{1 + \dfrac{1}{n} + \dfrac{(x_0 - \bar{x})^2}{\sum_{j=1}^{n}(x_j - \bar{x})^2}}$;$t_{\alpha/2}$ 为自由度为 $n-2$ 的 t 分布临界值。

【例4.6】 某港口城市社会总产值与该市港口货运吞吐量的统计资料如表4.7所示,试建立一元线性回归模型,并预测该市社会总产值达到76.51百亿元时,该市的港口货运吞吐量是多少?

某港口城市社会总产值与该市港口货运吞吐量　　表4.7

社会总产值(百亿元)	9.64	10.62	11.74	13.34	15.47	18.5	21.52
港口货运吞吐量(亿t)	0.91	0.97	1.05	1.12	1.26	1.45	1.71
社会总产值(百亿元)	25.7	31.31	38.58	44.1	51.58	61	70.03
港口货物吞吐量(亿t)	2	2.2	2.46	2.73	3.01	3.37	3.74

解:(1)建立一元线性回归模型

对原数据做统计分析,如表4.8所示。

一元线性回归的数据统计　　表4.8

年数	社会生产总值 x（百亿元）	港口货物吞吐量 y（亿t）	xy	x^2	y^2
1	9.64	0.91	8.77	92.93	0.83
2	10.62	0.97	10.30	112.78	0.94
3	11.74	1.05	12.33	137.83	1.10
4	13.34	1.12	14.94	177.96	1.25
5	15.47	1.26	19.49	239.32	1.59
6	18.50	1.45	26.83	342.25	2.10
7	21.52	1.71	36.80	463.11	2.92
8	25.70	2.00	51.40	660.49	4.00
9	31.31	2.20	68.88	980.32	4.84
10	38.58	2.46	94.91	1488.42	6.05
11	44.10	2.73	120.39	1944.81	7.45
12	51.58	3.01	155.26	2660.50	9.06
13	61.00	3.37	205.57	3721.00	11.36
14	70.03	3.74	261.91	4904.20	13.99
合计	423.12	27.98	1087.78	17925.91	67.49

由式(4.8)、式(4.9)得:

$$L_{XX} = \sum_{j=1}^{n} x_j^2 - \frac{1}{n}\left(\sum_{j=1}^{n} x_j\right)^2 = 17925.91 - \frac{1}{14} \times 423.12 \times 423.12 = 5138.01$$

$$L_{XY} = \sum_{j=1}^{n} x_j y_j - \frac{1}{n}\left(\sum_{j=1}^{n} x_j\right)\left(\sum_{j=1}^{n} y_j\right) = 1087.78 - \frac{1}{14} \times 423.12 \times 27.98 = 242.14$$

$$L_{YY} = \sum_{j=1}^{n} y_j^2 - \frac{1}{n}\left(\sum_{j=1}^{n} y_j\right)^2 = 67.49 - \frac{1}{14} \times 27.98 \times 27.98 = 11.57$$

$$b = \frac{L_{XY}}{L_{XX}} = \frac{242.14}{5138.01} = 0.047$$

$$a = \bar{y} - b\bar{x} = \frac{27.98}{14} - 0.047 \times \frac{423.12}{14} = 0.578$$

回归模型为

$$y = 0.578 + 0.047x$$

(2) R 检验

$$R = \frac{L_{XY}}{\sqrt{L_{XX} L_{YY}}} = 0.9931$$

当显著性水平 $\alpha = 0.05$,自由度 $= 14 - 2 = 12$ 时,查相关系数临界值表,得 $R_{0.05}(12) = 0.532$,因:

$$R = 0.9931 > 0.532$$

故在 $\alpha = 0.05$ 的显著性水平上,检验通过,说明两变量之间线性相关关系显著。

(3) F 检验

计算 F 统计量:

$$F = \frac{(n-2)R^2}{1 - R^2} = 863.29$$

给定 $\alpha = 0.05$,查 F 分布表得 $F_{0.05}(1,12) = 4.75$,故 $F > F_{0.05}(1,12)$,所以 X 与 Y 线性相关是显著的。

(4) t 检验

计算 t 统计量:

$$t = \frac{b}{S_b}$$

式中:$S_b = \dfrac{S_y}{\sqrt{\sum (x_i - \bar{x})^2}} = 0.0016$;

$$S_y = \sqrt{\frac{\sum (y_i - \hat{y}_i)^2}{n - 2}} = 0.11;$$

$$t = \frac{b}{S_b} = 29.375。$$

给定 $\alpha = 0.05$,查 t 分布表得 $t_{0.025}(12) = 2.179$,故 $t > t_{0.025}(12)$,所以 X 对 Y 线性影响显著。

(5) 预测

当显著性水平 $\alpha = 0.05$，自由度 $= 14 - 2 = 12$ 时，查 t 分布表得 $t_{0.025}(12) = 2.179$。当 $x_0 = 76.51$ 百亿元时，代入回归模型，得 Y 的点估计值为

$$y_0 = 0.578 + 0.047 \times 76.51 = 4.17 (\text{亿 t})$$

$$\delta = t_{\alpha/2} S_y \sqrt{1 + \frac{1}{n} + \frac{(x_0 - \bar{x})^2}{\sum_{i=1}^{n}(x_i - \bar{x})^2}} = 0.25$$

故得到预测区间：

$$y_0 \mp \delta = 4.17 \mp 0.25$$

即当该城市的社会生产总值达到 76.51 百亿元时，在 $\alpha = 0.05$ 的显著性水平上，该城市的港口货物吞吐量的预测区间为 (3.92, 4.42) 亿 t。

二、多元线性回归预测法

采用多元线性回归预测法进行预测的一般步骤类似于一元线性回归的情形，主要的不同点是它们使用的回归方程不同。

1. 建立模型

假定通过分析可知，因变量 y 与自变量 $X_1, X_2, \cdots, X_m$ 之间具有线性相关关系，则多元线性回归模型为

$$\hat{y} = a + b_1 x_1 + \cdots + b_m x_m \tag{4.18}$$

如果在对变量 y 与 $x_i (i = 1, 2, \cdots, m)$ 的 n 次观察中，获得了如下的数据：

$$X = \begin{pmatrix} x_{11} & x_{12} & \cdots & x_{1n} \\ x_{21} & x_{22} & \cdots & x_{2n} \\ \vdots & \vdots & \ddots & \vdots \\ x_{m1} & x_{m2} & \cdots & x_{mn} \end{pmatrix} \quad Y = \begin{pmatrix} y_1 \\ y_2 \\ \vdots \\ y_n \end{pmatrix}$$

参数 a、b_i 的确定与一元线性回归相同，仍然采用最小二乘法。根据最小二乘法原理，应使 $\sum_{j=1}^{n}(\hat{y}_j - y_j)^2 = \sum_{j=1}^{n}(y_j - a - b_1 x_{1j} - b_2 x_{2j} - \cdots - b_m x_{mj})^2$ 为最小。对上式中的 a、b_i 分别求偏导，并令其等于零，经整理后得：

$$\begin{cases} L_{11} b_1 + L_{21} b_2 + \cdots + L_{m1} b_m = L_{Y1} \\ L_{12} b_1 + L_{22} b_2 + \cdots + L_{m2} b_m = L_{Y2} \\ \quad \vdots \\ L_{1n} b_1 + L_{2n} b_2 + \cdots + L_{mn} b_m = L_{Yn} \end{cases} \tag{4.19}$$

$$a = \bar{y} - \sum_{i=1}^{m} b_i \bar{x}_i \qquad (4.20)$$

式中：$\bar{y} = \frac{1}{n}\sum_{k=1}^{n} \bar{y}_k$；

$\bar{x}_i = \frac{1}{n}\sum_{k=1}^{n} x_{ik}$；

$L_{ij} = \sum_{k=1}^{n} \left(x_{ik} - \bar{x}_i \right) \left(x_{jk} - \bar{x}_j \right) = \sum_{k=1}^{n} x_{ik}x_{jk} - \frac{1}{n}\left(\sum_{k=1}^{n} x_{ik}\right)\left(\sum_{k=1}^{n} x_{jk}\right)$；

$L_{Yj} = \sum_{k=1}^{n} \left(y_k - \bar{y} \right) \left(x_{jk} - \bar{x}_j \right) = \sum_{k=1}^{n} x_{jk}y_k - \frac{1}{n}\left(\sum_{k=1}^{n} x_{jk}\right)\left(\sum_{k=1}^{n} y_k\right)$；

$L_{YY} = \sum_{k=1}^{n} \left(y_k - \bar{y} \right)^2$；

n——样本容量；

m——自变量数目。

利用上式可确定参数 a、$b_i(i=1,2,3,\cdots,m)$，从而得到多元线性回归方程。

2. 多元线性模型的假设检验

在建立多元线性回归模型的过程中，为进一步分析回归模型所反映的变量之间的关系是否符合客观实际，引入的影响因素是否有效，同样需要对回归模型进行检验。常用的检验方法有 R 检验、F 检验、t 检验、DW 检验。

（1）R 检验

R 检验法是通过复相关系数检验一组自变量 $X_1,X_2,\cdots,X_m$ 与因变量 y 之间的线性相关程度的方法，又称复相关系数检验法。

$$R = \sqrt{\frac{\sum_{i=1}^{m} b_i L_{Yi}}{L_{YY}}} \qquad (4.21)$$

其中，R 称为复相关系数。

与相关系数检验法一样，复相关系数检验法的步骤为：①计算复相关系数；②根据回归模型的自由度 $n-m$ 和给定的显著性水平 α 值，查相关系数临界值表；③判别。

（2）F 检验

F 统计量：

$$F = \frac{n-m-1}{m}\left(\frac{R^2}{1-R^2}\right) \qquad (4.22)$$

对于给定的显著水平 α 查 F 分布临界值表，得临界值 $F_{1-\alpha}(m,n-m-1)$。若 $F > F_\alpha(m,n-m-1)$，则在显著性水平 α 下，y 与 $X_1,X_2,\cdots,X_m$ 整体线性关系显著，这时回归模型可用；否则，不显著，回归模型不可用。

（3）每个回归系数的显著性检验（t 检验）

整体性检验通过，只能说明 $X_1,X_2,\cdots,X_m$ 作为一个整体与 y 有线性关系，但这并不意味着每个 X_i 都对 y 有显著的线性影响。所以，第一步检验完成后，尚需分别检验每个回归系数 $\hat{b}_j$ ($j=1,2,\cdots,m$) 是否显著异于零。如果是，则 X_i 对 y 线性影响显著；否则，不显著。对 y 影响不显著的自变量,应将它剔除,y 对剩下的自变量重新回归,直至检验都通过为止。

t 检验步骤如下:

①对参数 b_j 的检验假设:$H_0:b_j=0,H_1:b_j\neq 0$。

②t 的统计量取:

$$t_j = \frac{\hat{b}_j}{S_{\hat{b}_j}} \quad (j=1,2,\cdots,m) \tag{4.23}$$

式中:$\hat{b}_j$——第 j 个自变量 x_j 的回归系数;

$S_{\hat{b}_j}$——$\hat{b}_j$ 的样本标准差。

③确定显著性水平 α。

④查 t 分布表可得临界值 $t_{\alpha/2}(n-m)$,当 $|t_j|>t_{\alpha/2}(n-m)$ 时,说明 x_j 对 y 有显著的线性影响。

(4)DW 检验

序列相关是指数列的前后期相关。这里讲的前后期相关,可以是只与前一期相关,也可以是与前若干期都相关。最常见的是时差为一期的序列相关,又称一阶自相关。最常用的检验方法是 DW 检验法(Durbin-Watson 准则)。定义 DW 统计量为

$$DW = \frac{\sum_{i=2}^{n}(e_i-e_{i-1})^2}{\sum_{i=1}^{n}e_i^2} \tag{4.24}$$

式中:$e_i = y_i - \hat{y}_i$。

对拟定的显著性水平 α,由 DW 检验表,查得在样本个数为 n、变量个数为 m 时的临界值 d_u、d_L。判别的原则如表 4.9 所示。

DW 检验判别表 表 4.9

DW 值	检验结果
$0<DW\leq d_L$	否定假设,有正自相关
$(4-d_L)\leq DW<4$	否定假设,有负自相关
$d_u<DW\leq(4-d_u)$	接受假设,无自相关
$d_L<DW\leq d_u$	检验无结论
$(4-d_u)\leq DW<(4-d_L)$	检验无结论

说明:处理实际问题时,一般采用以下判别规则,即在 0.05 检验水平下,$d_u\approx 1.5, 4-d_u\approx 2.5$,若 $1.5<DW\leq 2.5$,则认为回归模型不存在自相关。

3. 预测值置信区间的估计

多元线性回归预测值在置信水平 α 下的置信区间用剩余标准差 S 来确定:

$$S = \sqrt{\frac{L_{XY}-\sum_{i=1}^{m}b_i L_{Yi}}{n-m-1}} \tag{4.25}$$

可得置信区间:

$$[Y_0-t_{\alpha/2}S, Y_0+t_{\alpha/2}S]$$

【例 4.7】 某地区客运周转量的增长与该地区总人口的增长和人均月收入有关。已知近 12 年的统计资料如表 4.10 所示,如果预测 5 年后该地区的总人口为 58 万人,人均收入为 67 百元,预测该地区 5 年后的客运周转量。

某地区客运周转量、总人口和人均月收入统计表　　　　表 4.10

年份	1	2	3	4	5	6
客运周转量 Y(千万人公里)	9.0	9.5	10	10.6	12.4	16.2
总人口 X_1(万人)	48.2	48.9	49.54	50.25	51.02	51.84
人均月收入 X_1(百元)	12.1	12.9	13.8	14.8	16.4	20.9
年份	7	8	9	10	11	12
客运周转量 Y(千万人公里)	17.7	20.1	21.8	25.3	31.3	36
总人口 X_1(万人)	52.76	53.69	54.55	55.35	56.16	56.98
人均月收入 X_1(百元)	24.2	28.1	30.1	35.8	48.5	54.8

解:(1)建立二元线性回归方程

由表 4.10 可以看出,客运周转量与总人口、人均收入两因素存在相关关系,用二元回归方程来描述:

$$y = a + b_1 x_1 + b_2 x_2$$

式中:x_1——总人口;

x_2——人均收入。

$$\overline{Y} = \frac{1}{12}\sum_{k=1}^{12} Y_k = 18.325$$

$$\overline{X}_1 = \frac{1}{12}\sum_{k=1}^{12} X_{1k} = 52.44$$

$$\overline{X}_2 = \frac{1}{12}\sum_{k=1}^{12} X_{2k} = 26.03$$

$$L_{11} = \sum_{k=1}^{12}\left(X_{1k} - \overline{X}_1\right)^2 = 95.13$$

$$L_{22} = \sum_{k=1}^{12}\left(X_{2k} - \overline{X}_2\right)^2 = 2213.45$$

$$L_{12} = L_{21} = \sum_{k=1}^{12}\left(X_{1k} - \overline{X}_1\right)\left(X_{2k} - \overline{X}_2\right) = 435.58$$

$$L_{Y1} = \sum_{k=1}^{12}\left(X_{1k} - \overline{X}_1\right)\left(Y_k - \overline{Y}\right) = 279.69$$

$$L_{Y2} = \sum_{k=1}^{10}\left(X_{2k} - \overline{X}_2\right)\left(Y_k - \overline{Y}\right) = 1389.46$$

$$L_{YY} = \sum_{k=1}^{12}\left(Y_k - \overline{Y}\right)^2 = 878.46$$

代入式(4.19),得:

$$\begin{cases} L_{11}b_1 + L_{21}b_2 = L_{Y1} \\ L_{12}b_1 + L_{22}b_2 = L_{Y2} \end{cases}$$

即：

$$\begin{cases} 95.13b_1 + 435.58b_2 = 279.69 \\ 435.58b_1 + 2213.45b_2 = 1389.46 \end{cases}$$

解上述方程组得：

$$b_1 = 0.6649$$
$$b_2 = 0.4969$$
$$a = \overline{Y} - b_1\overline{X}_1 - b_2\overline{X}_2 = -29.4798$$

故所求回归方程为

$$y = -29.4798 + 0.6649x_1 + 0.4969x_2$$

(2) 显著性检验

可以通过将上述数值代入相关公式，求出 R、F、t 统计量和 DW，也可以应用 Excel 进行处理，直接得出计算结果。

用 Excel 进行回归分析的步骤如下：

第1步：选择"数据"中的"数据分析"选项。

第2步：在分析工具中选择"回归"，然后选择"确定"。

第3步：当对话框出现时：

在"Y值输入区域"设置框内键入 Y 的数据区域；

在"X值输入区域"设置框内键入 X 的数据区域；

在"残差"分析选项中选择所需的选项。

①R 检验：

$$R = 0.9988$$

当显著性水平 $\alpha = 0.05$，自由度 $n - m = 12 - 2 = 10$ 时，查相关系数临界值表，得 $R_{0.05}(10) = 0.576$，因 $R = 0.9988 > 0.576$，故在 $\alpha = 0.05$ 的显著性水平上，检验通过，说明变量 x_1、x_2 和 y 之间线性相关关系显著。

②F 检验：

$$F = 1888.948$$

对于给定的显著水平 $\alpha = 0.05$，查 F 分布临界值表，得临界值 $F_{0.05}(2, 12 - 2 - 1) = 4.26$。则 $F > F_\alpha(2, 9)$，在显著性水平 $\alpha = 0.05$ 下，y 与 x_1、x_2 整体线性关系显著。

③t 检验：

$$t_1 = 4.2351, t_2 = 15.2646$$

当 $\alpha = 0.05$ 时，查 t 分布表可得临界值 $t_{0.025}(12 - 3) = 2.262$，因为 t_1、t_2 均大于 $t_{0.025}(9) = 2.262$，所以 X_1、X_2 对 y 均有显著的线性影响。

④DW 检验：

$$DW = \frac{\sum_{i=2}^{n}(e_i - e_{i-1})^2}{\sum_{i=1}^{n} e_i^2} = 1.96$$

当 $\alpha=0.05$ 时,因为 $1.5<DW\leqslant 2.5$,所以回归模型不存在自相关。

(3) 置信区间

5 年后,当该地区的总人口为 58 万人,人均月收入为 67 百元时,客运周转量为

$$\hat{y} = -29.4798 + 0.6649x_1 + 0.4969x_2$$

$$= -29.4798 + 0.6649 \times 58 + 0.4969 \times 67 = 42.38$$

$$S = \sqrt{\frac{L_{XY} - \sum_{i=1}^{m} b_i L_{Yi}}{n-m-1}} = 0.4798$$

可确定 $\alpha=0.05$ 时,置信区间:

$$[Y_0 - t_{0.025}S, Y_0 + t_{0.025}S] = [41.3, 43.46]$$

三、非线性回归预测法

对于很多预测问题,有时影响因素和预测目标之间的关系不一定是线性关系,这时,就必须运用非线性回归的方法来预测,常见的非线性方程形式有以下几种。

1. 多项式函数模型

$$y = a + bx + cx^2 \tag{4.26}$$

令 $x_1 = x, x_2 = x^2$,则式(4.26)变为

$$y = a + bx_1 + cx_2$$

则可利用多元回归分析法估计参数 a、b 和 c。

2. 双曲函数模型

若变量 x 随 y 而增加,最初增加很快,以后逐渐减慢并趋于稳定,则可以用双曲线函数,其方程为

$$\frac{1}{y} = a + \frac{b}{x} \tag{4.27}$$

令 $y' = \frac{1}{y}, x' = \frac{1}{x}$,则式(4.27)变为 $y' = a' + bx'$,可利用一元回归分析法估计参数 a' 和 b。

3. 幂函数模型

若变量 x 与 y 都接近等比变化,及其环比分别接近于一个常数,可拟合幂函数曲线,其方程为

$$y = ax^b \tag{4.28}$$

对等式两边取对数,令 $y' = \lg y, a' = \lg a, x' = \lg x$,则式(4.28)变为 $y' = a' + bx'$。可利用一元回归分析法估计参数 a' 和 b。

第五节 马尔可夫预测

马尔可夫方法是俄国数学家马尔可夫（A Markov）在1907年提出，并对蒙特卡罗模拟加以发展而建立的一种分析方法。马尔可夫预测是应用马尔可夫链的基本原理与方法，研究分析随机事件未来发展变化的趋势，即利用某一变量的现状和动向去预测该变量未来的状态和动向。

一、基本原理

事物的发展状态总是随着时间的推移而不断变化的。在一般情况下，人们认为要了解事物未来的发展状态，不但要掌握事物现在的状态，还要掌握事物过去的状态。马尔可夫则认为，要预测事物未来的发展状态，只需知道事物现在的状态，不需要了解事物过去的状态。即在已知时刻 t 系统所处的状态下，系统在 t 时刻以后的变化，仅与 t 时刻的状态有关，因为 t 以前的系统状态，只能通过 t 状态来影响 t 以后的系统。描述这类过程的数学模型，被称为马尔可夫过程。

设一离散型随机过程 $\{X_t, t \in T\}$ 的状态空间为 $S = \{1, 2, \cdots, N\}$，任意的 $i_1, i_2, \cdots, i_{n-1}, j \in S$，如果对时间 t 的任意 n 个数值 $t_1 < t_2 < \cdots < t_n, n \geq 3, t_i \in T$，有

$$P\{X_n = j \mid X_1 = 1_1, X_2 = i_2 \cdots, X_{n-1} = i_{n-1}\} = P\{X_n = j \mid X_{n-1} = i_{n-1}\} \qquad (4.29)$$

则称随机过程 $\{X_t, t \in T\}$ 具有马尔可夫性或无后效性，并称此过程为马尔可夫链。

1. 状态转移的概念

状态是指客观事物可能出现或存在的状况。例如，市场上某品牌的汽车在某月份的状态可能是畅销，也可能是滞销。

状态转移是指客观事物由一种状态变为另一种状态。例如，由于产品质量或替代产品的变化，市场上某品牌汽车的状态由上一月份的畅销变成下一月份的滞销。显然，这类系统由一种状态转移到另一种状态完全是随机的，因此必须用概率描述状态转移的各种可能性大小。

2. 转移概率与转移概率矩阵

转移概率是指从一种状态转移到另一种状态的概率。客观事物可能有多种状态，其每次只能处于一种状态，则每一状态都具有多个转向（包括转向其自身），将这种转移的可能性用概率来描述，就是状态转移概率。

如果在时刻 t_n 系统的状态为 $X_n = i$ 的条件下，下一时刻 t_{n+1} 系统的状态为 $X_{n+1} = j$ 的概率 $P_{ij}(n)$ 与 n 无关，则称此马尔可夫链是齐次马尔可夫链，并记：

$$P_{ij} = P(x_{n+1} = j \mid x_n = i) \qquad (i, j = 1, 2, \cdots, N) \qquad (4.30)$$

称 P_{ij} 为状态转移概率。本章以下提到的均为齐次马尔可夫链。

事件若有 N 种状态，则从某一状态 $X_n = i$ 开始，相应地有 N 个状态转移概率，即 $P_{i1}, P_{i2}, \cdots, P_{iN}$。将事件 N 个状态的转移概率依次排列，可以得到一个 $N \times N$ 的矩阵，这种矩阵就是转移概率矩阵。

$$\boldsymbol{P} = \begin{pmatrix} P_{11} & P_{12} & \cdots & P_{1j} & \cdots & P_{1N} \\ P_{21} & P_{22} & \cdots & P_{2j} & \cdots & P_{2N} \\ \vdots & \vdots & \ddots & \vdots & \ddots & \vdots \\ P_{i1} & P_{i2} & \cdots & P_{ij} & \cdots & P_{iN} \\ \vdots & \vdots & \ddots & \vdots & \ddots & \vdots \\ P_{N1} & P_{N2} & \cdots & P_{Nj} & \cdots & P_{NN} \end{pmatrix}$$

一步转移矩阵具有如下性质:

(1) 矩阵中的任一元素 P_{ij} 都是一个小于1的正数。

(2) $\sum_{j=1}^{N} P_{ij} = 1$,即矩阵中任一行的元素和都恒等于1。

若系统在时刻 t_0 处于状态 $X_0 = i$,经过 n 步转移,在时刻 t_n 处于状态 $X_n = j$,那么,对这种转移的可能性的数量描述称为 n 步转移概率 $P_{ij}^{(n)}$。并令:

$$\boldsymbol{P}^{(n)} = \begin{pmatrix} P_{11}^{(n)} & P_{12}^{(n)} & \cdots & P_{1j}^{(n)} & \cdots & P_{1N}^{(n)} \\ P_{21}^{(n)} & P_{22}^{(n)} & \cdots & P_{2j}^{(n)} & \cdots & P_{2N}^{(n)} \\ \vdots & \vdots & \ddots & \vdots & \ddots & \vdots \\ P_{i1}^{(n)} & P_{i2}^{(n)} & \cdots & P_{i2}^{(n)} & \cdots & P_{iN}^{(n)} \\ \vdots & \vdots & \ddots & \vdots & \ddots & \vdots \\ P_{N1}^{(n)} & P_{N2}^{(n)} & \cdots & P_{Nj}^{(n)} & \cdots & P_{NN}^{(n)} \end{pmatrix}$$

称 $\boldsymbol{P}^{(n)}$ 为 n 步转移概率矩阵。

多步转移概率矩阵,除具有一步转移概率矩阵的性质外,还具有以下的性质:

(1) $\boldsymbol{P}^{(n)} = \boldsymbol{P}^{(n-1)} \boldsymbol{P}$。

(2) $\boldsymbol{P}^{(n)} = \boldsymbol{P}^n$。

在实际预测中,经常以频率近似地计算转移概率。

【例4.8】 假设某一城市交通枢纽集散客流量近年无较大变化,其集散方式有4种,分别为常规公交车、出租车、私家车和步行,已知该交通枢纽2019年各种集散方式的客流量分担情况为常规公交车1000万人次、出租车700万人次、私家车300万人次、步行300万人次,2020年各种集散方式间的转移量如表4.11所示。试计算其一步状态转移矩阵和二步状态转移概率矩阵。

2020年各种集散方式间的客流转移量(万人次) 表4.11

出行方式	常规公交车	出租车	私家车	步行	2019年集散量
常规公交车	940	10	30	20	1000
出租车	20	650	20	10	700
私家车	10	10	275	5	300
步行	20	5	10	265	300
合计	990	680	335	295	2300

解：由表 4.11 可知，2020 年该交通枢纽各种集散方式的客流量分担情况为常规公交车 990 万人次、出租车 680 万人次、私家车 335 万人次、步行 295 万人次。

于是得到：

$$P_{11} = \frac{940}{1000} = 0.94, P_{12} = \frac{10}{1000} = 0.01$$

$$P_{13} = \frac{30}{1000} = 0.03, P_{14} = \frac{20}{1000} = 0.02$$

$$P_{21} = \frac{20}{700} = 0.03, P_{22} = \frac{650}{700} = 0.93$$

$$P_{23} = \frac{20}{700} = 0.03, P_{24} = \frac{10}{700} = 0.01$$

$$P_{31} = \frac{10}{300} = 0.03, P_{32} = \frac{10}{300} = 0.03$$

$$P_{33} = \frac{275}{300} = 0.92, P_{34} = \frac{5}{300} = 0.02$$

$$P_{41} = \frac{20}{300} = 0.07, P_{42} = \frac{5}{300} = 0.02$$

$$P_{43} = \frac{10}{300} = 0.03, P_{44} = \frac{265}{300} = 0.88$$

一步状态转移矩阵为

$$\boldsymbol{P} = \begin{pmatrix} 0.94 & 0.01 & 0.03 & 0.02 \\ 0.03 & 0.93 & 0.03 & 0.01 \\ 0.03 & 0.03 & 0.92 & 0.02 \\ 0.07 & 0.02 & 0.03 & 0.88 \end{pmatrix}$$

二步转移概率矩阵可由一步转移概率矩阵求出，由公式 $\boldsymbol{P}^{(n)} = \boldsymbol{P}^n$ 可得：

$$\boldsymbol{P}^{(2)} = \begin{pmatrix} 0.94 & 0.01 & 0.03 & 0.02 \\ 0.03 & 0.93 & 0.03 & 0.01 \\ 0.03 & 0.03 & 0.92 & 0.02 \\ 0.07 & 0.02 & 0.03 & 0.88 \end{pmatrix}^2 = \begin{pmatrix} 0.88 & 0.02 & 0.06 & 0.04 \\ 0.06 & 0.86 & 0.06 & 0.02 \\ 0.06 & 0.05 & 0.85 & 0.04 \\ 0.13 & 0.04 & 0.05 & 0.78 \end{pmatrix}$$

二、状态预测

状态预测是指预测下一个时期系统最可能出现的状态。

假设目前预测对象处于状态 X_i，用 P_{ij} 描述目前状态 X_i 在未来将转向状态 $X_j (j = 1, 2, \cdots, N)$ 的可能性。一般按最大可能性作为选择的原则，选择 $(P_{i1}, P_{i2}, \cdots, P_{iN})$ 中最大者作为预测结果。

【例 4.9】 某城市 2003—2020 年万车事故率的统计数据如表 4.12 所示,试预测 2021 年万车事故率。

某城市 2003—2020 年万车事故率的统计数据(次/万车)　　　　表 4.12

年份	2003	2004	2005	2006	2007	2008	2009	2010	2011
万车事故率	59	60.2	59.7	62.6	66.4	74	83	85.2	80.8
年份	2012	2013	2014	2015	2016	2017	2018	2019	2020
万车事故率	82.4	75.5	68.1	61.8	55.3	50.8	48.6	46.3	44.3

解:(1)划分状态如表 4.13 所示。可以简单划分为①万车事故率<50,属低;②50≤万车事故率<60,属偏低;③60≤万车事故率<70,属一般;④70≤万车事故率<80,属偏高;⑤万车事故率≥80,属高。

万车事故率及事故状态划分　　　　表 4.13

年份	2003	2004	2005	2006	2007	2008	2009	2010	2011
万车事故率	59	60.2	59.7	62.6	66.4	74	83	85.2	80.8
状态	偏低	一般	偏低	一般	一般	偏高	高	高	高
年份	2012	2013	2014	2015	2016	2017	2018	2019	2020
万车事故率	82.4	75.5	68.1	61.8	55.3	50.8	48.6	46.3	44.3
状态	高	偏高	一般	一般	偏低	偏低	低	低	低

(2)计算状态转移概率矩阵。

根据历年万车事故率的状态变化,得到状态转移频数如表 4.14 所示,由此可得状态转移概率矩阵。

状态转移频数　　　　表 4.14

状态	低	偏低	一般	偏高	高
低	2	0	0	0	0
偏低	1	1	2	0	0
一般	0	2	2	1	0
偏高	0	0	1	0	1
高	0	0	0	1	3

$$P = \begin{pmatrix} 1 & 0 & 0 & 0 & 0 \\ 0.25 & 0.25 & 0.5 & 0 & 0 \\ 0 & 0.4 & 0.4 & 0.2 & 0 \\ 0 & 0 & 0.5 & 0 & 0.5 \\ 0 & 0 & 0 & 0.25 & 0.75 \end{pmatrix}$$

(3)预测 2021 年的万车事故率状况。由于 2020 年处于低的状态,转移到 5 种状态的概率分别为 $P_{11}=1, P_{12}=0, P_{13}=0, P_{14}=0, P_{15}=0$,可知 2021 年万车事故率将处于"低"状态。因此 2021 年万车事故率小于 50 次/万车的可能性最大。

【例 4.10】 根据例 4.8 的统计数据,预测该交通枢纽 2023 年各种集散方式的客流量分担情况。

解:已知一步状态转移矩阵:

$$P = \begin{pmatrix} 0.94 & 0.01 & 0.03 & 0.02 \\ 0.03 & 0.93 & 0.03 & 0.01 \\ 0.03 & 0.03 & 0.92 & 0.02 \\ 0.07 & 0.02 & 0.03 & 0.88 \end{pmatrix}$$

四步转移概率矩阵可由一步转移概率矩阵求出,由公式 $P^{(n)} = P^n$ 可得:

$$P^{(4)} = \begin{pmatrix} 0.94 & 0.01 & 0.03 & 0.02 \\ 0.03 & 0.93 & 0.03 & 0.01 \\ 0.03 & 0.03 & 0.92 & 0.02 \\ 0.07 & 0.02 & 0.03 & 0.88 \end{pmatrix}^4 = \begin{pmatrix} 0.80 & 0.04 & 0.10 & 0.06 \\ 0.11 & 0.75 & 0.10 & 0.04 \\ 0.11 & 0.10 & 0.73 & 0.06 \\ 0.22 & 0.07 & 0.10 & 0.61 \end{pmatrix}$$

各种交通方式的分担量 S 为

$$S = (1000 \quad 700 \quad 300 \quad 300) \begin{pmatrix} 0.80 & 0.04 & 0.10 & 0.06 \\ 0.11 & 0.75 & 0.10 & 0.04 \\ 0.11 & 0.10 & 0.73 & 0.06 \\ 0.22 & 0.07 & 0.10 & 0.61 \end{pmatrix} = (976 \quad 616 \quad 419 \quad 289)$$

因此,该交通枢纽 2023 年各种集散方式的客流量分担比例为常规公交车 976 万人次、出租车 616 万人次、私家车 419 万人次、步行 289 万人次。

第六节 GM(1,1)灰色预测

灰色预测是对既含有已知信息又含有不确定信息的系统进行预测,是对在一定范围内变化的、与时间有关的灰色过程进行预测。

灰色预测法用等时距观测到的反映预测对象特征的一系列数量值构造灰色预测模型,预测未来某一时刻的特征量,或达到某一特征量的时间。GM(1,1)模型是灰色预测法的基本模型,GM 为 Grey Model,(1,1)代表 1 阶方程、1 个变量。

对 GM(1,1)的原理进行如下说明。

1. 数据处理

使 $X^{(0)}$ 为 GM(1,1)建模序列:

$$X^{(0)} = [X^{(0)}(1), X^{(0)}(2), \cdots, X^{(0)}(n)] \tag{4.31}$$

$X^{(1)}$ 为 $X^{(0)}$ 的 1 阶递增序列：

$$X^{(1)} = (X^{(1)}(1), X^{(1)}(2), \cdots, X^{(1)}(n)) \qquad (4.32)$$

$$X^{(1)}(k) = \sum_{i=1}^{k} X^{(0)}(i) \qquad (k = 1, 2, \cdots, n) \qquad (4.33)$$

使 $Z^{(0)}$ 为 $X^{(1)}$ 的紧邻均值(MEAN)生成序列：

$$Z^{(1)} = (Z^{(1)}(1), Z^{(1)}(2), \cdots, Z^{(1)}(n)) \qquad (4.34)$$

$$Z^{(1)}(k) = 0.5 x^{(1)}(k) + 0.5 x^{(1)}(k-1) \qquad (4.35)$$

2. 建立 GM(1,1)模型

建立出 GM(1,1)的微分方程形式：

$$X^{(0)}(k) + a Z^{(1)}(k) = b \qquad (4.36)$$

式中：a、b——发展系数和灰色作用量。

假设 $\hat{a}$ 是待估参数向量，定义 $\hat{a} = (a, b)$，则灰色微分方程(4.36)的最小二乘估计参数列满足：

$$\hat{a} = (\boldsymbol{B}^\mathrm{T} \boldsymbol{B})^{-1} \boldsymbol{B}^\mathrm{T} \boldsymbol{Y}_n \qquad (4.37)$$

其中，$\boldsymbol{B} = \begin{pmatrix} -Z^{(1)}(2) & 1 \\ -Z^{(1)}(3) & 1 \\ -Z^{(1)}(n) & 1 \end{pmatrix}, \boldsymbol{Y}_n = \begin{pmatrix} -X^{(1)}(2) \\ -X^{(1)}(3) \\ -X^{(1)}(n) \end{pmatrix}$。

$$\frac{\mathrm{d} X^{(1)}}{\mathrm{d} t} + a X^{(1)} = b \qquad (4.38)$$

此式是灰色微分方程 $X^{(0)}(k) + a Z^{(1)}(k) = b$ 的白化方程，也称作影子方程。

$$x^{(1)}(t) = \left(x^{(0)}(1) - \frac{b}{a} \right) \mathrm{e}^{-a(t-1)} + \frac{b}{a} \qquad (4.39)$$

于是得到预测值：

$$\hat{x}^{(1)}(k+1) = \left(x^{(0)}(1) - \frac{b}{a} \right) \mathrm{e}^{-ak} + \frac{b}{a} \qquad (4.40)$$

从而相应地得到预测值：

$$\hat{x}^{(0)}(k+1) = \hat{x}^{(1)}(k+1) - \hat{x}^{(1)}(k) \qquad (4.41)$$

3. 检验预测值

(1)残差检验。计算相对残差：

$$e(k) = \frac{x^{(0)}(k) - \hat{x}^{(0)}(k)}{x^{(0)}(k)} \qquad (k = 1, 2, \cdots, L \cdots, n) \qquad (4.42)$$

如果所有的 $|e(k)| < 0.1$，则认为到达较高的要求；否则，若所有的 $|e(k)| < 0.2$，则认为

达到一般要求。

(2)级比偏差值检验。计算：

$$r(k) = 1 - \frac{1-0.5a}{1+0.5a}l(k) \tag{4.43}$$

如果所有的 $|r(k)| < 0.1$，则认为达到较高的要求；否则，若所有的 $|r(k)| < 0.2$，则认为达到一般要求。

本章习题

1. 选定交通运输行业的某一方面(如运量指标、科技发展、政策趋势等)，按照德尔菲法的预测思路和步骤，选择相关专业人员进行调查、统计及反馈，实施循环过程，并作出定性预测。

2. 查找我国历年交通运输行业发展统计公报数据，给出过去 15 年间我国铁路运输或公路运输等领域的某些指标数值，计算指标年平均增长率，画出时间序列图形并描述其变化趋势，从时间序列预测、回归预测、灰色预测等方法中选择合适方法，预测出 2025 年和 2030 年的指标数值。

3. 为合理安排公路维修人员和资金，公路养护部门需要预测道路状态的变化情况，路面一般分为四种状态：S_1 为优，S_2 为良，S_3 为中，S_4 为差。第一年处于优、良、中、差的道路长度分别为 300km、500km、200km、100km。根据以往经验，日常养护情况下的路面状态转移概率见表 4.15，试预测日常养护下第二年、第三年的路面状况。

习题 3 表　　　　　　　　　　表 4.15

	S_1	S_2	S_3	S_4
S_1	0.65	0.20	0.10	0.05
S_2	0	0.70	0.20	0.10
S_3	0	0	0.80	0.20
S_4	0	0	0	1.00

第五章
神经网络与遗传算法

　　智能计算,有人也称之为"软计算",是人们受自然(生物界)规律的启迪,根据其原理模仿求解问题的算法。如神经网络、遗传算法、模拟退火算法、牛顿下山法和群集智能技术等都可以归类为智能计算。

　　对于智能算法的分类,学术界还没有统一的标准,有的根据问题来分类,例如:单目标、多目标和多模(Multimodal)。有的根据算法类型来划分,例如:进化策略和多种群。有的根据搜寻类型划分,例如:Local-based(局部搜索)、Global-based(全局搜索)和Hybrid(混合搜索)等。

　　进化策略是根据进化理论而来的,包括遗传算法(Genetic Algorithm,GA)、差分进化算法(Differential Evolution algorithm,DE)等。这类算法常通过引导解进行不断的选择、交叉、变异,从而保留较优后代解,去除较差的后代解,最终迭代求出满意解。

　　近年来,在交通运输工程研究领域内,一些常规的算法已不能满足科研人员的需要,交通类智能计算应用的种类越来越多,进化类的智能优化算法也被大量引入,本章主要对神经网络和遗传算法的主要内容做基础介绍。

第一节　神经网络概述

一、BP 神经网络模型

　　人工神经网络(Artificial Neural Networks,ANNs)也简称为神经网络,或称作连接模型

(Connection Model),它是一种模仿动物神经网络行为特征,进行分布式并行信息处理的数学模型。这种网络依靠系统的复杂程度,通过调整内部大量节点之间相互连接的关系,从而达到处理信息的目的。

BP(Back Propagation)神经网络是一种按照误差反向传播算法训练的多层前馈网络,也是目前应用最广泛的神经网络模型之一,主要特点是信号向前传递和误差反向传播。BP 神经网络由输入层、隐含层以及输出层三部分构成,具体网络拓扑结构如图 5.1 所示。

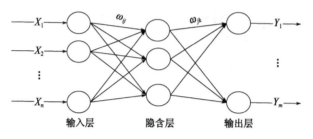

图 5.1 BP 神经网络拓扑图

图 5.1 中,$X_1,X_2,\cdots,X_n$ 代表的是 BP 神经网络输入层的输入值,$Y_1,Y_2,\cdots,Y_m$ 代表的是 BP 神经网络输出层的输出值即预测值,ω_{ij} 和 ω_{jk} 分别为输入层到隐含层和隐含层到输出层的 BP 神经网络权值。BP 神经网络可以看成一个非线性函数,当输入节点数为 n、输出节点数为 m 时,BP 神经网络就表达了从 n 个自变量到 m 个因变量的函数映射关系。

输入层的神经元负责接受外界发来的各种信息,并将信息传递给中间层神经元,中间隐含层神经元负责将接受到的信息进行处理变换。根据需求处理信息,实际应用中可将中间隐含层设置为一层或者多层隐含层结构,并通过最后一层的隐含层将信息传递到输出层,这个过程就是 BP 神经网络的正向传播过程。

当实际输出与理想输出之间的误差超过期望时,就需要进入误差的反向传播过程。它首先从输出层开始,误差按照梯度下降的方法对各层权值进行修正,并依次向隐含层、输入层传播。通过不断的信息正向传播和误差反向传播,各层权值会进行不断的调整,这就是神经网络的学习训练。当输出的误差减小到期望程度或者预先设定的学习迭代次数时,训练结束,BP 神经网络完成学习。

非线性 BP 神经网络模型可以分为三步:首先对 BP 神经网络进行构建,以确定 BP 神经网络的输入层、隐含层以及输出层的神经元数目,同时确认节点间的传递函数、训练函数、输出函数等;其次,对建立的 BP 神经网络进行训练,从而确定 BP 神经网络的迭代次数、目标等;最后,利用已训练好的 BP 神经网络进行预测。具体的非线性 BP 神经网络的算法流程如图 5.2 所示。

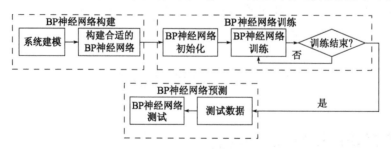

图 5.2 非线性 BP 神经网络模型算法流程图

二、人工神经网络的数理基础

1. 单输入神经元

单输入神经元的工作原理如图 5.3 所示。它相当于权值 ω 乘以输入标量 x 得到 ωx,将它送入累加器中形成一个新的输入。另一个输入 1 乘以偏置 b 后也送入到累加器中,累加器的输出 n 通常被称为净输入,将净输入 n 送入传递函数 f 中,经传递函数 f 映射后产生神经元的输出标量 y。

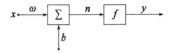

图 5.3 单输入神经元的工作原理

如果将这个神经元模型与生物神经元对照,那么输入标量 x 相当于外部的激励,权值 ω 相当于突触的连接强度。胞体对应于累加器和传递函数,神经元输出 y 代表轴突的输出信号。因此,神经元的输出为

$$y = f(\omega x + b) \tag{5.1}$$

式中:传递函数 f 决定了神经元的实际的输出标量 y。

假设 $x=2, \omega=2, b=2$,那么神经元的输出为

$$y = f(2 \times 3 + 2) = f(8)$$

另外,式(5.1)中偏置参数 b 可以有,也可以没有。当设置了偏置参数时,它的作用类似权值,权值 ω 和偏置参数 b 可以调整。另外,在实际应用中,可以根据输出的需要,选择不同的传递函数。

2. 传递函数

传递函数在神经元中的作用就是将累加器的输出按照指定的函数关系得到一个新的映射输出,进而完成人工神经网络的训练。另外,传递函数能够用来加入非线性因素,提高人工神经网络对模型的表达能力,不同种类的神经网络、不同的应用场合,所选择的传递函数可以不同。

下面以对数 S 型传递函数为例进行简单说明。

对数 S 型传递函数,即 Sigmoid 函数,在生物学中也称为 S 型生长曲线,具有单调递增特性,其反函数也具有单调递增特性,可以将输出映射到 0~1,因此常被当做传递函数或阈值函数使用,其函数表达式为

$$y = \frac{1}{1 + e^{-n}} \tag{5.2}$$

式中:n——净输入,处于 0~1。

图 5.4 是对数 S 型传递函数的特性图。

对数 S 型传递函数的优点是能够把输出值限定在 0~1 之间,其缺点是容易饱和。当输入值太大或者太小时,神经元的梯度就无限趋近 0,使得在计算反向误差时,最终的权值几乎不会更新。另外,如果对数 S 型传递函数的输出不是以零为中心,那么在后续的神经网络处理数据时将接收不到零中心的数据,从而会对梯度产生影响,降低权值更新效率。

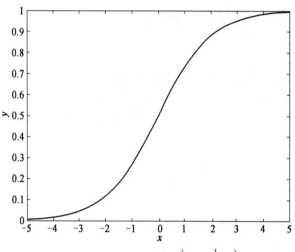

图 5.4 对数 S 型传递函数 $\left(y=\dfrac{1}{1+e^{-n}}\right)$

BP 神经网络中常用的传递函数如表 5.1 所示。

BP 神经网络常用的传递函数　　　　表 5.1

传递函数	函数关系式	MATLAB 函数	图　例
硬限幅函数	$y=\begin{cases}1 & (n\geqslant 0)\\ 0 & (n<0)\end{cases}$	hardlim	
对称硬限幅函数	$y=\begin{cases}+1 & (n\geqslant 0)\\ -1 & (n<0)\end{cases}$	hardlims	
对数 S 型函数	$y=\dfrac{1}{1+e^{-n}}$	Logsig	
正切 S 型函数	$y=\dfrac{e^{n}-e^{-n}}{e^{n}+e^{-n}}$	tansig	
线性函数	$y=n$	purelin	

续上表

传 递 函 数	函数关系式	MATLAB 函数	图 例
竞争函数	$y=1$,所有最大 n 的神经元; $y=0$,所有的其他神经元	compet	
饱和线性函数	$y = \begin{cases} 1 & (n>1) \\ n & (0 \leqslant n \leqslant 1) \\ 0 & (n<0) \end{cases}$	satlin	
对称饱和线性函数	$y = \begin{cases} 1 & (n>1) \\ n & (-1 \leqslant n \leqslant 1) \\ -1 & (n<-1) \end{cases}$	satlins	
正线性函数	$y = \begin{cases} n & (n \geqslant 0) \\ 0 & (n<0) \end{cases}$	poslin	
符号函数	$y = \begin{cases} +1 & (n \geqslant n) \\ -1 & (n<n) \end{cases}$	Sgn(sign)	

3. 多输入神经元

若神经元具有 R 个输入,则它的输入 $x_1, x_2, \cdots, x_R$ 分别对应着权值矩阵 $\mathbf{W}$ 中的权值 $\omega_{1,1}$, $\omega_{1,2}, \cdots, \omega_{1,R}$,如图5.5所示。多输入神经元模型有偏置 b。它将与所有输入的加权和累加,然后形成净输入 n。最后再将它送入传递函数 f 中,得到输出量 y。

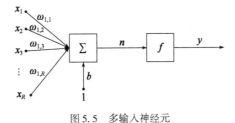

图5.5 多输入神经元

此时,净输入 n 为

$$n = \omega_{1,1} x_1 + \omega_{1,2} x_2 + \cdots + \omega_{1,R} x_R + b \tag{5.3}$$

也可以表述为

$$n = \mathbf{W}x + b \tag{5.4}$$

在单输入神经元模型当中,权值矩阵 W 只有一个元素 ω,但是多输入神经元的权值矩阵 W 有 R 个元素,所以神经元输出表述为

$$y = f(Wx + b) \tag{5.5}$$

第二节　BP 神经网络结构和算法

一、神经网络的结构

输入层的作用是负责接受来自外界的信息,并传递给下一层神经元。隐含层是网络结构的中间部分,它的主要作用是对信息进行处理和变换,根据实际问题的需求,中间层可以设计为单隐含层或多隐含层结构。输出层是网络结构的最后一层,其输出信息为 y^M。输出层神经元的传递函数特性决定了整个网络的输出特性。BP 神经网络结构如图 5.6 所示。

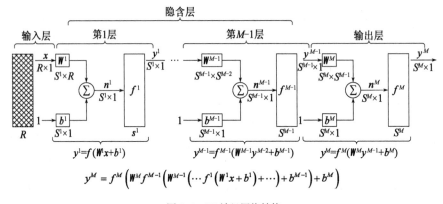

图 5.6　BP 神经网络结构

二、算法原理

如图 5.6 所示,以一个具有输入层、输出层和 $M-1$ 个隐含层的 $1-S^1-\cdots-S^{M-1}-S^M$ 的 BP 神经网络为例,对其进行说明。

参数"层上标"标记网络层的层数。除输入层外,每一层都有权值矩阵 W、偏置值向量 b、净输入向量 n 和一个输出向量 y。另外,BP 神经网络的最前面一层为输入层,输入层神经元只负责接受外界信息,没有处理信息的能力。后面 M 层网络中第 1 层有 R 个输入、S^1 个神经元;第 2 层有 S^1 个输入、S^2 个神经元;以此类推,第 M 层有 S^{M-1} 个输入、S^M 个神经元。每个输入连接下一层神经元都具有不同的权值。

1. 信息前向传播

神经网络的净输入为

$$n_i^m = \sum_{j=1}^{S^{m-1}} \omega_{i,j}^m y_j^{m-1} + b_i^m \quad (m = 1, 2, \cdots, M; M \geq 2) \tag{5.6}$$

式中:n_i^m——神经网络第 m 层第 i 个神经元的权值与偏置值的净输入和;

M——神经网络的层数。

神经网络中,第 m 层的输出为

$$y^m = f^m(n^m) \tag{5.7}$$

式中:f^m——第 m 层的传递函数。

由式(5.7)可知,当 $m=1$ 时,y^1 代表第 1 层神经元的输出信息,其输入信息由输入层决定,所以 y^1 可表示为

$$y^1 = f^1(\mathbf{W}^1 x + b^1) \tag{5.8}$$

BP 神经网络的输出即为第 M 层神经元的输出 y^M,即

$$y = y^M \tag{5.9}$$

2. 误差反向传播

(1) 误差函数

BP 神经网络算法使用的误差函数是均方误差函数。

以算法的输入和对应的理想或期望输出作为样本的集合为

$$\{x_1, t_1\}, \{x_2, t_2\}, \cdots, \{x_R, t_R\} \tag{5.10}$$

式中:x_R——神经网络的输入;

t_R——理想或期望的目标输出。

每一个输入样本,都会将神经网络实际输出与期望输出相比较。算法将会计算新的神经网络参数以使均方误差最小化,可表示为

$$F(z) = E[e^2] = E[(t-y)^2] \tag{5.11}$$

式中:$E[\ ]$——期望值;

z——神经网络权值和偏置值的向量,表示为

$$z = \begin{pmatrix} w \\ b \end{pmatrix} \tag{5.12}$$

如果 BP 神经网络有多个输出,则式(5.11)的一般形式可表示为

$$F(z) = E[e^T e] = E[(t-y)^T(t-y)] \tag{5.13}$$

若用 $\hat{F}(z)$ 来近似计算均方误差,则式(5.13)可表示为

$$\hat{F}(z) = [t(k) - y(k)]^T [t(k) - y(k)] = e^T(k) e(k) \tag{5.14}$$

式(5.14)中均方误差的期望值用第 k 次迭代误差值替代。

(2) 权值修正方法

近似均方误差的梯度下降方法为

$$\omega_{i,j}^m(k+1) = \omega_{i,j}^m(k) - \eta \frac{\partial \hat{F}}{\partial \omega_{i,j}^m} \tag{5.15}$$

$$b_i^m(k+1) = b_i^m(k) - \eta \frac{\partial \hat{F}}{\partial b_j^m} \quad (5.16)$$

式中：η——学习速率。

由此可得到权值与截距值的更新方法。

3. 小结

BP 神经网络算法主要分三部分的计算：前向传播值、敏感性的反向传播值、权值与偏置值。计算过程如下：

(1) 计算神经网络前向传播值

$$n^m = W^m y^{m-1} + b^m \quad (m=1,2,\cdots,M; M>2) \quad (5.17)$$

$$y^m = f^m(n^m) \quad (5.18)$$

$$y = y^M \quad (5.19)$$

(2) 计算神经网络敏感性的反向传播值

$$s^M = -2(\boldsymbol{F}^M)'(\boldsymbol{n}^M)(\boldsymbol{t}-\boldsymbol{y}) \quad (5.20)$$

$$\boldsymbol{S}^{m-1} = (\boldsymbol{F}^{m-1})'(\boldsymbol{n}^{m-1})(\boldsymbol{W}^m)^\mathrm{T}\boldsymbol{S}^m \quad (m=M,\cdots,2,1; M \geqslant 2) \quad (5.21)$$

(3) 使用近似的梯度下降法来更新权值和偏置值。

$$\boldsymbol{W}^m(k+1) = \boldsymbol{W}^m(k) - \eta \boldsymbol{S}^m (y^{m-1})^\mathrm{T} \quad (5.22)$$

$$\boldsymbol{b}^m(k+1) = \boldsymbol{b}^m(k) - \eta \boldsymbol{S}^m \quad (5.23)$$

以上式中：S^m——第 m 层神经元的个数；

s^m——第 m 层敏感性矩阵；

F^M——第 M 层均方差函数。

其中，式(5.20)~式(5.23)均为矩阵表示形式。

三、算例

【例 5.1】 利用三层 BP 神经网络来完成非线性函数的逼近任务，其中隐含层神经元个数为 10 个，如表 5.2 所示。

输入与输出数据表　　　　表 5.2

输入 X	输出 D	输入 X	输出 D	输入 X	输出 D
0	0.874	0.7	−0.134	1.4	−0.313
0.1	0.579	0.8	0.214	1.5	−0.386
0.2	−0.013	0.9	0.452	1.6	−0.352
0.3	−0.386	1	0.523	1.7	−0.182
0.4	−0.653	1.1	0.387	1.8	0.143
0.5	−0.672	1.2	0.172	1.9	0.224
0.6	−0.463	1.3	0.099	2	0.317

解:(1)分析问题

从题中分析可知,期望的输出 D 的范围在(-1,1)之间,所以在神经网络中采用双极性 tansig 函数作为传递函数。

(2)程序实现

程序如下:

```
clear;
clc;
X = 0:0.1:2;
D = [0.874 0.579 -0.013 -0.386 -0.653 -0.672 -0.463…
    -0.134 0.214 0.452 0.523 0.387 0.172 0.099…
    -0.313 -0.386 -0.352 -0.182 0.143 0.224 0.317];
figure;
plot(X,D,'*');                          %绘制原始数据分布图
net = newff([0 2],[10 1],{'tansig','tansig'});
                                        %建立隐含层为10层,输出层为1层的网络
net.trainParam.epochs = 1000;           %训练的最大次数
net.trainParam.goal = 0.005;            %全局最小误差
net = train(net,X,D);                   %训练以 D 为数据以 X 为目标进行网络训练
O = sim(net,X);                         %对神经网络进行仿真,输出值传递给 O
figure;
plot(X,D,X,O,'r');                      %绘制训练后得到的结果和误差曲线
V = net.iw{1,1}                         %输入层到中间层权值
theta1 = net.b{1}                       %中间层各神经元阈值
W = net.lw{2,1}                         %中间层到输出层权值
theta2 = net.b{2}                       %输出层各神经元阈值
```

(3)结果输出

输入层到中间层的权值:

V =

-14.1246

14.4397

-12.9590

-10.0474

14.2188

-14.3608

12.6085

14.8175

13.1055

-13.7539

中间层各神经元的阈值：
theta1 =
    27.9451
   -24.5313
    22.4165
    12.5907
   -17.8520
    11.5118
    -7.6144
    -4.9531
    -2.0806
    -0.1735
中间层到输出层的权值：
W =
  0.0874   -0.0887   0.2279   -1.2992   -0.8115   0.3319   -0.3797
  0.2945   0.5330   -0.6956
输出层各神经元的阈值：
theta2 =
   -1.2857

神经网络训练过程、经训练后得到的原始数据和拟合函数如图 5.7~图 5.9 所示。

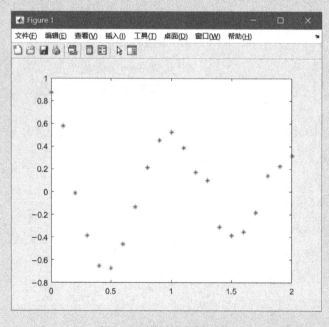

图 5.7　训练后的原始数据图

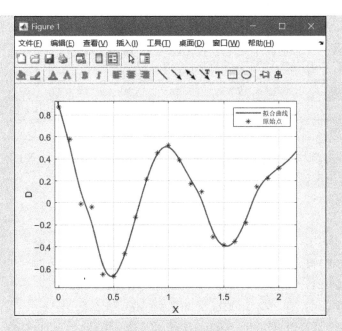

图 5.8　拟合函数图

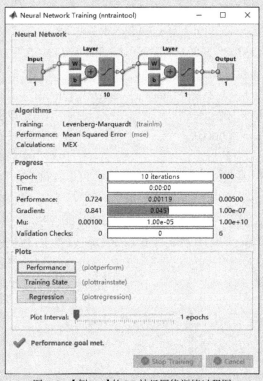

图 5.9　【例 5.1】的 BP 神经网络训练过程图

【例 5.2】　以下是某市 2002—2019 年的公路货运量(表 5.3)。构建一个 BP 神经网络,利用历史数据值预测该市 2020 年的公路货运量,并给出预测图。

2002—2019年公路货运量数值　　　　　　　　　　　　　　　表5.3

年份	2002	2003	2004	2005	2006	2007	2008	2009	2010
公路货运量(亿t)	111.6	116	124.5	134.18	146.63	163.94	191.68	212.78	244.81
年份	2011	2012	2013	2014	2015	2016	2017	2018	2019
公路货运量(亿t)	282.01	318.85	307.66	333.28	315	336.3	368.69	395.9	343.55

解:(1)分析问题

先建立BP神经网络,将输入层设计为8个,隐含层设计为2个,第1层5个神经元,第二层2个神经元,输出层设计为1层。

(2)程序实现

```
% 训练样本
P = [134.18 146.63 163.94 191.68 212.78 244.81 282.01 318.85;
     146.63 163.94 191.68 212.78 244.81 282.01 318.85 307.66;
     163.94 191.68 212.78 244.81 282.01 318.85 307.66 333.28;
     191.68 212.78 244.81 282.01 318.85 307.66 333.28 315;
     212.78 244.81 282.01 318.85 307.66 333.28 315 336.3;
     244.81 282.01 318.85 307.66 333.28 315 336.3 368.69;
     282.01 318.85 307.66 333.28 315 336.3 368.69 395.9;
     318.85 307.66 333.28 315 336.3 368.69 395.9 343.55];
T = [318.85 307.66 333.28 315 336.3 368.69 395.9 343.55];
[p1,minp,maxp,t1,mint,maxt] = premnmx(P,T);           % 归一化
net = newff(minmax(P),[5,2,1],{'tansig','tansig','purelin'},'trainlm');   % 创建网络
net.trainParam.epochs = 500;                          % 设置训练次数
net.trainParam.goal = 0.0000001;                      % 设置收敛误差
[net,tr] = train(net,p1,t1);                          % 训练网络
a = [318.85;307.66;333.28;315;336.3;368.69;395.9;343.55];  % 输入数据
d = premnmx(a);                                       % 将输入数据归一化
f = [111.6;116;124.5;134.18;146.63;163.94;191.68;212.78;244.81;
     282.01;318.85;307.66;333.28;315;336.3;368.69;395.9;343.55];
b = sim(net,d);                                       % 放入到网络输出数据
c = postmnmx(b,mint,maxt);                            % 反归一化得到预测数据
e = [343.55;c];
figure,plot(2002:2019,f,'k + :',2019:2020,e,'k * -')
```

(3)结果输出

程序的输出结果为

c =

305.0196

预测数据如图5.10所示,带"+"的虚线为原始数据趋势,带"＊"的实线为预测的趋势。例5.2的BP神经网络训练图如图5.11所示。

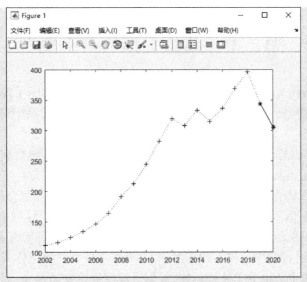

图 5.10　预测图

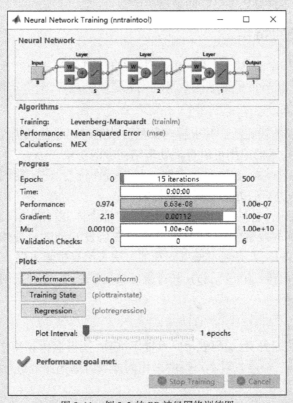

图 5.11　例 5.2 的 BP 神经网络训练图

从图 5.11 中可以看出,神经网络有 8 个输入,2 个隐含层,第 1 层有 5 个神经元,第 2 层有 2 个神经元,1 个输出层的神经网络结构。

第三节 遗传算法的基本原理

遗传算法(Genetic Algorithm,GA)是美国密歇根大学 John Holland 教授提出的通过模拟自然进化过程搜索最优解的方法,是模拟达尔文生物进化论的自然选择和遗传学机理的生物进化过程的计算模型。

遗传算法的基本思想是将能成为染色体的数串进行编码,然后再对这些数串进化成个体的过程进行模拟,将适应性比较好的数串进行有组织的、随机的信息交换,然后再重新组合起来。在每一代数串中,可以将在上一代数串中适应性比较好的段和位重新组合成一个新的数串;对于一些额外增加的数串,偶尔也可以用新的数串结构中的段和位去代替原先的数串部分结构。

遗传算法属于一种随机优化的算法,它利用现有信息来搜索那些有希望改善并进化的串。它与自然进化相似,通过对染色体上的基因搜索,得到一些好的染色体来解决问题。主要通过评价与筛选遗传算法中产生的个体染色体,根据适应度值改变染色体,使适应度好的染色体相对于适应度差的染色体获得更多更好的繁衍机会。

一、遗传算法的特点

遗传算法并不对梯度信息存有依赖性,而是对自然进化过程进行模仿。首先将能成为染色体的数串进行编码,然后再模拟这些数串进化成群体的过程,最终求得最优解。

1. 遗传算法的优点

(1)对可行解要求比较宽泛。其求解对象是参数集编码后的基因个体,而不是参数自身。遗传算法通过对编码技术的应用可以直接处理结构中的对象。

(2)具有群体搜索特性。通过对多个解一起进行评价与筛选,能同时处理群体数串中各个个体,因此遗传算法具有较好的全局搜索性能。

(3)不需要辅助信息,它只通过适应度的值来评估个体,以此为基础再进行遗传操作。

(4)不仅具有明确的搜索方向,而且还具有内在启发式的随机搜索特性。其搜索方向并不是按照特定的规则进行,而是通过概率变迁的方法来引导搜索方向。

(5)具有固定的并行性和计算能力,又有很好的可扩展性,能和别的技术混合使用。

2. 遗传算法的局限性

遗传算法本身也有一定的不足,具体表现如下:

(1)不存在规范的编码,且编码表示时可能不准确,使得遗传算法中单一的编码不能全面表示优化问题中的约束,一般只对不可行解采用阈值或者惩罚函数进行约束,必然增加计算的难度和时间。

(2)通常来说,遗传算法的效率要低于一些传统的优化算法,容易过早收敛,无法对其精度、可信度和计算的复杂度等各方面进行定量的分析。

二、遗传算法的基本原理

1. 染色体编码

(1)应用遗传算法时首先要解决的问题就是如何进行编码,即把一个问题的可行解从其

解的空间转换到遗传算法所能处理的搜索空间,传统的编码方式是二进制编码,如

父个体 1   100010001

父个体 2   100100100

将个体编码成 9 位的二进制编码的符号串,二进制编码的长度与问题所要求的精度有关。二进制编码操作简单,易于实现,也使接下来的交叉、变异等遗传操作更简便。但二进制编码存在着连续函数离散化时的映射误差。个体编码长度较短时可能达不到精度的要求,而长度较大时,虽然能提高精度,但搜索空间也会随之急剧扩大。

除了二进制编码外,常用的还有格雷(Gray)码编码、浮点数编码等。格雷码的连续两个整数所对应的编码之间只有一个码位是不同的,其余码位完全相同,它是二进制编码方法的一种变形。浮点数编码的个体每个基因值用某一范围内的一个浮点数来表示,个体编码长度等于其决策变量的位数,这种编码方法使用决策变量的真实值,也叫做真值编码方法。在一些多维、高精度要求的连续函数优化问题求解时,可以使用浮点数编码。

(2)对染色体编码,就会有相对应的解码。以二进制染色体编码的解码方法为例,假设某个体的编码为 $a_k a_{k-1} a_{k-2} \cdots a_2 a_1$,这个体的取值范围是 $[U_1, U_2]$,则对应的解码公式为

$$X = U_1 + \left(\sum_{i=1}^{k} a_i \times 2^{i-1} \right) \times \frac{U_2 - U_1}{2^k - 1} \tag{5.24}$$

2. 个体适应度值评估

遗传算法按个体适应度成正比的概率来决定当前群体中各个体遗传到下一代群体中的机会多少。为了正确估计这个概率,要求所有个体的适应度值必须为非负数。但是目标函数有可能为正或为负,有时求最大值或者最小值,这就需要目标函数和适应度函数之间要进行变换。有以下转换方法:

(1)直接将目标函数转换为适应度函数

$$Fit(f(x)) = \begin{cases} f(x) & \text{(目标函数为最大化问题)} \\ -f(x) & \text{(目标函数为最小化问题)} \end{cases} \tag{5.25}$$

(2)求最小值问题时

$$Fit(f(x)) = \begin{cases} c_{\max} - f(x) & (f(x) < c_{\max}) \\ 0 & \text{(其他)} \end{cases} \tag{5.26}$$

式中:$c_{\max}$——一个适当的相对较大的数。

求最小值还可以做下列转换:

$$Fit(f(t)) = \frac{1}{1 + c + f(x)} \quad (c \geq 0, c + f(x) \geq 0) \tag{5.27}$$

3. 遗传算子

遗传算法使用下列 3 种遗传算子:

(1)选择算子

父体选择是从当前种群中选择能够产生后代个体的过程。选择策略对算法性能会产生重

要影响。选择压力反映了最好个体被选择的程度,选择压力越大,最好个体被选择的可能性就越大,不同的选择策略将导致不同的选择压力,较大的选择压力使最优个体具有较高的复制数目,从而使算法收敛较快,但也容易出现过早收敛的现象。而较小的选择压力一般能使种群保持足够多样性,从而增大了算法收敛到全局最优的概率,但算法的收敛较慢。

选择策略可以分为三类:基于适应值比例的选择策略、基于排名的选择策略和基于竞争的选择策略。"适应值比例"策略指的是按照个体适应值相对于其他个体适应值的大小来选择个体,"排名"策略指的是按照个体适应值的排列次序来选择个体,"竞争"策略则是每次从种群中选择若干个体,然后选择最好的个体。

基于适应值比例的选择是最基本的选择方法,Holland 最初提出遗传算法时所使用的就是该方法,每个个体被选择的期望个数与该个体适应值的大小成比例。

在这种选择方法中,首先根据当前种群中个体的适应值,按下式计算出各个体的选择概率:

$$p_i = \frac{f_i}{\sum_{j=1}^{N} f_j} \quad (i = 1, 2, \cdots, N) \tag{5.28}$$

式中: f_i——种群中第 i 个个体的适应值;
N——种群规模。

然后根据计算出来的选择概率进行选择。不同的选择过程,导致了不同的基于适应值比例的选择方法。

①确定性选择。确定性选择根据计算出来的选择概率,按照下式计算每个个体的期望数:

$$e_i = p_i \cdot N \quad (i = 1, 2, \cdots, N) \tag{5.29}$$

首先对第 $i(i=1,2,\cdots,N)$ 个个体选择 $\lfloor e_i \rfloor$(向下取整)个,这样选择的染色体个数通常要比种群的规模 N 小,不足的部分再按照每个个体期望数的小数部分从大到小的次序选择若干个补齐。

②轮盘赌选择。轮盘赌选择是遗传算法中用得最多的选择策略之一。轮盘赌选择模拟博彩游戏中的轮盘赌。在轮盘赌选择中,一个轮盘被划分为 N 个扇形,第 $i(i=1,2,\cdots,N)$ 个扇形面积的大小与第 i 个个体的适应值成正比,如图 5.12 所示。

设想有一个指针指向轮盘,染色体适应值大小对应轮盘的扇形面积,有 N 个扇形面积,转动轮盘,当轮盘停止后,指针所指向的扇形所对应染色体被选择。转动 N 次,每次选择一个个体。适应值越大的个体被选择的可能性也就越大。

轮盘赌选择与确定性选择的不同之处在于:种群中的每一个个体在轮盘赌选择策略下都有被选择的机会,而在确定性选择策略下,具有较小适应值的个体将被剥夺生存的权利。

③随机遍历抽样。在轮盘赌选择中,适应值大的个体被选择的概率较大,因而有可能一些适应值较小的个体不被选择,从而被选择的个体仅为少数几个适应值较大的个体,这有可能导致算法过早地收敛到局部最优。随机遍历抽样是为了防止这种现象的发生,减少随机误差。

随机遍历抽样首先构造一个轮盘,轮盘被划分为 N 个扇形,每个扇形的面积与它表示的个体的期望个数成比例。第 i 个染色体的期望个数为 $e_i = p_i \times N$,如图 5.13 所示,放置 N 个指针,任何两个指针之间的夹角相等,然后转动轮盘一次,当轮盘停止转动后,将 N 个指针所指

向的 N 个个体选择出来。

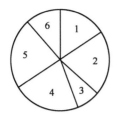 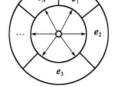

图5.12　表示6个染色体的轮盘　　图5.13　随机遍历抽样示意图

用随机遍历抽样所选择的第 i 个个体的个数 n_i 满足下列不等式：

$$\lfloor e_i \rfloor < n_i \leq \lceil e_i \rceil \tag{5.30}$$

④Boltzmann 选择。Boltzmann 选择实际上是一种适应值调节策略。选择概率由下式计算：

$$p_i = \frac{\mathrm{e}^{f_i/T}}{\sum_{j=1}^{N} \mathrm{e}^{f_j/T}} \quad (i = 1, 2, \cdots, N) \tag{5.31}$$

其中，T 为控制参数。当 T 取较大值时，具有较小的选择压力，即适应值的相对比例变小，当 T 取较小值时，具有较大的选择压力，即适应值的相对比例变大。可用上式计算出个体的选择概率，再用轮盘赌方法进行父体的选择。

（2）交叉算子

①点式杂交。点式杂交分为单点杂交和多点杂交。

单点杂交：只有一个交叉点，任意挑选两个经过选择操作后种群中个体作为交叉对象，交叉点位置随机产生，两个个体在交叉点位置互换部分基因码，形成两个子个体，如图 5.14 所示。

图5.14　单点杂交示意图

多点杂交：设表示问题解的进制串长为 L，在 1 和 $L-1$ 之间随机地选择多个杂交点，然后在保持第一个杂交点左边的对应子串不交换的情形下，间隔地交换两个父体在杂交点之间的对应子串，生成两个后代。

例如给定两个父体如下：

$$f_1 = (100110 \mid 1101001 \mid 01101)$$

$$f_2 = (001011 \mid 0110110 \mid 01010)$$

假设所选择的两个杂交点分别为 6 和 13，那么经两点杂交后，所得到的两个后代如下：

$$s_1 = (100110 \mid 0110110 \mid 01101)$$
$$s_2 = (001011 \mid 1101001 \mid 01010)$$

②均匀杂交。依概率交换两个父体位串的每一位，其过程如下：先随机地产生一个与父体等长的二进制位串，其中，0 表示不交换，1 表示交换，这个二进制位串称为杂交模板，然后根据

所产生的杂交模板对两个父体进行杂交。

例如,给定两个父体如下：
$$f_1 = (100110110100101101)$$
$$f_2 = (001011011011001010)$$

假设所产生的杂交模板如下：
$$(010111000101101101)$$

所得到的两个后代如下：
$$s_1 = (100011110001001000)$$
$$s_2 = (001110011110101111)$$

(3) 变异算子

变异操作是遗传算法模仿生物变异进化的过程,就是个体上的某些基因用其他的等位基因来替换,变异运算使用基本变异算子或均匀变异算子。为了避免问题过早收敛,对于二进制的基因码组成的个体种群,实现基因码的小概率翻转,0 和 1 互换,进而生成新的个体。变异操作如图 5.15 所示。

图 5.15　变异操作示意图

4. 基本遗传算法运行参数

基本遗传算法有下列 4 个运行参数需要预先设定,分别为 M, T, P_c, P_m。M 为群体中所含个体的数量,一般取为 20~100；T 为遗传算法的终止进化代数,一般为 100~1500；P_c 为交叉概率,一般取 0.4~0.99；P_m 为变异概率,一般取 0.0001~0.1。

遗传算法的步骤如下,其流程如图 5.16 所示：

(1) 首先选择编码策略,建立初始种群,形成编码后的个体空间。

(2) 计算当前种群中每个个体的适应度函数值,并判断是否终止。

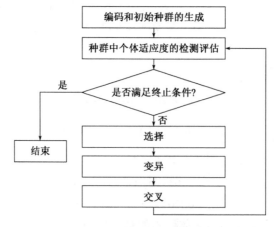

图 5.16　遗传算法的基本流程图

(3) 如未终止,计算每个个体适应度函数值之和,并求出个体适应度值及其比例,进行选择操作。
(4) 按照给定的交叉概率,进行染色体交叉操作。
(5) 按照给定的变异概率,进行染色体变异操作。
(6) 经染色体进行选择、交叉、变异后形成新的个体后,返回第(2)步将新个体重新进行适应度值评估,直至满足终止条件,输出最优解。

第四节　遗传算法的计算

考虑下面的优化问题:
$$\max f(x_1, x_2) = 16.5 + x_1\sin(4\pi x_1) + x_2\sin(16\pi x_2)$$
$$(-3.4 \leqslant x_1 \leqslant 12.3, 3.8 \leqslant x_2 \leqslant 5.8)$$

该目标函数有许多局部最优解,其三维图形如图 5.17 所示。

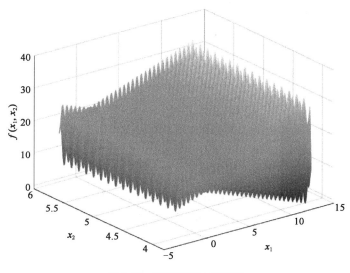

图 5.17　目标函数的三维图形

一、个体的编码

问题的可能解为实数对 (x_1, x_2) 的形式,将可能解的两个变量编码为二进制位串,连接各个变量的二进制数串,可得到问题可能解的一种表示。表示每个变量的二进制位串的长度取决于变量的定义域和所要求的精度。

设 $a_j \leqslant x_j \leqslant b_j$,所要求的精度为小数点后 t 位。这要求将区间 $[a_j, b_j]$ 划分为至少 $(b_j - a_j)10^t$ 份。假设表示变量 x_j 的位串长度用 l_j 表示,则 l_j 可取为满足下列不等式的最小正整数 m:
$$(b_j - a_j)10^t \leqslant 2^m - 1$$

即有:
$$2^{l_j - 1} - 1 < (b_j - a_j)10^t \leqslant 2^{l_j} - 1$$

将 x_j 的二进制表示转换为十进制表示可按下式计算：

$$x_j = a_j + \text{decimal}(\text{substring}_j) \times \frac{b_j - a_j}{2^{l_j} - 1}$$

其中，$\text{decimal}(\text{substring}_j)$ 表示变量 x_j 的二进制子串 substring_j 对应的十进制数。

对于上面的优化问题，假定所要求的精度为小数点后 4 位：

$$[12.3 - (-3.4)] \times 10000 = 157000$$
$$(2^{17} - 1) < 157000 \leq (2^{18} - 1)$$

可知，表示变量 x_1 的二进制位串的长度为 $l_1 = 18$。

$$(5.8 - 3.8) \times 10000 = 20000$$
$$(2^{14} - 1) < 20000 \leq (2^{15} - 1)$$

可知，表示变量 x_2 的二进制位串的长度为 $l_2 = 15$。

计算出表示变量 x_1 和 x_2 的二进制位串长度 l_1 和 l_2 后，便可以得到表示问题可能解 (x_1, x_2) 的二进制位串的长度 $l = l_1 + l_2 = 18 + 15 = 33$。其中，前 18 位表示变量 x_1，后 15 位表示变量 x_2。例如，给定下列 33 位二进制位串：

010001001011010000111110010100010

那么，前 18 位所表示变量 x_1 的值为

$$x_1 = -3.4 + \text{decimal}(010001001011010000) \times \frac{12.3 - (-3.4)}{2^{18} - 1}$$

$$= -3.4 + 70352 \times \frac{15.7}{2^{18} - 1} = -3.4 + 4.213450 = 0.813450$$

而后 15 位所表示变量 x_2 的值为

$$x_2 = 3.8 + \text{decimal}(111110010100010) \times \frac{5.8 - 3.8}{2^{15} - 1}$$

$$= 3.8 + 31906 \times \frac{2}{2^{15} - 1} = 3.8 + 1.947447 = 5.747447$$

所以，二进制位串 010001001011010000111110010100010 所表示问题的可能解为

$$(x_1, x_2) = (0.813450, 5.747447)$$

二、产生初始种群

假定初始种群的规模为 $N = 20$。随机产生初始种群如下：

$v_1 = (100110100000011111110100110111111)$

$v_2 = (111000100100110111001010100011010)$

$v_3 = (000010000011001000001010111011101)$

$v_4 = (100011000101101001111000001110010)$

$v_5 = (000111011001010011010111111000101)$

$v_6 = (000101000010010100010101111111011)$

$v_7 = (001000100000110101111011011111011)$

$v_8 = (100001100001110100010110101100111)$

$v_9 = (010000000101100010110000001111100)$

$v_{10} = (000001110001100001101000001110011)$

$$v_{11} = (0110011111101101011000011011111000)$$
$$v_{12} = (1101000101111011010001010101010000000)$$
$$v_{13} = (1110111110100010001100000010000110)$$
$$v_{14} = (0100100110000010101001111001010001)$$
$$v_{15} = (1110111011011100001000111111011110)$$
$$v_{16} = (1100111000001111110000110101001011)$$
$$v_{17} = (0110101111110011101000110111111101)$$
$$v_{18} = (0111010000000011101001111101011101)$$
$$v_{19} = (0001010100111111111110000110001100)$$
$$v_{20} = (1011100101100111100110001011111110)$$

三、计算适应值

由于本例的目标是取极大值,可直接取目标函数 $f(x_1,x_2)$ 作为适应函数 $\text{eval}(x_1,x_2)$。计算一个染色体适应值的过程如下:

(1)将该染色体转换为所表示的问题可能解 $x=(x_1,x_2)$;
(2)计算个体 $x=(x_1,x_2)$ 的适应值 $\text{eval}(x_1,x_2)$。

上述种群中染色体的适应值分别如下:

$$\text{eval}(v_1) = f(6.084492, 5.652242) = 27.350984$$
$$\text{eval}(v_2) = f(10.348434, 4.380264) = 7.868416$$
$$\text{eval}(v_3) = f(-2.516603, 4.390381) = 20.087422$$
$$\text{eval}(v_4) = f(5.278638, 5.593460) = 9.048220$$
$$\text{eval}(v_5) = f(-1.255173, 4.734458) = 13.084693$$
$$\text{eval}(v_6) = f(-1.811725, 4.391937) = 18.534930$$
$$\text{eval}(v_7) = f(-0.991471, 5.680258) = 18.416316$$
$$\text{eval}(v_8) = f(4.910618, 4.703018) = 8.765509$$
$$\text{eval}(v_9) = f(0.795406, 5.381472) = 17.790353$$
$$\text{eval}(v_{10}) = f(-2.554851, 4.793707) = 22.009106$$
$$\text{eval}(v_{11}) = f(3.130078, 4.996097) = 18.649818$$
$$\text{eval}(v_{12}) = f(9.356179, 4.239457) = 5.261285$$
$$\text{eval}(v_{13}) = f(11.134646, 5.378671) = 28.539819$$
$$\text{eval}(v_{14}) = f(1.335944, 5.151378) = 20.319428$$
$$\text{eval}(v_{15}) = f(11.089025, 5.054515) = 28.449746$$
$$\text{eval}(v_{16}) = f(9.211598, 4.993762) = 19.234447$$
$$\text{eval}(v_{17}) = f(3.367514, 4.571343) = 11.181678$$
$$\text{eval}(v_{18}) = f(3.84302, 5.158226) = 18.095956$$
$$\text{eval}(v_{19}) = f(-1.746635, 5.395584) = 21.212372$$
$$\text{eval}(v_{20}) = f(7.935998, 4.757338) = 12.498707$$

从染色体的适应值可以看出,染色体 v_{13} 是最好的, v_{12} 是最差的。

四、父体选择

父体选择可采用轮盘赌选择,其实现过程如下。

(1) 计算种群中所有染色体适应值之和:

$$F = \sum_{k=1}^{N} \text{eval}(v_k)$$

(2) 计算每个染色体的选择概率:

$$p_k = \frac{\text{eval}(v_k)}{F} \quad (k=1,2,\cdots,N)$$

(3) 计算每个染色体的累计概率:

$$q_k = \sum_{j=1}^{k} p_j \quad (k=1,2,\cdots,N)$$

(4) 转动轮盘 N 次,从中选出 N 个染色体。

选择过程的实现如下所示。

用 $[0,1]$ 中的一个随机数 r 模拟轮盘的指针位置。若 $r \leqslant q_1$,这说明指针指向第一个扇形,这时选择第一个染色体 v_1,一般若 $q_{k-1} < r \leqslant q_k$,这说明指针指向第 k 个扇形,这时选择第 k 个染色体 v_k。

上述种群中染色体的适应值之和为

$$F = \sum_{k=1}^{20} \text{eval}(v_k) = 346.399205$$

种群中各染色体的选择概率为

$$p_1 = \frac{\text{eval}(v_1)}{F} = 0.078958, p_2 = \frac{\text{eval}(v_2)}{F} = 0.022715,$$

$$p_3 = \frac{\text{eval}(v_3)}{F} = 0.057989, p_4 = \frac{\text{eval}(v_4)}{F} = 0.026121,$$

$$p_5 = \frac{\text{eval}(v_5)}{F} = 0.037773, p_6 = \frac{\text{eval}(v_6)}{F} = 0.053507,$$

$$p_7 = \frac{\text{eval}(v_7)}{F} = 0.053165, p_8 = \frac{\text{eval}(v_8)}{F} = 0.025305,$$

$$p_9 = \frac{\text{eval}(v_9)}{F} = 0.051358, p_{10} = \frac{\text{eval}(v_{10})}{F} = 0.063537,$$

$$p_{11} = \frac{\text{eval}(v_{11})}{F} = 0.053839, p_{12} = \frac{\text{eval}(v_{12})}{F} = 0.015189,$$

$$p_{13} = \frac{\text{eval}(v_{13})}{F} = 0.082390, p_{14} = \frac{\text{eval}(v_{14})}{F} = 0.058659,$$

$$p_{15} = \frac{\text{eval}(v_{15})}{F} = 0.082130, p_{16} = \frac{\text{eval}(v_{16})}{F} = 0.055527,$$

$$p_{17} = \frac{\text{eval}(v_{17})}{F} = 0.032280, p_{18} = \frac{\text{eval}(v_{18})}{F} = 0.052240,$$

$$p_{19} = \frac{\text{eval}(v_{19})}{F} = 0.061237, p_{20} = \frac{\text{eval}(v_{20})}{F} = 0.036082。$$

种群中各染色体的累计概率为

$q_1 = 0.078958, q_2 = 0.101673, q_3 = 0.159662, q_4 = 0.185783,$

$q_5 = 0.223556, q_6 = 0.277064, q_7 = 0.330229, q_8 = 0.355533,$

$q_9 = 0.406891, q_{10} = 0.470428, q_{11} = 0.524267, q_{12} = 0.539456,$

$q_{13} = 0.621846, q_{14} = 0.680505, q_{15} = 0.762635, q_{16} = 0.818161,$

$q_{17} = 0.850441, q_{18} = 0.902681, q_{19} = 0.963918, q_{20} = 1.000000$。

现在转动圆盘20次,每次选择一个染色体。假定所产生[0,1]中的20个随机数分别为

0.513870,0.175741,0.308652,0.504534,0.947628,

0.171736,0.702231,0.216431,0.494773,0.124720,

0.703899,0.389647,0.267226,0.348071,0.983437,

0.005398,0.465682,0.545473,0.727139,0.780237。

第一个随机数 $r = 0.513870, q_{10} < r_1 < q_{11}$,故所选择的第一个染色体为 v_{11};第二个随机数 $r = 0.175741, q_3 < r_2 < q_4$,故所选择的第二个染色体为 v_4;如此进行下去,所选择的20个染色体为

$v'_1 = (01100111110110101100001101111000)(v_{11})$

$v'_2 = (10001100010110100111100000 1110010)(v_4)$

$v'_3 = (00100010000011010111011011111011)(v_7)$

$v'_4 = (01100111110110101100001101111000)(v_{11})$

$v'_5 = (00010101001111111111000011000 1100)(v_{19})$

$v'_6 = (10001100010110100111100000 1110010)(v_4)$

$v'_7 = (11101110110111000010001111101 1110)(v_{15})$

$v'_8 = (00011101100101001101011111 1000101)(v_5)$

$v'_9 = (01100111110110101100001101111000)(v_{11})$

$v'_{10} = (00001000001100100000101011101 1101)(v_3)$

$v'_{11} = (11101110110111000010001111101 1110)(v_{15})$

$v'_{12} = (01000000010110001011000000 1111100)(v_9)$

$v'_{13} = (00010100001001010010101011 1111011)(v_6)$

$v'_{14} = (10000110000111010001011010 1100111)(v_8)$

$v'_{15} = (10111001011001110011000 101111110)(v_{20})$

$v'_{16} = (10011010000000111111101001 1011111)(v_1)$

$v'_{17} = (000001110001100001101000 0111011)(v_{10})$

$v'_{18} = (11101111010001000110000 001000110)(v_{13})$

$v'_{19} = (11101110110111000010001111101 1110)(v_{15})$

$v'_{20} = (11001111000001111110000 1101001011)(v_{16})$

五、遗传算子

遗传算子包括杂交算子和变异算子。

(1) 杂交算子

使用单点杂交,该方法对两个父体进行杂交,杂交后产生两个后代个体。杂交算子的应用过程如下:

从上面产生的父体中,按一定的概率 p_c 从中挑选出若干个染色体进行杂交。首先从[0,1]中产生 N 个随机数 $r_k(k=1,2,\cdots,N)$,若 $r_k < p_c$,则挑选父体中的第 k 个染色体。若这样挑选出来的染色体是奇数个,则或从父体中随机地再挑选一个染色体,或从已挑选的染色体中删除一个。这样共挑选出来偶数个染色体,再将这偶数个染色体随机地两两配对进行杂交。

对本例而言,假定 $p_c = 0.25$,所产生的 20 个随机数分别为

0.822951,0.151932,0.625477,0.314685,0.346901,

0.917204,0.519760,0.401154,0.606758,0.785402,

0.031523,0.869921,0.166525,0.674520,0.758400,

0.581893,0.389248,0.200232,0.355635,0.826927。

这意味着 $v_2', v_{11}', v_{13}', v_{18}'$ 被选择进行杂交。随机地对这 4 个染色体配对。如 v_2' 和 v_{11}' 为一对,v_{13}', v_{18}' 为一对。

首先对 v_2' 和 v_{11}' 进行杂交,随机地生成[1,32]中的一个整数 pos,设 pos = 9,那么交换 v_2' 和 v_{11}' 第 9 个基因的右边部分,便得到下面两个后代:

$$v''_2 = (100011000 | 10111000010001111011110)$$

$$v''_{11} = (111011101 | 10110100111100000 1110010)$$

然后对 v_{13}' 和 v_{18}' 进行杂交,随机地生成[1,32]中的一个整数 pos,设 pos = 20,那么交换 v_{13}' 和 v_{18}' 第 20 个基因的右边部分,便得到下面两个后代:

$$v''_{13} = (00010100001001010100 | 0000001000110)$$

$$v''_{18} = (11101111101000100011 | 1010111111011)$$

经过杂交算子的作用后,便得到当前种群为

$$v'_1 = (01100111110110101100001101111000)$$

$$v''_2 = (10001100010111000010001111011110)$$

$$v'_3 = (00100010000110101111011011111011)$$

$$v'_4 = (01100111110110101100001101111000)$$

$$v'_5 = (00010101001111111110000110001100)$$

$$v'_6 = (10001100010110100111000001110010)$$

$$v'_7 = (11101110110111000010001111011110)$$

$$v'_8 = (00011101100101001101011111000101)$$

$$v'_9 = (01100111110110101100001101111000)$$

$$v'_{10} = (00001000001100100000101011 1011101)$$

$$v''_{11} = (11101110110110100111000001110010)$$

$$v'_{12} = (01000000010110001011000000 1111100)$$

$v''_{13} = (000101000010010101000000001000110)$

$v'_{14} = (100001100001110100010110101100111)$

$v'_{15} = (101110010110011100110001011111110)$

$v'_{16} = (100110100000011111110100110111111)$

$v'_{17} = (000001111000110000011010000111011)$

$v''_{18} = (111011111010001000111010111111011)$

$v'_{19} = (111011101101110000100011111011110)$

$v'_{20} = (110011110000011111100001101001011)$

(2)变异算子

变异算子的目的在于引入种群中染色体的多样性,防止算法过早收敛。变异算子以某一预先指定的概率 p_m 对种群中染色体的每个基因进行变异。

概率 p_m 是期望改变的种群中染色体的基因个数与基因总数的百分比。例如,对本例而言,种群中的基因总数为 $L \times N = 33 \times 20 = 660$,若 $p_m = 0.01$,则每一代平均有 6.6 个基因发生改变。

在遗传算法中应用变异算子过程如下:

对种群中的每一个染色体的每一基因,产生一个随机数 $p(i)$,若 $p(i) < p_m$,那么该基因进行变异,否则不进行变异。

设变异概率 $p_m = 0.01$,所产生的 660 个随机数中有 5 个比 0.01 小。假设这 5 个个体如表 5.4 所示。

变异的个体选择 表 5.4

随机数序号 i	随机数 $p(i)$	染色体号 k $33(k-1) < i \leqslant 33k$	染色体中基因的位置 $i - 33(k-1)$
112	0.000213	4	13
349	0.009945	11	19
418	0.008809	13	22
429	0.005425	13	33
602	0.002836	19	8

经变异算子的作用后,得到新一代种群为

$v_1 = (011001111110110101100001101111000)$

$v_2 = (100011000101110000100011111011110)$

$v_3 = (001000100000110101111011011111011)$

$v_4 = (011001111110010101000011011111000)$

$v_5 = (000101010011111111110000110001100)$

$v_6 = (100011000101101001111000001110010)$

$v_7 = (111011101101110000100011111011110)$

$v_8 = (000111011001010011010111111000101)$

$v_9 = (0110011111101101011000011011111000)$

$v_{10} = (0000100000110010000010101110111101)$

$v_{11} = (1110111011011010010110000001110010)$

$v_{12} = (0100000001011000101100000001111100)$

$v_{13} = (0001010000100101010001000010000111)$

$v_{14} = (1000011000011101000101101011001111)$

$v_{15} = (1011100101100111100110001011111110)$

$v_{16} = (1001101000000011111101001101111111)$

$v_{17} = (0000011100011000001101000011011011)$

$v_{18} = (1110111110100010001101011011111011)$

$v_{19} = (1110111111011100001000111111011110)$

$v_{20} = (1100111000001111110000110101001011)$

新一代种群中个体的适应值为

$\mathrm{eval}(v_1) = f(3.130078, 4.996097) = 18.649818$

$\mathrm{eval}(v_2) = f(5.279042, 5.054515) = 16.590580$

$\mathrm{eval}(v_3) = f(-0.991471, 5.680258) = 18.416316$

$\mathrm{eval}(v_4) = f(3.128235, 4.996097) = 18.651761$

$\mathrm{eval}(v_5) = f(-1.746635, 5.395584) = 21.212372$

$\mathrm{eval}(v_6) = f(5.278638, 5.593460) = 9.048220$

$\mathrm{eval}(v_7) = f(11.089025, 5.054515) = 28.449746$

$\mathrm{eval}(v_8) = f(-1.255173, 4.734458) = 13.084693$

$\mathrm{eval}(v_9) = f(3.130078, 4.996097) = 18.649818$

$\mathrm{eval}(v_{10}) = f(-2.516603, 4.390381) = 20.087422$

$\mathrm{eval}(v_{11}) = f(11.088621, 4.743434) = 24.912696$

$\mathrm{eval}(v_{12}) = f(0.795406, 5.381472) = 17.790353$

$\mathrm{eval}(v_{13}) = f(-1.811725, 4.209937) = 11.427884$

$\mathrm{eval}(v_{14}) = f(4.910618, 4.703018) = 8.765509$

$\mathrm{eval}(v_{15}) = f(7.935998, 4.757338) = 12.498707$

$\mathrm{eval}(v_{16}) = f(6.084492, 5.652242) = 27.350984$

$\mathrm{eval}(v_{17}) = f(-2.554851, 4.793707) = 22.0091061$

$\mathrm{eval}(v_{18}) = f(11.134646, 5.666976) = 32.416041$

$\mathrm{eval}(v_{19}) = f(11.148009, 5.054515) = 29.159947$

$\mathrm{eval}(v_{20}) = f(9.211598, 4.993762) = 19.234447$

新一代种群中个体的适应值之和为 388.406420，比初始种群中个体适应值之和 346.399205 有了很大的提高，而且新一代中个体的最大适应值 32.416041 也要比初始种群中个体的最大适应值 28.539819 要大。

至此，完成了种群的一次演化。重复上述过程若干代，如 1000 代之后，可以得到下述种群：

$$v_1 = (11101111011001101110010101011011)$$
$$v_2 = (11100110011000010001010101011000)$$
$$v_3 = (11101111011011011100101010111011)$$
$$v_4 = (11100110001000011000010101011001)$$
$$v_5 = (11101111011011011100101010111011)$$
$$v_6 = (11100110011000010000100010100001)$$
$$v_7 = (11010110001001001000110001011000)$$
$$v_8 = (11110110001000101000110101001001)$$
$$v_9 = (11100110001001001000110001011001)$$
$$v_{10} = (11101111011011011100101010111011)$$
$$v_{11} = (11010110000001001000110001011000)$$
$$v_{12} = (11010110001001001000110001011001)$$
$$v_{13} = (11101111011011011100101010111011)$$
$$v_{14} = (11100110011000010000101010111011)$$
$$v_{15} = (11100110101011001010100110110001)$$
$$v_{16} = (11100110011000010100010010100001)$$
$$v_{17} = (11100110011000010000101010111011)$$
$$v_{18} = (11100110011000010000101010111001)$$
$$v_{19} = (11110110001000101000111000001001)$$
$$v_{20} = (11100110011000010000101010111001)$$

而种群中个体的适应值分别为

$$\mathrm{eval}(v_1) = f(11.120994, 5.092544) = 27.523709$$
$$\mathrm{eval}(v_2) = f(10.588808, 4.667376) = 34.968755$$
$$\mathrm{eval}(v_3) = f(11.124680, 5.092544) = 27.541395$$
$$\mathrm{eval}(v_4) = f(10.574177, 4.242415) = 28.411278$$
$$\mathrm{eval}(v_5) = f(11.124680, 5.092544) = 27.541395$$
$$\mathrm{eval}(v_6) = f(10.588808, 4.214606) = 26.888903$$
$$\mathrm{eval}(v_7) = f(9.631114, 4.427891) = 33.159211$$
$$\mathrm{eval}(v_8) = f(11.518161, 4.452846) = 21.001670$$
$$\mathrm{eval}(v_9) = f(10.574868, 4.427943) = 32.091221$$
$$\mathrm{eval}(v_{10}) = f(11.124680, 5.092544) = 27.541395$$

$\text{eval}(v_{11}) = f(9.623741, 4.427891) = 33.179049$

$\text{eval}(v_{12}) = f(9.631114, 4.427943) = 33.149002$

$\text{eval}(v_{13}) = f(11.124680, 5.092544) = 27.541395$

$\text{eval}(v_{14}) = f(10.588808, 4.242518) = 29.454284$

$\text{eval}(v_{15}) = f(10.606607, 4.653731) = 36.441013$

$\text{eval}(v_{16}) = f(10.588865, 4.214606) = 26.892319$

$\text{eval}(v_{17}) = f(10.588808, 4.242518) = 29.454284$

$\text{eval}(v_{18}) = f(10.588808, 4.242415) = 29.433763$

$\text{eval}(v_{19}) = f(11.518161, 4.472768) = 19.724009$

$\text{eval}(v_{20}) = f(10.588808, 4.242415) = 29.433763$

不过在演化进程中可能出现在较早代种群中,某些个体的适应值要比1000代后种群中最好个体的适应值36.441013还要大,这是由于采样的随机误差所引起的。

在应用遗传算法时,每次迭代过程均将最好个体单独存储,在遗传算法结束后,比较演化过程中各次迭代过程的最好个体,将其作为问题的最优解或近似最优解。

本章习题

1. 利用三层BP神经网络完成非线性函数的逼近任务,其中隐含层神经元个数为4个,样本数据见表5.5。

习题1表　　　　　　　　　　　　　　　　　　　　　表5.5

输入X	输出D	输入X	输出D	输入X	输出D
0	0	4	4	8	2
1	1	5	3	9	3
2	2	6	2	10	4
3	3	7	1	—	—

2. 求下述二元函数最大值:

$$\begin{cases} \max f(x_1, x_2) = x_1^2 + x_2^2 \\ x_1 \in \{1,2,3,4,5,6,7\} \\ x_2 \in \{1,2,3,4,5,6,7\} \end{cases}$$

3. 用MATLAB遗传算法工具箱求$f(x) = x + 10\sin(5x) + 7\cos(4x)$的最大值,其中$-1 < x < 10$。

PART 2 第二篇
交通运输系统的规划、控制及网络分析

第六章 交通需求预测

第一节 交通规划概述

交通规划通常是指根据对历史和现状的交通供需状况与地区人口、经济和土地利用之间相互关系的分析研究,对地区未来不同的人口、土地利用和经济发展情形下交通运输需求的分析和预测,确定未来交通运输设施发展建设的规模、结构、布局等方案,并对不同方案进行评价比选,确定推荐方案,同时提出包括建设项目时序、投资估算、配套措施等建设实施方案的一个完整过程。

一、交通规划的类型

(1)按规划范围的大小来分,有全国性的、区域性的、较大范围的市域以及城市交通规划,也有小范围的城市中心区或某一小区的交通规划,城市中心区规划有城市中央商务区(CBD)交通规划、枢纽地区交通规划或步行区交通规划等。

(2)按不同目的和内容分,有全面性的综合交通规划和某一行业某一内容的专业性规划。

目前许多大城市进行的综合交通规划,包括道路网络规划、公共交通规划、综合运输枢纽规划等。

而某行业的规划内容较为单一,如公共交通线网规划、广场交通规划或步行交通规划等。

(3)按规划期限长短分,一般有长期、中期、近期规划等,区域或城市交通规划中,长期交通规划一般为20年,中期交通规划为10年,近期交通规划为3~5年。

(4)按规划内容的详细程度分,有总体规划与实施性详细规划。总体规划包括道路网络骨架、对外交通用地与主要枢纽站场的规划等。实施性详细规划多与城市的分区规划和详细规划相匹配,不仅考虑交通需求,还应考虑投资和效益的问题。

二、交通规划的阶段

从目前的实际情况看,交通规划一般有三个阶段:

(1)城市交通战略规划,这是长期的或远景期的发展方向规划。主要应结合城市总体规划修订,确定交通用地、干线道路网络、主要枢纽及站场、轨道线路,预测规划期内的总体交通需求(客运量、货运量),制定交通政策,综合布署交通结构等,并作供需系统的平衡分析。城市交通战略规划主要为宏观控制和发展导向的确定,一般年限为20~30年。

(2)中长期的综合交通规划,其规划时间为10~15年,多以战略规划为基础,做全面的客货源流调查,进行交通生成和分布、方式划分和交通分配预测,包括机动车、城市轨道交通、自行车和行人等,在此基础上进行道路网络规划、公共交通规划、对外交通规划、自行车交通规划与主要站场、枢纽、轨道交通等全面的综合规划和技术经济分析评价。

(3)近期的交通管理规划一般为3~5年,主要对当前交通问题突出区域或交通管理上的薄弱环节,如信号控制、交通组织、公交换乘等,提出改建意见或改善方案,或增设立交、优化信号控制等措施,通常在中长期交通规划基础上进行。

三、交通需求预测的步骤

交通与其相关因素之间的关系模型是一个综合性的系统模型,它包括三个总变量,即相关因素(土地利用、经济、人口、工作岗位数、车辆拥有量等)、交通特征(行程、时间、费用等)和交通量(出行量、货物运输量等)。

交通需求预测是城市交通规划的核心内容之一,是确定城市交通网络布局、交通枢纽规模以及道路等级结构的重要依据。在城市交通规划中,一般采用四阶段法进行交通需求的预测,即交通源(生成)-目的地(分布)-到达目的地的交通工具(方式划分)-到达目的地的路线(分配)等四个阶段,分阶段进行预测。

第二节 交通发生与吸引

出行生成是指定地区、指定时间内人或车出行的产生量或吸引量,也称交通生成,表征一个地区的出行活动总量,其单位通常为人次/日或车次/日。现状出行生成量由出行调查得到,未来出行生成量由出行生成预测模型求得。出行生成包括出行产生与出行吸引。

根据研究对象地区的特性,直接求得生成交通量的步骤称为生成交通量预测。为了数据统计方便,将对象区域划分成便于实际调查和统计操作的交通小区。生成交通量是对象区域交通的总量,用来预测和校核各交通小区的发生和吸引交通量,生成交通量的预测方法有原单位法、增长率法、聚类分析法及回归方法。

目前,按照不同的需要,通常以行政区域(社区、街道、乡镇等)或居民小区等为单位进行交通小区的划分。出行的发生与吸引是指研究对象区域内交通小区的交通发生与吸引量,它们与土地利用性质和设施规模有着密切的关系。同生成交通量的预测方法相类似,发生与吸引交通量的预测方法分为原单位法、增长率法、聚类分析法和回归方法等,本节主要介绍发生与吸引交通量预测的原单位法和增长率法。

一、原单位法

原单位是指单位指标,其获取方法通常有两种:一种是用居住人口或就业人口数与交通出行总量的关系来推算的个人原单位法;另一种是以不同用途的土地面积与出行总量的关系来推算的面积原单位法。

利用原单位法预测发生与吸引交通量时,首先需要分别计算发生原单位和吸引原单位,然后根据发生原单位和吸引原单位与人口、面积等属性的乘积预测得到发生与吸引交通量,可用式(6.1)表示。

$$\begin{cases} O_i = bx_i \\ D_j = cx_j \end{cases} \tag{6.1}$$

式中:i,j——交通小区的序号;

x_i——第 i 个交通小区常住人口、从业人口、土地利用类别、面积等属性变量;

b——某人口、面积属性等的单位发生次数[次/(日·人)或次/(日·平方米)];

c——某人口、面积属性等的单位吸引次数[次/(日·人)或次/(日·平方米)];

O_i——小区 i 的发生交通量(次/日);

D_j——小区 j 的吸引交通量(次/日)。

在用原单位法按不同出行目的分类预测时,以下方法比较实用:即上班和上学出行交通量使用常住人口;自由出行交通量使用常住人口和就业人口;业务出行交通量使用就业人口;回家交通量利用上班和上学交通量再乘以一个返回系数,该系数从居民出行调查数据统计得出,一般为接近于 1.0 的值。

二、增长率法

增长率法是用其他指标的增长率乘以原单位求出将来发生与吸引交通量的方法。

$$O_i = F_i O_i^{(0)} \tag{6.2}$$

式中:$O_i^{(0)}$——基准年度小区 i 的发生交通量;

F_i——发生交通量的增长率,其计算公式为

$$F_i = \alpha_i \beta_i \tag{6.3}$$

其中,$\alpha_i = \dfrac{\text{目标年度小区 } i \text{ 的预测人口}}{\text{基准年度小区 } i \text{ 的人口}}$;$\beta_i = \dfrac{\text{目标年度小区 } i \text{ 的人均车辆拥有量}}{\text{基准年度小区 } i \text{ 的人均车辆拥有量}}$。

增长率法可以解决原单位法和函数法难以解决的问题,它通过设定交通小区的增长率,反

映了因土地利用的变化引起的人们出行的变化以及对象区域外的交通小区的发生与吸引交通量。由于原单位法和函数法都是基于实际调查数据的方法,而对象区域外的交通小区没有实际测量数据和预测目标年度的自变量数据,所以选用增长率法。由于具有内外交通,增长率法可以预测对象区域外小区的将来交通量。如可以设定:

$$F_j = R_j \cdot R \tag{6.4}$$

式中:F_j——对象区域外交通小区 j 的发生、吸引交通量的增长率;
  R_j——对象区域外交通小区 j 的常住人口的增长率;
  R——对象区域内全体常住人口的增长率。

三、发生与吸引交通量调整

在交通需求预测时,通常会要求各小区的发生交通量之和与吸引交通量之和相等,并且各小区的发生交通量或吸引交通量之和均等于生成交通量。如果不满足上述关系,一般采用总量控制法或调整系数法进行调整。

1. 总量控制法

在实际计算中,各小区推算量的误差不可避免,从而造成其总和的误差。为此,可以用研究区域的生成交通量对推算的各小区发生量进行校核。

假设生成交通量 T(次/日)是由全部人口 P(人)与生成原单位 p(次/人日)而得到的,则:

$$T = p \cdot P \tag{6.5}$$

如果生成交通量 T 与总发生交通量 $O = \sum_{i=1}^{n} O_i$ 有明显的误差,则可以将 O_i 修正为

$$O'_i = \frac{T}{O} \cdot O_i \quad (i = 1, 2, \cdots, n) \tag{6.6}$$

为了保证 T 与总吸引交通量 $D = \sum_{j=1}^{n} D_j$ 也相等,这样三者才能全部相等,为此须将 D_j 修正为

$$D'_j = \frac{T}{D} \cdot D_j \quad (i = 1, 2, \cdots, n) \tag{6.7}$$

该方法即为总量控制法。

2. 调整系数法

在出行生成阶段,需要满足所有小区出行发生总量等于出行吸引总量,当上述条件不满足时,一般认为出行发生总量更为可靠,将所有小区出行发生总量 $O = \sum_{i=1}^{n} O_i$ 作为依据。将吸引总量乘以调整系数 f,这样可以确保出行吸引总量等于出行发生总量,调整系数可以利用式(6.8)计算。

$$f = \frac{\sum_{i=1}^{n} O_i}{\sum_{j=1}^{n} D_j} \tag{6.8}$$

第三节 交 通 分 布

一、预测方法概述

图 6.1 表示了交通小区 i 和交通小区 j 之间交通分布的示意图。q_{ij} 表示由交通小区 i 到交通小区 j 的交通量,即分布交通量。同样 q_{ji} 则表示由交通小区 j 到交通小区 i 的交通量。

交通分布通常用一个二维矩阵表示。O 表示出发地(Origin),D 表示目的地(Destination)。一个小区数为 n 的区域的 OD 表,一般表示为表 6.1 所示形式。

表中,O_i 为小区 i 的发生交通量;D_j 为小区 j 的吸引交通量;T 为研究对象区域的生成交通量。

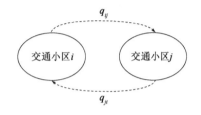

图 6.1 交通分布示意图

OD 表   表 6.1

O	D						发生量
	1	2	⋯	j	⋯	n	
1	q_{11}	q_{12}	⋯	q_{1j}	⋯	q_{1n}	O_1
2	q_{21}	q_{22}	⋯	q_{2j}	⋯	q_{2n}	O_2
⋮	⋮	⋮	⋱	⋮	⋮	⋮	⋮
i	q_{i1}	q_{i2}	⋯	q_{ij}	⋯	q_{in}	O_i
⋮	⋮	⋮	⋮	⋮	⋱	⋮	⋮
n	q_{n1}	q_{n2}	⋯	q_{nj}	⋯	q_{nn}	O_n
吸引量	D_1	D_2	⋯	D_j	⋯	D_n	T

对此 OD 表,下面各式所示守恒法则成立:

$$\begin{cases} \sum_j q_{ij} = O_i \\ \sum_i q_{ij} = D_j \\ \sum_i \sum_j q_{ij} = \sum_i O_i = \sum_j D_j = T \end{cases} \quad (6.9)$$

在目标年各交通小区的发生交通量 O_i 与吸引交通量 D_j 一定的条件下,满足公式(6.9)的约束条件,利用交通分布预测,求出各交通小区之间 OD 交通量 q_{ij}。

出行分布预测是将各交通小区的发生量和吸引量分布到 OD 对之间的预测,主要分为两种方法:增长系数法和重力模型法。增长系数法包括平均增长系数法、底特律法、弗莱特法等,此类方法的原理是假设研究年各 OD 对之间客流分布情况与现状的 OD 分布形式相同,其中弗莱特法应用较为广泛;重力模型法包括无约束、单约束和双约束重力模型,此类方法引入了交通阻抗的概念。使得各 OD 量根据阻抗大小的不同进行分布,其中双约束重力模型应用较为广泛。

弗莱特法作为增长系数法中的主要方法之一,模型构造简单、易懂、收敛速度快;重力模型法考虑了现实出行情况与发生、吸引之间的关系,能够比较敏感的反映交通小区之间的出行变化情况,特定交通小区之间的 OD 交通量为零时也能预测。实际应用中,重力模型使用的更为广泛,其标定简单方便,许多交通规划软件如 TransCAD 等都有各自的重力模型标定程序和标定结果的统计分析。

二、增长系数法

1. 模型与算法

假设给定了现状分布交通量,增长系数法可用来预测将来的分布交通量。

增长系数法的算法步骤如下:

(1)给定现状 OD 表中分布量 q_{ij}^0、小区 i 发生量 O_i^0、小区 j 吸引量 D_j^0、生成量 T^0;给定将来 OD 表中的小区 i 发生量 U_i,小区 j 吸引量 V_j 及生成量 X,给定收敛系数 ε。

令计算次数 $m = 0$。

(2)得到 OD 表中第 m 次计算的 q_{ij}^m、O_i^m、D_j^m、T^m。

(3)求出各小区的发生与吸引交通量的增长系数 $F_{O_i}^m$,$F_{D_j}^m$。

$$F_{O_i}^m = \frac{U_i}{O_i^m} \tag{6.10}$$

$$F_{D_j}^m = \frac{V_j}{D_j^m} \tag{6.11}$$

(4)求第 $m+1$ 次分布交通量的近似值 q_{ij}^{m+1}。

$$q_{ij}^{m+1} = q_{ij}^m \cdot f(F_{O_i}^m, F_{D_j}^m) \tag{6.12}$$

(5)收敛判断。第 $m+1$ 次的发生交通量和吸引交通量分别如式(6.13)和式(6.14)所示。

$$O_i^{m+1} = \sum_j q_{ij}^{m+1} \tag{6.13}$$

$$D_j^{m+1} = \sum_j q_{ij}^{m+1} \tag{6.14}$$

式中:U_i——将来 OD 表中小区 i 的发生交通量;

V_j——将来 OD 表中小区 j 的吸引交通量;

$F_{O_i}^m$——小区 i 的第 m 次发生量增长系数;

$F_{D_j}^m$——小区 j 的第 m 次吸引量增长系数;

$f(F_{O_i}^m, F_{D_j}^m)$——分布交通量的迭代函数。

q_{ij}^m、O_i^m、D_j^m、T^m 分别表示第 m 次迭代时的 OD 分布量、发生量、吸引量及生成量。

分别计算交通小区 i,j 第 m 次的发生量增长系数和吸引量增长系数,如公式(6.15)和式(6.16)所示。

$$1 - \varepsilon < F_{O_i}^{m+1} = \frac{U_i}{O_i^{m+1}} < 1 + \varepsilon \tag{6.15}$$

$$1 - \varepsilon < F_{D_j}^{m+1} = \frac{V_j}{D_j^{m+1}} < 1 + \varepsilon \tag{6.16}$$

式中:ε——任意给定的收敛系数。

若式(6.15)和式(6.16)成立,则停止迭代;否则,令 $m = m + 1$,返回步骤2继续迭代。

根据函数 $f(F_{O_i}^m, F_{D_j}^m)$ 的种类不同,增长系数法可以分为常增长系数法(Unique Growth Factor Method)、平均增长系数法(Average Growth Factor Method)、底特律法(Detroit Method)、弗莱特法(Fratar Method)和佛尼斯法(Furnesss Method)等。

2. 平均增长系数法

平均增长系数法假设 i,j 小区之间的分布交通量 q_{ij} 的增长系数是 i 小区出行发生量增长系数和 j 小区出行吸引量增长系数的平均值,即分布交通量的迭代函数为

$$f(F_{O_i}^m, F_{D_j}^m) = \frac{1}{2}(F_{O_i}^m + F_{D_j}^m) \qquad (6.17)$$

该方法公式简明,便于计算;但收敛较慢,迭代次数多,计算精度低。

3. 弗莱特法

弗莱特法假设小区 i,j 间分布交通量 q_{ij} 的增长系数不仅与小区 i 的发生量增长系数、小区 j 的吸引量增长系数直接相关,还与整个规划区域所有交通小区的增长系数均相关。

计算公式如下:

$$\begin{cases} f_F(F_{O_i}^m, F_{D_j}^m) = F_{O_i}^m \cdot F_{D_j}^m \cdot \left(\dfrac{L_i + L_j}{2}\right) \\ L_i = \dfrac{O_i^m}{\sum_j q_{ij}^m \cdot F_{D_j}^m} \\ L_j = \dfrac{D_j^m}{\sum_i q_{ij}^m \cdot F_{O_i}^m} \end{cases} \qquad (6.18)$$

式中:L_i——小区 i 的位置系数;

L_j——小区 j 的位置系数。

以上方法均需进行迭代计算,满足收敛条件。

有约束的增长系数法应用比较广泛,其中包括平均增长系数法和弗莱特法,平均增长系数法虽然考虑了不同分区间变化的差异,但是这种差别仅仅反映两个直接发生作用的分区间的影响,没有考虑其他分区间接的影响。而弗莱特法往往有较好的实际效果。

三、双约束重力模型

重力模型法有三类:无约束、单约束和双约束重力模型。无约束重力模型形式简单,便于计算,但精度不够,所以很少采用。单约束重力模型考虑到了交通阻抗的变化带来的影响,但在约束上比较单一化。双约束重力模型对约束进行了加强,尽管在实际应用中要求数据较多,计算相对复杂,但精度高,通常在现实中应用较多。

双约束满足:

$$\begin{cases} \sum_j q_{ij} = D_i \\ \sum_i q_{ij} = O_j \end{cases} \qquad (6.19)$$

其公式如下:

$$\begin{cases} q_{ij} = a_i \cdot b_j \cdot O_i \cdot D_j \cdot f_{ij} \\ a_i = (\sum_j b_j \cdot D_j \cdot f_{ij})^{-1} \\ b_j = (\sum_i a_i \cdot O_i \cdot f_{ij})^{-1} \end{cases} \quad (6.20)$$

式中：a_i, b_j——过程参数；

f_{ij}——第i小区到第j小区的出行费用函数，也称交通阻抗函数。

双约束重力模型需要迭代计算交通小区分布量，可初设$a_i^m = 1$，迭代计算出b_j^m、a_i^{m+1}和b_j^{m+1}，与增长系数法相类似，设定收敛条件a_i^{m+1}/a_i^m、b_j^{m+1}/b_j^m在$(1-\varepsilon, 1+\varepsilon)$范围内，从而得出$q_{ij}$。

交通阻抗是反映交通小区之间旅客出行难易程度的指标，是对OD对之间出行设施和出行工具等出行条件的综合反映。交通阻抗可采用时间、费用或者两者的组合形式，可用幂函数、指数函数或组合函数表示。

第四节 交通方式划分

交通方式分担率的影响因素很多，如交通方式本身的特性、旅客自身的属性、时间性等，旅客出行是以广义费用的大小来选择交通方式的。

交通方式划分一般有集计分析和非集计分析两种方法。集计分析是比较常用的方法，是以交通小区为单位进行统计分析，预测方法主要有转移曲线法和重力模型等。非集计分析与集计分析相对应命名。非集计分析交通需求预测时，首先要调查统计出行者的个人出行数据，即出行时间、出行目的地、出行方式、出行费用等个人属性，建立出行选择模型，然后进行将数据集计化并得出结论。常用的非集计模型有线性模型、Logit模型和Probit模型等，本书主要介绍非集计分析方法。

转移曲线法较为简单、直观。根据大量的调查统计资料绘出的各种交通方式分担率与其影响因素间的关系曲线，即为转移曲线诺模图，可根据未来影响因素的状况直接查出各种交通方式的分担率。

一、Logit模型

由于非集计模型假设出行者在出行时总是选择对自己出行效用最大的选择方案，这一假定被称为效用最大化行为假说，在交通出行过程中，效用与出行者出行时的费用、时间消耗、乘车过程中的舒适程度等因素均相关，各个出行者对效用的感受不同，因此出行者的心理倾向、个人属性、出行属性等对出行方案的选择都有影响。

Logit模型应用概率统计方法进行预测，以交通阻抗为基础，在交通方式划分阶段应用广泛。

若假设在通勤出行中，出行者$n = 1, 2, \cdots, N$，假定他们从城市外围进入市中心有多个选择，乘坐公交车、城市轨道交通、自驾、出租车等。选择的出行方案集合为A_n，其中某一个方案i的效用为U_{in}，那么该出行者n从方案集中选择方案i所需满足的条件为

$$U_{in} > U_{jn} \quad (i \neq j, j \in A_n) \quad (6.21)$$

U_{in} 为概率变量,由两部分组成,即固定项 V_{in} 和随机项 ε_{in},假设两部分呈线性关系,则 U_{in} 可表示为

$$U_{in} = V_{in} + \varepsilon_{in} \tag{6.22}$$

如仅有两种方案,则个人 n 选择第一种方案的概率 P_{1n} 可以表示为

$$P_{1n} = P_r(U_{1n} > U_{2n}) \tag{6.23}$$

若随机项 ε_i 的分布服从相互独立的二重指数分布,则出行者 n 选择方案 i 的概率为

$$P_{in} = \frac{\exp V_{in}}{\sum_{j \in A_n} \exp V_{jn}} \tag{6.24}$$

式中:P_{in}——出行者 n 选择方案 $i(i=1,\cdots,n_i)$ 的概率;

V_{in}——出行者 n 选择方案 i 的效用函数中的固定项。

Logit 模型中效用函数的固定项 V_{in} 在形式上有线性函数、对数函数等多种形式,这里以常用的线性函数来表示:

$$V_{in} = \theta' X_{in} = \sum_{k=1}^{K} \theta_k X_{ink} \tag{6.25}$$

式中:X_{ink}——出行者 n 选择方案 i 的第 k 个特性变量;

K——特性变量的个数;

θ_k——待标定的参数,表示特性变量 X 对效用 V 的权重,X 的确定取决于出行者对选择肢做出选择的影响程度,为初始变量。

Logit 模型的概率计算及参数推算比 Probit 模型简单,在实际应用中比较广泛。

二、Probit 模型

Probit 模型与 Logit 模型相似,都是假设出行者遵循选择效用最大的方式出行。Logit 模型中所选择方式效用的随机项服从二重指数分布(Gumbel 分布);而 Probit 模型假设随机项服从正态分布,因此不需要假设独立无相关(Independence of Irrelevant Alternatives,IIA)特性。

1. 模型建立

最简单的 Probit 模型就是 0-1 函数,即被解释变量 Y 是一个 0,1 变量,事件发生的概率依赖于解释变量,$P(Y=1)=f(x)$。即 $Y=1$ 的概率取决于 $f(x)$ 函数,其中 $f(x)$ 服从标准正态分布。

假设随机向量 $\varepsilon = (\varepsilon_1 \quad \varepsilon_2 \quad \cdots \quad \varepsilon_j)$ 服从 $N(0,\sigma^2)$ 的联合正态分布,其概率密度函数为

$$\varphi(\varepsilon) = \frac{1}{\sqrt{2\pi}\sigma} e^{\frac{-\varepsilon^2}{2\sigma^2}} \tag{6.26}$$

由所给出的模型求解选择交通方式 k 的概率为

$$\begin{aligned} P_k &= \mathrm{prob}[(V_k + \varepsilon_k) > (V_l + \varepsilon_l), \forall l \in A_n] \\ &= \int I[(V_k + \varepsilon_k) > (V_l + \varepsilon_l), \forall l \in A_n] \varphi(\varepsilon) \mathrm{d}\varepsilon \end{aligned} \tag{6.27}$$

式中:A_n——所有可选择方式 l 的集合;

$I(g)$——指示函数,当括号内的表达式为真时取 1,否则取 0。

2. 模型求解

对于二元 Probit 模型,可根据查询正态分布表得到分布概率。假设 $U_k = (U_1, U_2)$,其中,$U_1 = V_1 + \varepsilon_1, U_2 = V_2 + \varepsilon_2$,误差分布向量 $\varepsilon \sim (0, E)$,其中 $\varepsilon = (\varepsilon_1 + \varepsilon_2), E = \begin{pmatrix} \sigma_1^2 & \sigma_{12} \\ \sigma_{21} & \sigma_2^2 \end{pmatrix}$。根据式(6.27)选择肢1的概率为

$$P_1 = \text{prob}[(V_1 + \varepsilon_1) \geq (V_2 + \varepsilon_2)] = \text{prob}[(\varepsilon_2 - \varepsilon_1) \leq (V_1 - V_2)] \quad (6.28)$$

根据二元正态分布的性质,$(\varepsilon_2 - \varepsilon_1)$ 仍服从正态分布,期望值为0,方差为 $\sigma^2 = \sigma_1^2 + \sigma_2^2 - \sigma_{12}$,且记 $V_{12} = V_1 - V_2 + \mu_1 - \mu_2$,转化成标准正态分布形式,即:

$$P_1 = \Phi\left(\frac{V_2 - V_1}{\sqrt{\sigma^2}}\right) \quad (6.29)$$

式中:$\Phi(\cdot)$——标准正态分布函数。

将式(6.29)中的方差的值固定,仅确定效益的值发生改变,可得到方案1的选择。如果采用确定性选择,则当 $V(1) > V(2)$ 时,选择方案1;当 $V(1) < V(2)$ 时,选择方案2,即全有全无选择;而采用概率选择时,其选择概率随 $V(1) - V(2)$ 的值而发生连续变化。也就是说,即使方案1的确定效益 $V(1)$ 比方案2的确定效益 $V(2)$ 小,方案1仍以某一概率被选择。其原因是随机项发挥了作用,这也是概率选择模型的特征之一。

对于多元 Probit 模型,因其选择概率 P_k 不能显式地表达,模型的计算难度大,一般采用数值逼近法和仿真模拟法,该模型一般适用于只有两种交通方式的情况。

三、MNL 模型

MNL 模型(Multinominal Logit Model)称为多元 Logit 模型,应用随机效用理论,假定效用的随机项 ε_{in} 与固定项 V_{in} 之间互不影响,同时,选择肢的随机项服从二重指数分布(Gumbel 分布),即假定各 ε_{in} 的分布函数如式(6.30)所示。

$$F(\varepsilon_{in}) = \exp(-\exp(-\theta(\varepsilon_{in} - \eta))) \quad (6.30)$$

式中:η——ε_{in} 的一般值参数,令 $\eta = 0$;

θ——与 ε_{in} 的方差 σ^2 关联的参数,ε_{in} 的方差是 $\sigma^2 = \pi^2/6\theta$,ε_{in} 的期望值是 $\eta + \gamma/\theta$,其中 γ 是欧拉常数,$\gamma \approx 0.577$。

在上述假设基础上,得出 MNL 模型的选择概率为

$$P_{in} = \frac{\exp(\theta V_{in})}{\sum_j \exp(\theta V_{jn})} \quad (6.31)$$

模型具有独立无相关特性,考虑到任意2个选择肢之间的概率比与其余肢的状态无关,此特性假设各 ε_{in} 在选择肢之间存在着独立关系。

$$P_{in}/P_{jn} = \frac{\exp(\theta V_{in})}{\sum_j \exp(\theta V_{jn})} \bigg/ \frac{\exp(\theta V_{jn})}{\sum_j \exp(\theta V_{jn})} = \exp(\theta V_{in})/\exp(\theta V_{jn}) \quad (6.32)$$

四、NL 模型

MNL 模型需要假设各交通方式间具有 IIA 特征,然而,现实中有交通方式之间存在相关性的情况,这时,可以利用 NL 模型求出各方式的选择概率,避免了 MNL 模型的缺点。

NL 模型(Nested Logit Model)称为巢式 Logit 模型,其选择肢通常可看成树状结构。在枝的每个节点处再分出一个独立的子模型,每一层应用一次 Logit 模型,因此多元 Logit 模型无法解决的方式选择问题可以通过 NL 模型来完成。以两层的 NL 模型为例:

$$P_{jin} = P_{j/in} P_{in} = \frac{\exp(\theta_1 V_{j/in})}{\sum_{j'} \exp(\theta_1 V_{j'/in})} \times \frac{\exp[\theta_2(V_{in} + V_{in}^*)]}{\sum_{j'} \exp[\theta_2(V_{jn} + V_{jn}^*)]} \quad (6.33)$$

式中:i,j——上层选择肢 i 和下层选择肢 j;

P_{jin}——i 和 j 的同时选择概率;

$P_{j/in}$——在上层选择肢 i 的条件下,下层选择 j 的条件概率;

$V_{j/in}$——在上层选择肢 i 的条件下,下层选择 j 的确定项效用。

V_{in}^*——合成效用项,$V_{in}^* = \frac{1}{\theta_1}\ln\sum_{j}\exp(\theta_1 V_{j/in})$。

第五节 交 通 分 配

一、概述

交通分配就是把各种出行方式的空间 OD 量分配到具体的交通网络上。通常把交通分配方法分为平衡模型与非平衡模型两大类,平衡分配模型满足 Wardrop 原理,否则为非平衡模型。

非平衡模型根据其分配手段可分为最短路径与多路径型两类,据其分配形态又可分为静态与动态两类。因此,非平衡模型可分为表 6.2 所示的 4 种形式。

交通分配的非平衡模型分类　　　　表 6.2

分配手段	静态分配方法	动态分配方法*
最短路型	最短路(全有全无)	容量限制
多路径型	静态多路径	动态多路径

注:* 这里仅指交通分配手段的动态,不包括时间序列的动态模拟。

二、最短路分配方法

最短路分配,也称全有全无分配,是一种静态的交通分配方法,在该分配方法中,设路权(路段出行时间)为常数,即假设车辆在路段的行驶车速、交叉口延误不受路段和交叉口交通负荷的影响。每一点对 OD 流量被全部分配在连接该 OD 点对的最短路线上。这种分配方法计算相当简便,但出行量全部集中在最短路上,显然与实际交通状况不符。车流在备选路径也会有一定比例的选择,特别是在最短路的车流量增加导致其路阻显著增加时更是如此。

全有全无分配法是将两小区间分布交通量加载到路网的最短路径上,其算法步骤如下:

步骤 1:将路网中所有路段的流量设为 0,并求出各路段自由流状态时的阻抗。

步骤 2:找出路网中各出发地 O 到各目的地 D 的最短路径。

步骤3：将O、D间的交通量全部分配到相应的最短路径上。

由于全有全无分配不关注阻抗随流量的变化，常用于无路段通行能力限制的网络交通流分配的情况，如城际间货运量分配，而一般城市内部交通流分配时则不宜采用。该方法也常用于其他分配方法的初始方案，如在容量限制法和平衡分配法中进行迭代使用。

三、容量限制分配方法

容量限制分配是一种基于最短路模型的动态交通分配方法，考虑了路权与交通负荷之间的关系，即有交叉口和路段的通行能力限制，比较符合实际情况，该方法在国际上比较通用。

采用容量限制分配模型，需先将OD表中的每一OD量分解成k部分。即将原OD表($n \times n$阶，n为出行发生、吸引点个数)分解成k个OD分表($n \times n$阶)，然后分k次用最短路模型分配OD量，每次分配一个OD分表，并且每分配一次，路权修正一次，路权采用路阻函数修正，直到把k个OD分表全部分配到路网上。

四、动态多路径分配方法

静态多路径交通分配可以按照Logit模型计算各条路径的流量分配比例，但其路段行驶时间为一常数，这与实际的交通状况有出入。动态分配模型考虑了交叉口和路段通行能力的限制，使分配结果更加合理，是一种基于多路径型动态交通的分配方法。

与容量限制交通分配方法一样，采用动态多路径方法分配出行量时，需先将原OD表分解成k个OD分表，然后分k次用静态多路径交通分配模型分配OD量，每次分配一个OD分表，并且，每分配一次，路权修正一次，直到把k个OD分表全部分配到网路上。

在用动态方法分配时，路段交通量在不断变化，因而路权被不断修正，其分配过程是一个动态的反馈过程。动态多路径交通分配方法的分配过程，路权修正方法以及参数确定方法与容量限制分配方法相同，所不同的是，容量限制分配方法中每次分配采用最短路分配模型，而动态多路径分配方法每次分配采用多路径分配模型。

本章习题

1. 何谓原单位法？在出行生成预测中应如何确定未来的原单位？试利用某城市居民出行调查数据求生成原单位。

2. 假设某区域可划分为10个交通小区，设计各小区的发生及吸引总量数值，利用某种方法计算各小区的交通分布量。

3. 试简述集计分析和非集计分析的区别，分析Logit模型和Probit模型的差别。

第七章
交通枢纽的布局规划

交通枢纽是在两条或两条以上运输线路的交汇、衔接处形成的,具有运输组织与管理、中转换乘及换装、装卸储存、多式联运、信息流通和辅助服务等功能的综合性设施。作为交通运输的生产组织基地和交通运输网络中客货集散、转运及过境的场所,交通枢纽是提高客货运输速度、提升运输效率的关键环节。

服务于一种交通方式的枢纽称为单式交通枢纽,例如单一的铁路枢纽、水运枢纽、公路主枢纽、航空枢纽等。服务于两种或两种以上交通方式的枢纽称为综合交通枢纽。综合交通枢纽对其所依托城市的形成和发展有很大带动作用,是城市对外交通的桥梁和纽带,并与城市交通系统有着密切联系。

交通枢纽总体布局规划的主要内容包括:社会、经济与交通运输的调查与分析、发展预测、交通枢纽场站布局优化、枢纽系统设计、社会经济评价、建设项目实施序列计划和资金筹措等工作。

第一节 交通枢纽布局的基本要求及方法

交通枢纽往往指某区域或城市交通运输的重要节点,包括多个运输场站及连接线路等设施。交通枢纽内部的布局,主要指枢纽内部各种交通设施的合理配置,交通枢纽内部布局合理与否,对交通枢纽乃至整个交通运输体系的运转效率有着重要影响。

(1) 交通枢纽内各种运输设备的布局,应服从交通运输网的规划,从交通运输网整体布局出发,合理利用各种运输能力,并考虑枢纽在交通运输网中承担的任务以及与相邻枢纽合理分工,不使设备重复或因设备不足而影响运输通畅。

(2) 充分保证各种交通方式之间的相互协调,使主要客流、货流在枢纽内径路顺直、便捷,保证整个交通枢纽的畅通。各种交通运输方式相互协调的条件有:

①运输过程的连续性,即从空间上有运输方式转换场所,如车站、机场、港口等交通枢纽。

②运输过程所涉及的各种设备通过能力(或输送能力)应相互协调,特别对于货物的多式联运和旅客的联程运输。

③各运输作业环节的货物换装或旅客换乘时间少,转换效率高,时间上能够相互衔接。

(3) 交通枢纽在方便城市中生产和居民生活的同时,应尽量避免和减少对城市的不良影响,如各种运输干线尽量避免穿越城市,各种客货运设备应按其与城市工业生产及居民生活的关系,分不同区域、规模进行合理布局,适应环保要求等。

(4) 交通枢纽的布局在能力上要留有余地、适当超前,以适应生活、经济不断发展的要求,同时,也不能造成能力的浪费。

交通枢纽场站的合理布局,是在一定社会经济发展条件下,通过对交通需求的预测,利用交通规划和网络优化理论和方法,综合考虑交通发生吸引源的分布情况、交通运输条件及自然环境等因素,对交通枢纽场站的数量、位置、规模及与其他枢纽的相互关系进行优化和调整,以实现整个交通枢纽系统的运输效率最大化。

在交通枢纽场站布局规划中采用的方法有:

(1) 单纯的数学物理模型,如重心法、微分法及效益成本分析法等。

(2) 最优化方法,如线性规划、混合整数规划等。

这些方法能较好地反映枢纽的运转机理,但缺乏从路网整体角度研究枢纽,仅从静态的、抽象的角度研究枢纽场站的规划与布局,忽略了枢纽所处交通运输网络的动态变化对枢纽布局带来的影响,并未反映交通运输网络中枢纽与路网和路段的互动关系,未揭示出交通枢纽的不确定性和复杂性,计算结果的准确性有待进一步验证。本章仅介绍交通枢纽场站的静态布局规划方法。

客运交通枢纽与货运交通枢纽的场站布局是交通枢纽布局规划中两个不同的部分。客运交通流的组成要素是单一的人,其运输环节主要以人的空间位移为主;而货运交通流则不仅有货物种类的区别,其流通过程中还有装卸、储存、包装、配送等环节,因而客运交通流在组成要素和运输环节方面均比货运交通流简单,货运交通枢纽的布局选址要比客运交通枢纽复杂。

第二节 一元枢纽场站的布局规划方法

一、一元枢纽场站布局的重心法

在规划的枢纽服务范围内只设置一个站点的布局问题称为一元交通枢纽场站布局。在实际的交通枢纽中,这种问题并不多,因为一个枢纽通常需要一系列的场站协调工作才能运行。但由于多元枢纽场站布局变量多、约束多,有时为了简化模型,减少计算量,可变换成一元枢纽场站布局问题求解。重心法和微分法就是求解一元枢纽场站布局问题的典型模型。

重心法将运输系统中的交通发生点和吸引点看成是分布在某一平面范围内的物体系统，各点的交通发生量及吸引量均看成该点的重量，物体系统的重心就是枢纽场站设置的最佳点，可用求几何重心的方法来确定交通枢纽场站的最佳位置。其数学模型如下：

设规划区域内有 n 个交通发生点和吸引点，各点的发生量和吸引量为 $W_j(t)$，坐标为 (x_j, y_j) $(j=1,2,\cdots,n)$。需设置枢纽场站的坐标为 (x,y)，枢纽系统的运输量费用为 C_j（元/t）。根据平面物体求重心的方法，枢纽场站最佳位置的计算如式(7.1)所示：

$$\begin{cases} x = \dfrac{\sum\limits_{j=1}^{n} C_j W_j x_j}{\sum\limits_{j=1}^{n} C_j W_j} \\ y = \dfrac{\sum\limits_{j=1}^{n} C_j W_j y_j}{\sum\limits_{j=1}^{n} C_j W_j} \end{cases} \quad (7.1)$$

重心法的原理简单、计算方便，但它将纵向和横向坐标视为独立的变量，与实际交通系统的情况相差较大，求出的解往往是不实用的，只能作为交通枢纽场站布局的初步参考。

二、一元枢纽场站布局的微分法

微分法是为了克服重心法的缺点而提出的，其前提条件与重心法基本相同，不同的是运输周转量单位费用设为 C_j（元/吨公里），系统的总费用 F 为

$$F = \sum_{j=1}^{n} C_j W_j [(x-x_j)^2 + (y-y_j)^2]^{\frac{1}{2}} \quad (7.2)$$

假定对总运费 F 取极小值时该枢纽位置选择为最优，即分别令 F 对 x 和 y 的偏微分为零，得到新的极值点，其求解公式为

$$\begin{cases} x = \dfrac{\sum\limits_{j=1}^{n} C_j W_j x_j [(x-x_j)^2 + (y-y_j)^2]^{-\frac{1}{2}}}{\sum\limits_{j=1}^{n} C_j W_j [(x-x_j)^2 + (y-y_j)^2]^{-\frac{1}{2}}} \\ y = \dfrac{\sum\limits_{j=1}^{n} C_j W_j y_j [(x-x_j)^2 + (y-y_j)^2]^{-\frac{1}{2}}}{\sum\limits_{j=1}^{n} C_j W_j [(x-x_j)^2 + (y-y_j)^2]^{-\frac{1}{2}}} \end{cases} \quad (7.3)$$

微分法公式(7.3)的进一步求解可通过设定初始解后进行迭代，直到前后两次迭代的解误差不超过设定范围，从而得到最终结果。重心法的结果可作为初始解。虽然利用微分法从数学上可以给出交通枢纽场站的具体位置，但这个结果仅仅是数学解，还需要在实际交通系统中进一步调整。

三、成本分析法

成本分析法是在已经具有一个枢纽场站位置选择集的前提下，以枢纽系统总成本最小为目标，通过简单的成本费用计算选择最佳场站位置。

假设有 n 个交通发生点，分别具有发生量 $(W_1, W_2, W_3, \cdots, W_n)(t)$，已经得到 m 个待选场站位置 $(P_1, P_2, P_3, \cdots, P_m)$，每个场站的建设、运营成本为 $(R_1, R_2, R_3, \cdots, R_m)$（元）。假设单位

周转量运费相同且为 F(元/吨公里),其余运输条件相同,各交通发生点到场站的距离用矩阵 $D\{d_{ij}\}$ ($i=1,2,3,\cdots,m;j=1,2,\cdots,n$)(km)表示。则每个待选站点的总费用为:

$$C_i = \sum_{j=1}^{n} W_j d_{ij} F + R_i \tag{7.4}$$

计算出每个场站的总费用,含建设、运营、运输费用等,从中选择总成本最小的点作为最佳的场站选址。

以上三种方法计算过程均较为简单,容易得出位置解,且均针对一元场站得出最优解,有以下特点:

(1)在求解过程中都以静态的总费用最小为选优目标,运输费率为固定值,实际上,路网上每个路段的流量不同,其通行时间、运输费用也不同,单一的费率较难反映枢纽运转的实际情况。

(2)重心法和微分法为纯粹的数学解析方法,它求解采用的距离是平面上的几何距离,而实际的交通网络并非如此,往往导致求出的数学解没有实际意义。

(3)成本分析法是一个简单的场站选址成本比较法,需要先得到一个待选站点集合再进行比选。

第三节 多元枢纽场站布局规划的最优化方法

一、多元枢纽场站布局的混合整数规划法

在交通枢纽的货运系统中,由于存在着货种的差别,不同货种在枢纽内部流动的费用和对场站布置的要求不同,因此枢纽货运场站的布局比客运场站的布局要复杂,不确定因素也更多。但从区域整体的角度看交通枢纽的布局,可应用多个枢纽场站解决区域货流的运输问题,多元枢纽场站布局模型应运而生。

设在一个供需平衡的系统中有 m 个发生点 A_i($i=1,2,3,\cdots,m$),各点的发生量为 a_i;有 n 个吸引点 B_j($j=1,2,\cdots,n$),各点的需求量为 b_j;有 q 个可能设置的备选场站地址 D_k($k=1,2,3,\cdots,q$),如图7.1所示。发生点的发生量通过设置的场站进行中转,也可以直接到达吸引点。假定各备选地址设置枢纽场站的基建投资、中转费用和运输费率均为已知,以总成本最低为目标确定枢纽场站布局的最佳方案。

多元枢纽场站布局的数学模型为

$$\min F = \sum_{i=1}^{m}\sum_{K=1}^{q} CF_{iK} X_{iK} + \sum_{K=1}^{q}\sum_{j=1}^{n} CX_{Kj} Y_{Kj} + \sum_{i=1}^{m}\sum_{j=1}^{n} CZ_{ij} Z_{ij} + \sum_{K=1}^{q}(F_K W_K + C_K \sum_{i=1}^{m} X_{iK}) \tag{7.5}$$

约束条件为

$$\begin{cases} \sum_{K=1}^{q} X_{iK} + \sum_{j=1}^{m} Z_{ij} \leq a_i & (i=1,2,\cdots,m) \\ \sum_{K=1}^{q} Y_{Kj} + \sum_{i=1}^{m} Z_{ij} \leq b_j & (j=1,2,\cdots,n) \\ \sum_{i=1}^{m} X_{iK} = \sum_{j=1}^{n} Y_{Kj} & (k=1,2,\cdots,q) \\ \sum_{i=1}^{m} X_{iK} - MW_K \leq 0 \\ X_{iK}, Y_{Kj}, Z_{ij} \geq 0 \end{cases}$$

式中：$W_K=1$ 表示 K 被选中，$W_K=0$ 表示 K 未选中；
$\quad X_{iK}$——从发生点 i 到备选枢纽场站 K 的交通量(t)；
$\quad Y_{Kj}$——从备选枢纽场站 K 到吸引点 j 的交通量(t)；
$\quad Z_{ij}$——直接从发生点 i 到达吸引点 j 的交通量(t)；
$\quad W_K$——备选枢纽场站 K 是否被选中的决策变量；
$\quad CF_{iK}$——从发生点 i 到备选枢纽场站 K 的单位运量费用(元/t)；
$\quad CX_{Kj}$——从备选枢纽场站 K 到吸引点 j 的单位运量费用(元/t)；
$\quad CZ_{ij}$——直接从发生点 i 到达吸引点 j 的单位运量费用(元/t)；
$\quad F_K$——备选枢纽场站 K 选中后的基建投资(元)；
$\quad C_K$——备选枢纽场站 K 中单位交通量的中转费用(元/t)；
$\quad m$——一个相当大的正数。

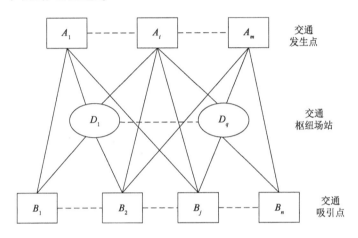

图7.1　多元枢纽场站布局的网络结构

这是一个混合整数规划模型，可以用"分支定界法"求解模型，求得 X_{iK}，Y_{Kj}，Z_{ij} 和 W_K 的值，X_{iK} 表示枢纽场站与发生点的关系，$\sum_{i=1}^{m}X_{iK}$ 决定了该枢纽场站的规模；Y_{Kj} 表示了枢纽场站 K 与吸引点的关系，$\sum_{K=1}^{q}W_K$ 为区域内应布局枢纽场站的数目。

混合整数规划模型在理论上是完善的，但仍然是对实际问题的简化，没有考虑枢纽场站规模的限制、建设成本、运营费用的非线性等实际影响因素，只能用于比较简单的交通网络中。即使如此，由于考虑了枢纽场站基本建设投资，出现了 0－1 型整数变量，模型的建立和求解仍然很复杂。

二、运输规划模型

多元枢纽场站布局模型因为考虑了枢纽场地的基建投资，从而出现了 0－1 变量，导致必须采用比较复杂的混合整数规划法求解。但如果从一个较长的时间段来考虑，这部分建设投资对整个选址过程的经济效益的影响并不大，可以不在目标函数中考虑。这样混合整数规划模型就简化成线性规划模型：

$$\min F = \sum_{i=1}^{m}\sum_{K=1}^{q}(CF_{iK}+C_K)X_{iK}+\sum_{K=1}^{q}\sum_{j=1}^{n}CX_{Kj}Y_{Kj}+\sum_{i=1}^{m}\sum_{j=1}^{n}CZ_{ij}Z_{ij} \quad (7.6)$$

约束方程为

$$\begin{cases} \sum_{K=1}^{q} X_{iK} + \sum_{j=1}^{n} Z_{ij} = a_i & (i = 1,2,\cdots,m) \\ \sum_{K=1}^{q} Y_{Kj} + \sum_{i=1}^{m} Z_{ij} = b_j & j = (1,2,\cdots,n) \\ \sum_{k=1}^{q} X_{iK} + X_K = d_k & (K = 1,2,\cdots,q) \\ \sum_{k=1}^{q} Y_{Kj} + X_K = d_k \\ X_{iK}, Y_{Kj}, Z_{ij} \geq 0 \end{cases}$$

式中：d_K——备选场站 K 最大可能设置的规模(t)；

X_K——备选场站 K 的闲置能力(t)；

其余符号意义同前。

这是线性规划中典型的运输问题，模型求解方法比较成熟。该模型的目标函数表示客货运场站在集疏运及中转时的运营总费用最小，采用表上作业法，可得决策变量 X_{iK}、Y_{Kj} 的值。X_{iK} 表示枢纽场站 K 与发生点的关系，Y_{Kj} 表示枢纽场站与吸引点的关系。$\sum_{i=1}^{m} X_{iK}$ 决定了该枢纽场站的规模，若 $\sum_{i=1}^{m} X_{iK} = 0$ 说明备选节点 K 处不设置枢纽场站。

运输规划模型原理及方法较简单，逻辑清晰，事先需要确定备选站点的数量、位置及节点之间的运输价格。由于不同区域、不同运输方式、不同货物的运输价格差异较大，使得运输价格的确定具有一定难度，模型中通常取一个宏观的统计值来统一表征运输价格。

本章习题

1. 试推导一元交通枢纽布局的微分法公式，并说出其优缺点及应用范围。

2. 请说出交通枢纽选址的一元重心法、一元微分法、成本分析法和混合整数规划模型的主要原理及异同，针对某一区域的客运需求，选取一种方法对其公路客运站进行选址。

第八章
道路交通信号控制

第一节 交通信号控制的分类

一、按控制范围分类

1. 单个交叉口的交通控制

每个交叉口的交通控制信号只按该交叉口的交通情况独立进行,不受其邻近交叉口控制信号的影响,该种信号控制也称为单点信控,这是交叉口交通信号控制的最基本形式。

2. 干道交通信号联动控制

把干道上若干连续交叉口的交通信号通过一定的方式联结起来,同时对各交叉口设计一种相互协调的配时方案,各交叉口的信号灯按此协调方案联合运行,使车辆以一定速度通过这些交叉口时,尽可能全部遇上绿灯,称为干道信号联动控制。也叫"绿波"信号控制,俗称"线控制"。

3. 区域交通信号控制系统

以某个区域中所有信号控制交叉口作为协调控制的对象,简称为面控制系统,俗称"面控制"。

控制区内各受控交通信号都受中央控制室的集中控制,对范围较小的区域,可以整区集中控制;对于范围较大的区域,可以分区分级控制。分区的结果往往成为一个由几条线控制组成的分级集中控制系统,这时,可认为各个线控制是面控制中的一个单元;有时分区成为一个点、线、面控制的综合性分级控制系统。

二、按操作方式分类

1. 定周期信号控制

交叉口交通信号均按事先设定的配时方案运行,也称定时控制。一天只用一个配时方案的称为单段式定时控制;一天按不同时段的交通量采用几个配时方案的称为多段式定时控制。

最基本的控制方式是单个交叉口的定时控制。线控制、面控制都可用定时控制的方式,也称为静态线控系统、静态面控系统。

2. 感应式信号控制

在交叉口进口道上设置车辆检测器,信号配时方案可随检测车流信息而动态改变。行人过街处设置行人过街按纽的交通信号,也是一种感应式信号。单个交叉口的感应控制简称单点感应控制。单点感应控制随检测器的设置方式,可分为以下两种:

(1) 半感应式控制:只在交叉口部分进口车道上设置检测器的感应控制;

(2) 全感应式控制:在交叉口全部进口车道上都设置检测器的感应控制。

线控制、面控制用感应控制方式就称为动态线控系统和动态面控系统。

第二节 单点定时信号配时

单点信号配时参数可以利用 Webster 方法进行求解,按如下公式计算:

(1) 最佳周期时长 C_0

$$C_0 = \frac{1.5L + 5}{1 - Y} \tag{8.1}$$

式中:L——信号总损失时间(s);
Y——流量比总和。

(2) 信号总损失时间 L

$$L = \sum_k (L_s + I - A)_k \tag{8.2}$$

式中:L_s——启动损失时间(s),一般可取经验值 3s;
A——黄灯时长(s);
I——绿灯间隔时间(s);
k——一个周期内的绿灯间隔数。

(3) 流量比总和 Y

$$Y = \sum_{j=1}^{n} \max[y_j, y_j', \cdots] = \sum_{j=1}^{n} \max\left[\left(\frac{q}{S_d}\right)_j, \left(\frac{q}{S_d}\right)_j', \cdots\right] \tag{8.3}$$

式中：Y——一个周期内的全部信号相位的各个最大流量比 y_j 或 y_j' 值之和；

　　　n——一个周期内的相位数；

　　y_j, y_j'——第 j 相位的流量比；

　　　q——实际交通量(pcu/h)；

　　　S_d——设计饱和流量(pcu/h)。

(4) 总有效绿灯时间 G_e

$$G_e = C_0 - L \tag{8.4}$$

(5) 第 j 相位有效绿灯时间 g_{ej}

$$g_{ej} = G_e \frac{\max(y_j, y_j', \cdots)}{Y} \tag{8.5}$$

(6) 第 j 相位的绿信比 λ_j

$$\lambda_j = \frac{g_{ej}}{C_0} \tag{8.6}$$

(7) 第 j 相位显示绿灯时间 g_j

$$g_j = g_{ej} - A_j + l_j \tag{8.7}$$

式中：A_j——第 j 相位黄灯时间(s)；

　　　l_j——第 j 相位启动损失时间(s)。

(8) 最短绿灯时间 $g_{\min}$

$$g_{\min} = 7 + \frac{L_p}{v_p} - I \tag{8.8}$$

式中：L_p——行人过街长度(m)；

　　　v_p——行人过街步速(m/s)，可取 1.0~1.3m/s；

　　　I——绿灯间隔时间(s)。

如计算中显示绿灯时间小于相应的最短绿灯时间时，应延长计算周期时长(以满足最短绿灯时间为准)，重新计算。

第三节　干线信号协调控制

一、干线信号协调控制概述

1. 干线信号协调控制的参考依据

(1) 交通流的到达特性

干线车辆以脉冲式状态行驶进入到信控交叉口时，形成一列车队，干线协调控制系统能取得良好的效果。如果车辆均匀到达，采用线控可能效果不是很理想。

(2) 交叉口间距离

在使用干线协调控制的道路上，相邻两个交叉口之间的距离在 100~1000m 范围内较为适宜，且当相邻两个交叉口间的距离越长，干线协调控制的效果也越差。

(3) 信号的相位

交叉口处的信控方案也和信号相位密切相关,相位数量及相位时长影响到干线控制的绿波带宽度。

(4) 交通流的时间波动性

车辆的到达数量和到达特性在不同时间段会有显著不同,通常在高峰时段车流量较大,车流易形成稳定的车队;而平峰时车流量少,到达交叉口时不易形成车队。车流形成稳定车队时线控效果较好。

2. 干线信号协调控制的计算过程

通过点控的方法计算出每个交叉口的最佳周期,并将其中最大周期作为干线协调控制的公共周期;其次调整各交叉口的周期为公共周期,并对相位相序进行优化计算,得到新的配时方案;最后进行各交叉口相位差的计算,从而实现干线协调。相位差计算时也可以考虑相位相序变换时的多种方案。

3. 相位相序的设计原则

相位相序设计应保证相位变换时各车流量的安全行驶,减少车辆通行时的延误,并提高行人流量或车流量,有效地减少车辆在交叉口的停车等候时长。相位相序设计应遵循以下原则。

(1) 安全原则

相位内部交通流冲突尽可能少,非冲突的交通流可以在同一相位中放行,冲突的交通流应放在不同的相位放行。

(2) 效率原则

相位设计要提高交叉口的时间和空间资源的利用率。相位数过多会导致损失时间增加,从而降低交叉口通行能力和交通效率,而相位太少会因冲突严重而降低效率。

(3) 均衡原则

相位设计需要兼顾各流向车流之间的饱和度均衡,应根据各流向车流的不同合理分配通行权。应保证相位内部之间各流向的流量比相差较小,避免浪费绿灯时间。

(4) 连续性原则

一个流向在一个周期中至少能获得一次连续的绿灯时间;一个进口的所有流向要在连续相位中放行完毕;如果几股车流共用车道,它们必须同步放行。例如直行和左转车流共用一个车道时,需同步放行。

(5) 行人原则

一般情况下,行人应与同向的直行车流共同放行,尽量避免行人与左转流向车辆的冲突,对于过街长度较长的路口可适当推行二次过街。

4. 进口道渠化方法

进口道渠化是针对交叉口处双向车流量不同的情况,根据进口道各左转交通流的情况对车道利用进行划分,即当车流量较大时设置该方向的转向车道,车流量较小时移除该方向转向车道,以下专用左转车道的设置可供参考。

若非对称交通流中流量较小方向的交通量 $q_{\min}$(辆/h)满足以下条件:

$$0 < \frac{C \times q_{\min}}{3600} \leq 2 \tag{8.9}$$

则可使得 q_{min} 所在进口道的左转车道与直行车道组合,其中 C 为信号周期(s)。

若非对称交通流中流量较小方向的左转交通流量 q_{min} 满足以下条件:

$$\frac{C \cdot q_{min}}{3600} > 2 \tag{8.10}$$

在通常状况下,不建议将左转车道与直行车道组合设置。

二、相位差优化方法

在干线上以某个交叉口作为参考点,其余交叉口按给定的相位差依次确定协调信号相位的开始时间。各个交叉口与参考点之间的相位差被称为绝对相位差,两个相邻的交叉口间的相位差被称为相对相位差。

相位差是信号系统实现协调控制的关键参数。良好的相位差控制可以使车辆能连续通过尽可能多的交叉口。确定相位差的常用方法有数解法、图解法、最大波带法和最小延误法等,本文主要介绍最大波带法。

1. 最大波带法

最大波带法是基于连续车辆通过的带宽而得到系统协调的结果。车辆连续通过的绿波带宽度越大,越多的车流量可以顺利通过。

建立最大波带模型需要了解图 8.1 所示的各种参数之间的关系,通过设定目标函数及对应约束条件建立最优化模型。该时空图中的纵坐标代表相邻的两个交叉口间的距离,横坐标代表时间。

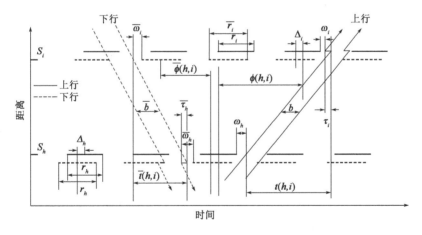

图 8.1 MAXBAND 模型的时间-距离图

图 8.1 描述了两个相邻交叉口 S_i 和 S_h 干线协调控制的各参数之间的关系,虚线代表下行方向,实线代表上行方向,所有的时间变量均以周期(s)的倍数作为单位,具体参数含义如下:

$b(\bar{b})$ ——上行(下行)的绿波带宽;

$S_i(S_h)$ ——第 $i(h)$ 个信号交叉口;

$r_i(\bar{r}_i)$ ——S_i 信号处上行(下行)的红灯时间;

$\omega_i(\bar{\omega}_i)$ ——S_i 信号红灯结束(开始)与上下行绿波带边缘的时间差;

$t(h,i)[\bar{t}(h,i)]$——交叉口 S_h 到交叉口 S_i(或 S_i 到 S_h)的行程时间;

$\phi(h,i)[\bar{\phi}(h,i)]$——$S_h$ 信号上行(S_i 信号下行)红灯中点到 S_i 信号上行(S_h 信号下行)红灯中点的时间差;

Δ_i——相距最近的 r_i 和 $\bar{r}_i$ 的中心点之间的距离(m);

Δ_h——相距最近的 r_h 和 $\bar{r}_h$ 的中心点之间的距离(m);

$\tau_i(\bar{\tau}_h)$——干线上行(下行)车流到达交叉口 $S_i(S_h)$ 前原有排队车辆的清空时间;

C——干线协调控制的周期时长;

m_i——取整数,代表周期时长的整倍数。

根据上述时间-距离图,可以得到如下关联式:

$$\begin{cases} \phi(h,i) + \bar{\phi}(h,i) + \Delta_h - \Delta_i = m_i \\ \phi(h,i) + \frac{1}{2}r_i + \omega_i + \tau_i = \frac{1}{2}r_h + \omega_h + t(h,i) \\ \bar{\phi}(h,i) + \frac{1}{2}\bar{r}_i + \bar{\omega}_i = \bar{t}(h,i) + \bar{\omega}_h - \bar{\tau}_h + \frac{1}{2}\bar{r}_h \end{cases} \quad (8.11)$$

整理后得到如下关系式:

$$t(h,i) + \bar{t}(h,i) + \frac{1}{2}(r_h + \bar{r}_h) + (\omega_h + \bar{\omega}_h) - \frac{1}{2}(r_i + \bar{r}_i) - \\ (\omega_i + \bar{\omega}_i) - (\tau_i + \bar{\tau}_h) + \Delta_h - \Delta_i = m_i \quad (8.12)$$

在上述模型中,如设置上下行带宽相等,可将目标函数设为 $Z = \max(b)$,根据上式和时空关系图,得到线性规划模型如下:

$$Z = \max(b) \quad (8.13)$$

$$\begin{cases} b = \bar{b} \\ \omega_i + b \leq 1 - r_i \\ \bar{\omega}_i + \bar{b} \leq 1 - \bar{r}_i \\ t(h,i) + \bar{t}(h,i) + \frac{1}{2}(r_h + \bar{r}_h) + (\omega_h + \bar{\omega}_h) - \frac{1}{2}(r_i + \bar{r}_i) - \\ (\omega_i + \bar{\omega}_i x) - (\tau_i + \bar{\tau}_h) + \Delta_h - \Delta_i = m_i \\ b, \bar{b}, \omega_i, \bar{\omega}_i, m_i > 0, m_i \in M(i = 1,2,\cdots,m) \end{cases}$$

通过确定协调系统周期、协调相位红灯时间,求解上述线性规划模型,可以得到指定速度下的绿波带宽,求出相邻交叉口之间的相位差。

2. 双周期协调控制

在干线协调控制的道路上,进行信号配时方案优化后,如果存在某个或多个信号交叉口的流量较小并且周期约等于系统周期的一半时,就可以将这些交叉口的周期确定为信号系统周期的一半,并称为双周期交叉口。

面对交叉口处流量差异较大的情况,最大波带法没有给出明确的求解,针对这样的问题,采用双周期干线协调控制的方法来解决类似的问题。此处可引入分配比 k 来确定双周期的具体周期长。

具体模型如下:

$$Z = \max(b + \bar{b}) \tag{8.14}$$

$$\begin{cases} \alpha = \dfrac{\bar{q}}{q} \\ \bar{b} = \alpha b \\ \dfrac{1}{C_2} \leq C \leq \dfrac{1}{C_1} \\ w_i + b \leq k(1 - r_i) \\ \bar{w_i} + \bar{b} \leq k(1 - \bar{r_i}) \\ t(h,i) + \bar{t}(h,i) + \dfrac{k}{2}(r_h + \bar{r_h}) + (\omega_h + \bar{\omega_h}) - \dfrac{1}{2}(r_i + \bar{r_i}) - \\ (\omega_i + \bar{\omega_i}) - (\tau_i + \bar{\tau_h}) + \Delta_h - \Delta_i = m_i \\ \dfrac{d_i}{f_i}C \leq t_i \leq \dfrac{d_i}{e_i}C \\ \dfrac{\bar{d_i}}{\bar{f_i}}C \leq \bar{t_i} \leq \dfrac{\bar{d_i}}{\bar{e_i}}C \\ b, \bar{b}, \omega_i, \bar{\omega_i}, m_i, t_i, \bar{t_i} > 0, m_i \in M(i = 1, 2, \cdots, m) \end{cases}$$

式中：$q(\bar{q})$——干线的上行（下行）交通量的均值（辆/h）；

α——下上行绿波带宽的比例，可取值为干线下行交通量与上行交通量之比；

C——周期（s），C_1 为最小周期值，C_2 为最大周期值；

$d_i(\bar{d_i})$——交叉口 S_h 到交叉口 S_i（或 S_i 到 S_h）的间距（m）；

$e_i(\bar{e_i})$——上行（下行）绿波推进速度的最小值（m/s）；

$f_i(\bar{f_i})$——上行（下行）绿波推进速度的最大值（m/s）。

第四节 区域信号协调控制

一、信号配时协调控制方法

区域信号协调控制主要有三种方式，即自适应控制、感应式控制和定时式控制。自适应控制，以延误时间最短、停车次数最少、排队长度最短等指标建立多目标函数，通过测量交通状态量，如车流量、停车次数、排队长度和延误时间等，动态反馈控制区域信号配时参数。

城市区域自适应信号协调控制主要包括：自适应协调控制的动态子区划分模型和控制子区信号配时的参数优化模型，如下所示：

（1）首先，对于区域自适应协调控制动态子区划分模型，以关联后所产生的效益最大化，即单位绿信比下消散的流率最大化建立控制子区划分的目标函数；从信号周期、交通流量、排队比值三个方面确定相邻交叉口之间的关联原则，建立动态控制子区划分的约束条件；根据交通状态，选取区域路网信号控制目标是局部极值的交叉口作为关键交叉口，设计控制子区划分算法与流程。

(2)其次,对于控制子区信号配时的参数优化模型,通过确定 m 条干线的平均延误时间计算公式,建立以控制子区的总延误时间最小为目标函数的信号配时优化模型;给出相邻交叉口相位差的优化方法和信号配时方法。

(3)最后,对于区域实例分析,应用上述城市区域交通自适应信号配时协调控制方法,对区域进行控制子区划分以及控制子区信号配时优化;建立仿真模型并给出评价分析。

进行区域信号协调控制时,为简化最优化模型,给出以下假设条件:

(1)行人和非机动车均遵守信号通行,对机动车通行干扰忽略不计。

(2)不考虑车辆之间的相互影响。

(3)交叉口信号周期内黄灯和全红时间为固定值,如3s和2s。

(4)交叉口入口道的右转车流不受信号相位单独控制。

(5)在某一时间段内,交通流状态稳定,采用同一套区域信控方案,交叉口信号配时参数在这一段时间内保持不变。

(6)所有进口道都为非饱和。

二、延误计算公式

对交通子区域信号配时可采取最小延误法。考虑到相位差对延误的影响,将区域内的交通流分为路网边缘的进入车流和路网内的中间车流。对于路网边缘进入的车流所产生的延误,用 Webster 法进行计算;而对于路网内的车流延误计算分为两种情况,一种是车队头部遇到红灯,另一种是车队尾部遇到红灯,两种情况应用不同延误计算公式。

假设 β 为车队头部到达时,距离红灯结束的时间(s), μ 为车队尾部滞后于绿灯结束时间(s)。

(1)车队头部遇到红灯时,此时的延误计算公式为

$$d = \frac{1}{2}\beta^2 q \left(1 + \frac{q}{CAP - q}\right) \tag{8.15}$$

式中: CAP——交叉口的通行能力(辆/s);

q——实际到达流率(辆/s)。

(2)车队尾部遇红灯时,此时对应的延误公式为

$$d = \frac{1}{2}q t_R \left(\frac{t_R q}{S - q} + t_R\right) \tag{8.16}$$

式中: t_R——交叉口的红灯时间(s)。

三、交通子区信号配时优化模型

对某一交通子区的整体延误求最小值,建立目标函数如下:

$$\min DELAY = \sum_{i=1}^{N} \sum_{j=1}^{N_i} \sum_{k=1}^{N_{i,j}} d_{i,j,k} q_{i,j,k} \tag{8.17}$$

式中: $DELAY$——所有交叉口中进口道延误的平均值(s);

$d_{i,j,k}$——第 i 个交叉口的第 j 个进口道第 k 个车道的车辆平均延误(s/辆);

$N_{i,j}$——第 i 个交叉口的第 j 个进口道的车道数量;

N_i——第 i 个交叉口的进口道数量;
N——交叉口数量;
$q_{i,j,k}$——第 i 个交叉口第 j 个进口道第 k 个车道的车流量(辆/s)。

四、模型的约束条件

在模型的延误计算中,涉及信号周期、绿信比、相位差和饱和度等变量,各个变量都有其约束条件。

1. 信号周期的约束条件

区域内交叉口进行信号相位协调时,通常要保证区域内所有交叉口共用一个系统周期。周期过小时,不能满足交通需求,会造成延误过大;周期过大也会造成入口车道车队过长的情况。假设车流到达情况一致,周期取一定值时信号交叉口延误会达到最小,此时的周期值称为最佳周期 C_0。当周期值大于 C_0 时,信号交叉口的延误会出现逐渐增加的趋势。

当选择较大流量的信号交叉口周期作为整个区域的信号周期,会增加其他交叉口的延误。因此取一个适当的周期值对减少信号交叉口延误至关重要。一般信号交叉口的周期取值范围为 $0.75C_0 \sim 1.5C_0$。交叉口信号周期有如下约束条件:

$$C_{\min} < C_i < C_{\max} \quad (i \in [1,n]) \tag{8.18}$$

$$C_i = C_j \quad (i,j \in \phi_{\text{cross}}) \tag{8.19}$$

式中:ϕ_{cross}——区域内所有交叉口的集合;
$C_{\min}$、$C_{\max}$——区域交叉口所给定的最小周期和最大周期(s);
C_i——第 i 个交叉口的周期(s),$i = 1, 2, \cdots, L, \cdots, n$。

2. 绿信比的约束条件

绿信比的约束条件等同于有效绿灯时间的约束条件,一个相位的绿灯时间必须能满足这个相位时间内车辆和行人的通行需求,一般以行人能够安全通过的信号交叉口所需要的最小时间定义为该相位的最小绿灯时间。

另外,有效相位绿灯时间与周期的关系为

$$C_i = \sum_{j=1}^{m_i} g_{ije} + T_{i\text{loss}} \tag{8.20}$$

式中:$T_{i\text{loss}}$——第 i 个交叉口的一个周期内的总损失时间(s);
g_{ije}——第 i 个交叉口第 j 个相位的有效绿灯时间(s);
m_i——第 i 个交叉口信控周期内的相位个数。

3. 相位差的约束条件

区域交通信号协调,除了周期要采取适当值之外,交叉口之间的相位差也必须进行优化。合理的相位差可以使上下游交通流通畅运行,减少停车和排队延误。

在一条干线上做信号协调时,规定干线上所有的节点周期必须相同,规定节点内的某一相位参与干线上的协调,这个相位就叫做协调相位,协调相位不一定必须是直行相位。

在区域路网中由多条道路组成的各交叉口,其相位差设计相对复杂。本章将路网分为封闭路网和开环路网,如图 8.2 所示。

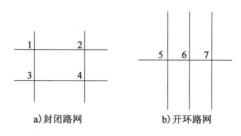

图 8.2 封闭路网与开环路网示意图

由于路网的相位差具有封闭性,所以一个由 n 条道路组成的封闭路网,只需求出 $n-1$ 条道路上各个交叉口之间的相位差,剩下的一条道路上各个交叉口之间的相位差就会被随之确定。所以一个封闭的路网可以看成是由几条干线协调的道路共同组成。在图 8.2 中,如果封闭路网中的协调相位分别为交叉口 1 的南北相位与交叉口 3 的南北相位;交叉口 3 的东西相位与交叉口 4 的东西相位;交叉口 4 的南北相位与交叉口 2 的南北相位;交叉口 2 的东西相位与交叉口 1 的东西相位。设备交叉口东西相位为第一相位,南北相位为第二相位,以交叉口 1 为参考交叉口,此时交叉口 1 的东西相位绿灯启亮时间为 0s,南北相位绿灯启亮时间为

$$T_{12} = 0 + g_{11} + t \tag{8.21}$$

式中:T_{12}——交叉口 1 的南北相位绿灯启亮时间(s);

g_{11}——交叉口 1 的东西相位的绿灯时长(s);

t——一个周期内的绿灯间隔时长(s)。

交叉口 2 的东西相位绿灯启亮时间为 $(0+\theta_{12})\mathrm{s}$,南北相位绿灯启亮时间为

$$T_{22} = 0 + \theta_{12} + g_{21} + t \tag{8.22}$$

以此类推,求出交叉口 3 的南北相位绿灯启亮时间为

$$T_{32} = 0 + \theta_{12} + g_{21} + t + \theta_{24} + g_{42} + t + \theta_{43} + g_{31} + t \tag{8.23}$$

式中:θ_{12}——交叉口 1 到交叉口 2 的下行相位差(s);

θ_{24}——交叉口 2 到交叉口 4 的下行相位差(s);

θ_{43}——交叉口 4 到交叉口 3 的下行相位差(s);

g_{21}——交叉口 2 的第一相位绿灯时长(s);

g_{42}——交叉口 4 的第二相位绿灯时长(s);

g_{31}——交叉口 3 的第一相位绿灯时长(s)。

则交叉口 1 与交叉口 3 的下行相位差为

$$0 \leq \theta_{13} \leq T_{32} - T_{12} - nC < C \tag{8.24}$$

式中:n——整数。

在一个由 n 条道路组成的封闭路网中,求出 $n-1$ 条道路上交叉口之间的协调相位的相位差后,剩余一条道路上的各交叉口之间的相位差可由其余道路上的相位差和绿灯时间表示。

4. 饱和度的约束条件

优化控制模型中将所有交叉口均设定为非饱和状态,这样才能达到优化控制效果,因此根据交叉口饱和度的计算公式:

$$X = \frac{q}{CAP} = \frac{q}{S \cdot \lambda} = \frac{y}{\lambda} \tag{8.25}$$

式中：q——流量；
X——饱和度；
CAP——交叉口通行能力(veh/s)；
S——交叉口饱和流率(veh/s)；
y——流量比；
λ——车流所对相位的绿信比。

令交叉口为非饱和度状态，即饱和度 $X<1$；在对区域优化控制模型求解的过程中应加入这一约束条件。

本章习题

1. 干线协调控制有哪几种类型？各有何特点？其主要配时参数是什么？
2. 区域信号协调控制有哪几种类型？各有何特点？
3. 试综述国内外单点信号控制方法的种类及适用范围，并对某一实际交叉口进行信号配时。

第九章
交通安全的事故树分析

事故树分析(Fault Tree Analysis,FTA)也称故障树分析。它从一个可能的事故(顶事件)开始,自上而下、一层一层地寻找顶事件的直接原因事件和间接原因事件,直到基本原因事件(基本事件),并用逻辑图把这些事件之间的逻辑关系表达出来。事故树分析是一种演绎分析方法,即从结果分析原因的方法。

第一节 事故树的基本理论

一、事故树分析的基本程序

事故树分析根据系统已发生事故或潜在事故所提供的信息,去寻找事故发生相关原因,以便采取有效的防范措施,防止事故发生,一般可按下述步骤进行,如图9.1所示。

1. 准备阶段

(1)确定系统,划定系统的边界条件。

(2)熟悉系统。对系统进行深入的调查研究,收集相关信息,包括系统的结构、性能、工艺流程、运行条件、事故类型、维修情况、环境因素等。

(3)调查系统发生的事故。

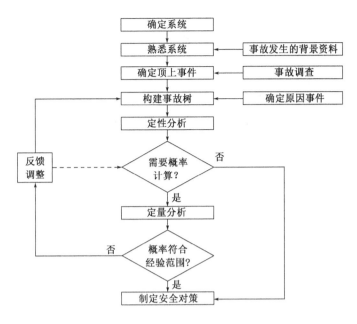

图 9.1　事故树分析流程图

2. 编制事故树

（1）确定事故树的顶事件。根据事故调查分析结果，选择易于发生且后果严重的（风险大的）事故作为顶事件。

（2）调查事故原因。从人、机、环境、管理和信息等方面调查与顶事件有关的所有事故原因。

（3）构建事故树。把事故树顶事件与引起顶事件的原因事件，采用规定的符号，按照内在逻辑关系，绘制反映事件之间因果关系的树形图。

3. 事故树定性分析

按事故树结构求事故树的最小割集或最小径集，以及基本事件的结构重要度。

4. 事故树定量分析

根据事故分析的需要，利用各基本事件的发生概率，计算顶事件的发生概率，计算各基本事件的概率重要度和临界重要度。

5. 反馈调整及制定安全对策

对事故树分析结果进行评价、总结，提出系统改进建议，通过反馈也可调整事故树结构并再次作出定性分析和定量计算；或通过概率计算的结果反馈，仅对定量计算重新验证，如图9.1中虚线所示，从而为系统安全评价与安全设计提供依据，制定科学有效的安全对策。

二、事故树的构成

事故树是由各种事件符号和逻辑门构成的，事故树采用的符号包括事件符号、逻辑门符号和转移符号3大类。

1. 事件及事件符号

在事故树分析中各种非正常状态或不正常情况皆称事故事件,各种完好状态或正常情况皆称成功事件,两者均简称为事件,事故树中的每个节点都表示一个事件。

(1)结果事件。结果事件是由其他事件或事件组合所导致的事件,它总是位于某个逻辑门的输出端。结果事件用矩形符号表示,如图9.2a)所示。结果事件分为顶事件和中间事件。

顶事件是事故树分析中所关心的结果事件,位于事故树的顶端,1棵事故树只有1个顶事件,因而它只能是某个逻辑门的输出事件,而不能是任何逻辑门的输入事件。

中间事件是位于顶事件和基本事件之间的结果事件。它既是某个逻辑门的输出事件,又是其他逻辑门的输入事件。

(2)基本事件。基本事件是导致其他事件的原因事件,又叫底事件,它只能是某个逻辑门的输入事件而不能是输出事件。基本事件总是位于事故树的底部,分为基本原因事件和省略事件。

基本原因事件表示导致顶事件发生的最基本的或不能再向下分析的原因或缺陷事件。用图9.2b)中的圆形符号表示。

省略事件表示没有必要进一步向下分析或其原因不明确的原因事件。另外,省略事件还可表示二次事件,即来自系统之外的原因事件。用图9.2c)中的菱形符号表示。

(3)特殊事件。特殊事件是指在事故树分析中需要表明其特殊性或引起注意的事件。特殊事件分为开关事件和条件事件。

开关事件又称正常事件,它是在正常工作条件下必然发生或必然不发生的事件。用图9.2d)中的房形符号表示。

条件事件是限制逻辑门开启的事件,用图9.2e)中的椭圆形符号表示。

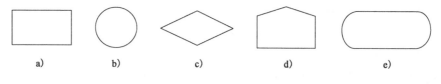

图9.2 事件符号

2. 逻辑门及逻辑门符号

逻辑门是连接各事件并表示其逻辑关系的符号。

(1)与门。与门可以连接数个输入事件$E_1,E_2,\cdots,E_n$和一个输出事件E,表示仅当所有输入事件都发生时,输出事件E才发生的逻辑关系。与门符号如图9.3a)所示。

(2)或门。或门可以连接数个输入事件$E_1,E_2,\cdots,E_n$和一个输出事件E,表示至少一个输入事件发生时,输出事件E就发生。或门符号如图9.3b)所示。

(3)非门。非门表示输出事件是输入事件的对立事件。非门符号如图9.3c)所示。

(4)特殊门。条件与门表示输入事件不仅同时发生,而且还必须满足条件A,才会有输出事件发生。条件与门符号如图9.4a)所示。

条件或门表示输入事件中至少有一个发生,在满足条件A的情况下,输出事件才发生。条件或门符号如图9.4b)所示。

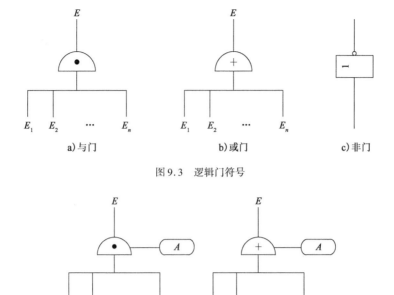

a)与门　　b)或门　　c)非门

图 9.3　逻辑门符号

a)条件与门　　b)条件或门

图 9.4　特殊门符号

3. 转移符号

转移符号如图 9.5 所示。转移符号的作用是表示部分事故树图的转入和转出。当事故树规模很大或整个事故树中多处包含有相同的部分树图时，为了简化整个树图，便可用图 9.5a) 所示的转出符号和图 9.5b) 所示的转入符号。

a)转出符号　　b)转入符号

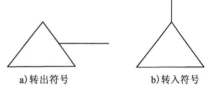

图 9.5　转移符号

三、事故树的构建

事故树构建是事故树分析中最基本、最关键的环节，其编制工作一般应由系统设计人员、操作人员和可靠性分析人员等协同完成。编制过程能使小组人员深入了解系统，发现系统中的薄弱环节。事故树是否完善直接影响到定性分析与定量分析结果的正确性。

1. 编制事故树的规则

事故树的编制过程是一个严密的逻辑推理过程，应遵循以下规则：

(1) 确定顶事件应优先考虑风险大的事故事件。能否正确选择顶事件，直接关系到分析结果，是事故树分析的关键。在系统风险分析的结果中，不希望发生的事件远不止一个。但是，应当把发生频率高且后果严重的事件优先作为分析的对象，即顶事件；也可以把发生频率不高但后果很严重以及后果虽不严重但发生非常频繁的事件作为顶事件。

(2) 合理确定边界条件。确定顶事件后，为不使事故树过于繁琐、庞大，应明确规定被分析系统的边界，分出系统与环境。

(3) 保持门的完整性，不允许门与门直接相连。事故树编制时应逐级进行，不允许跳跃，任何一个逻辑门的输出都必须有一个结果事件，不经过结果事件而将门与门直接相连是不被允许的。

(4)确切描述顶事件。明确给出顶事件的定义,描述事故发生的条件和时间。
(5)事故树的合理简化。

2. 编制事故树的方法

编制事故树的常用方法为演绎法。首先确定系统的顶事件,找出直接导致顶事件发生的各种可能因素或因素的组合即中间事件。在顶事件与其紧连的中间事件之间,根据其逻辑关系相应地画上逻辑门。然后再对每个中间事件进行类似的分析,找出其直接原因,逐级向下演绎,直到省略事件或不能分析的基本原因事件为止。

3. 事故树编制举例

如图9.6所示,公路防撞墩被撞坏的事件是在机动车失控撞向防撞墩和防撞墩存在缺陷的双重条件下造成的。其中,后者发生必然存在着防撞墩的设置安装缺陷、检查缺陷和验收缺陷三个因素的共同作用。而防撞墩安装缺陷可能是由以下几个因素之一造成,如底部不稳定、铺设砂浆不合格、安装位置不准确和防撞墩本身质量低劣等四个因素。

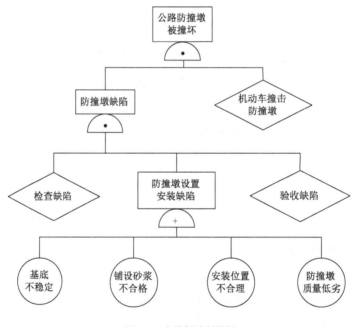

图9.6 事故树编制举例

第二节 事故树的定性分析

一、布尔代数化简事故树

在完成事故树作图之后,特别是在事故树的不同位置存在相同基本事件时,必须用布尔代数进行化简,然后才能进行定性、定量分析,否则就会给分析造成困难甚至错误。下面以实例说明如何利用布尔代数进行事故树的化简。

【例9.1】 图9.7所示事故树中,设基本事件 x_1、x_2、x_3 相互独立,发生概率分别是 $q_1 = q_2 = q_3 = 0.2$,求顶事件 T 发生的概率 q_T。

解:(1)按树图的逻辑关系列出结构式:$T = A_1 A_2 = x_1 x_2 (x_1 + x_3)$。

(2)利用布尔代数进行简化为

$$\begin{aligned} T &= x_1 x_2 (x_1 + x_3) \quad &(\text{分配律}) \\ &= x_1 x_1 x_2 + x_1 x_2 x_3 \quad &(\text{交换律}) \\ &= x_1 x_2 + x_1 x_2 x_3 \quad &(\text{等幂律}) \\ &= x_1 x_2 \quad &(\text{吸收律}) \end{aligned}$$

(3)作原事故树图的等效图,如图9.8所示。

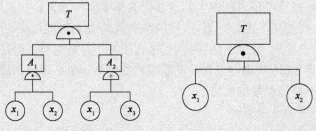

图9.7 事故树示意图　　图9.8 图9.7的等效图

(4)根据等效图计算顶事件的概率:$q_T = q_1 q_2 = 0.2 \times 0.2 = 0.04$。

【例9.2】 化简图9.9所示的事故树,并作出等效图。

解:$T = A + B$

$\quad = x_1 C x_2 + x_1 x_4$

$\quad = x_1 (D + x_4) x_3 x_2 + x_1 x_4$

$\quad = x_1 (x_1 x_5 + x_4) x_3 x_2 + x_1 x_4$

$\quad = x_1 x_5 x_3 x_2 + x_1 x_4 x_3 x_2 + x_1 x_4$

$\quad = x_1 x_2 x_3 x_5 + x_1 x_4$

根据简化后的事故树的结构式作其等效图,如图9.10所示。

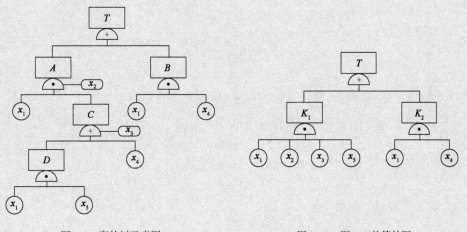

图9.9 事故树示意图　　图9.10 图9.9的等效图

二、最小割集和最小径集的求法

在事故树分析中,最小割集和最小径集起着非常重要的作用。事故树定性分析的主要任务是求出导致系统故障的全部故障模式,即系统的最小割集,最小割集的集合又称为系统的故障谱。系统的全部正常模式就是系统的所有最小径集。通过对最小割集和最小径集的分析,可以找出系统的薄弱环节,提高系统的安全性和可靠性。

1. 最小割集的求法

所谓割集,是指导致顶事件发生的基本事件的集合,即一组基本事件的发生能够造成顶事件的发生,这组基本事件就称为割集,割集也称截集或截止集。

所谓最小割集,是指导致顶事件发生的最起码的基本事件的集合。如果在某个割集中,任意去掉一个基本事件而使其不再是割集,这样的割集就是最小割集。换句话说,最小割集中的每一个基本事件都是必要的,缺少了任何一个,都将使其不再是割集。最小割集是系统的最薄弱环节,与门使割集容量(即割集内包含的基本事件的个数)增加,而不增加割集的数量;或门使割集数量增加,而不增加割集的容量。

最小割集有以下两种主要求解方法:

(1)行列法

行列法是 1972 年由富塞尔(Fussel)提出的,又称富塞尔法。

具体做法是:首先从顶事件开始,用下一层的事件代替上一层的事件,把与门连接的事件横向写在一行内;把或门连接的事件纵向写在若干行内(或门下有几个事件就写几行)。这样逐层向下,直至各基本事件,列出若干行,再用布尔代数化简,结果就得到若干最小割集。

【例9.3】 求图 9.11 中事故树的最小割集。

解:顶事件 T 与下一层中间事件 A、B 是用或门连接的,在用 A、B 代替 T 时要纵向列开;A、B 与下一层事件 C、D、x_1、x_2、x_3 间均用与门连接,故仍保持两行,用对应事件代替 A、B 即可。同理,C、D 事件与下层事件均用或门连接,须向下展开,直至基本事件,即:

$$T \xrightarrow{\text{或门}} \begin{cases} A \xrightarrow{\text{与门}} x_1 C x_2 \xrightarrow{\text{或门}} \begin{cases} x_1 x_4 x_2 \\ x_1 x_2 x_2 \end{cases} \\ B \xrightarrow{\text{与门}} x_3 D \xrightarrow{\text{或门}} \begin{cases} x_3 E \xrightarrow{\text{与门}} x_3 x_3 x_6 \\ x_3 x_5 \end{cases} \end{cases}$$

这样,我们得到四组割集,但不是最小割集,根据布尔代数的运算定律,可求出最小割集。

$$\begin{cases} x_1 x_4 x_2 \\ x_1 x_2 x_2 \\ x_3 x_3 x_6 \\ x_3 x_5 \end{cases} \rightarrow \begin{cases} x_1 x_2 x_4 \\ x_1 x_2 \\ x_3 x_6 \\ x_3 x_5 \end{cases} \rightarrow \begin{cases} x_1 x_2 \\ x_3 x_6 \\ x_3 x_5 \end{cases}$$

于是,得到三个最小割集,即:

$$K_1 = \{x_1, x_2\}, K_2 = \{x_3, x_6\}, K_3 = \{x_3, x_5\}$$

根据最小割集的定义,任何一个割集都是顶事件发生的一种形式,这样就可以得到原事故树的等效图,如图9.12所示。

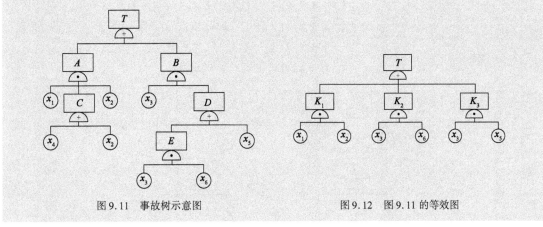

图9.11 事故树示意图　　　　图9.12 图9.11的等效图

(2)布尔代数化简法

事故树经过布尔代数化简,最终得到若干交集的并集,每个交集都是一个最小割集。仍以图9.11为例,利用布尔代数化简求最小割集:

$$T = A + B$$
$$= x_1 C x_2 + x_3 D$$
$$= x_1 (x_2 + x_4) x_2 + x_3 (x_3 x_6 + x_5)$$
$$= x_1 x_2 + x_3 x_6 + x_3 x_5$$

结果得到三个交集的并集,这三个交集就是三个最小割集,即:

$$K_1 = \{x_1, x_2\}, K_2 = \{x_3, x_6\}, K_3 = \{x_3, x_5\}$$

此法与行列法求得的结果一致。比较而言,这两种算法中布尔代数化简法较简单,但国际上仍普遍承认行列法,该方法可应用计算机编程求取最小割集。

2. 最小径集的求法

所谓径集,是指若事故树中某些基本事件不发生,则顶事件就不发生,这些基本事件的集合称为径集,也称通集或路集。系统的径集代表了系统的正常模式,即系统成功的一种可能性。

所谓最小径集,是指顶事件不发生时所必需的基本事件的集合。最小径集中的每一个基本事件都是必要的,缺少了任何一个,都将使其不再是径集。最小径集实际是保证系统正常运行需要的基本事件集合,它表示了系统不发生事故的几种可能方案,即表示系统的可靠性。

求取事故树的最小径集,可以利用最小径集与最小割集的对偶性。根据摩根律,将事故树中的与门换成或门,或门换成与门,将各类事件的发生换成不发生,得到与事故树对偶的成功树,然后求取成功树的最小割集,便得到事故树的最小径集。

图9.13列出了几种常见逻辑门的对偶变换示例。

仍以图9.11为例,求事故树的最小径集。首先,将事故树转换成为成功树,如图9.14所示。然后利用布尔代数化简法求成功树的最小割集。有

$$T' = A'B'$$
$$= (x'_1 + C' + x'_2)(x'_3 + D')$$
$$= (x'_1 + x'_2 x'_4 + x'_2)(x'_3 + E' x'_5)$$
$$= (x'_1 + x'_2)[x'_3 + (x'_3 + x'_6)x'_5]$$
$$= (x'_1 + x'_2)(x'_3 + x'_5 x'_6)$$
$$= x'_1 x'_3 + x'_1 x'_5 x'_6 + x'_2 x'_3 + x'_2 x'_5 x'_6$$

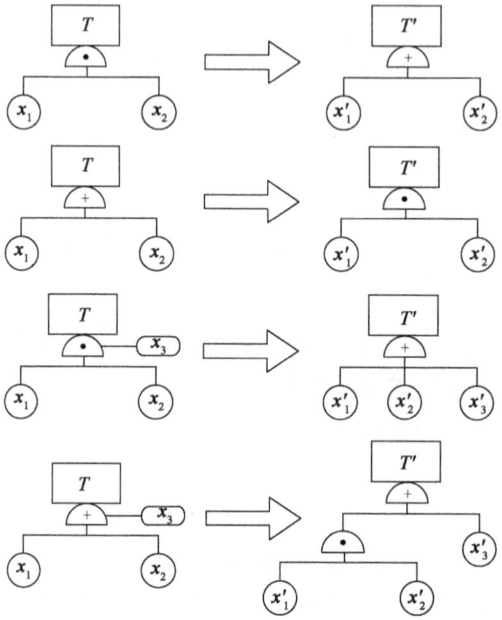

图 9.13 几种常见逻辑门的事故树与成功树的交换

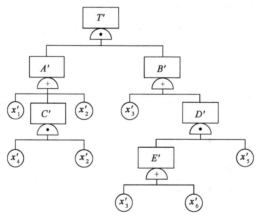

图 9.14 与图 9.11 对偶的成功树

由此得到成功树的四个最小割集,就是事故树的最小径集,即:

$$P_1 = \{x_1, x_3\}, P_2 = \{x_1, x_5, x_6\}, P_3 = \{x_2, x_3\}, P_4 = \{x_2, x_5, x_6\}$$

如果将成功树布尔代数化简的结果再变为事故树结构,则:

$$T = (x_1 + x_3)(x_1 + x_5 + x_6)(x_2 + x_3)(x_2 + x_5 + x_6)$$

这样,就形成了四个并集的交集。同样可以用最小径集等效表示事故树,如图 9.15 所示。

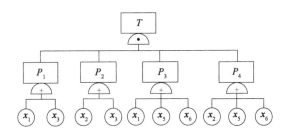

图9.15 用最小径集表示的图9.11事故树的等效图

3. 最小割集和最小径集的作用

（1）最小割集表示系统的危险性

求出最小割集，就可以掌握事故发生的各种可能，了解系统危险性的大小，为事故调查和预防提供方便。每个最小割集都是顶事件发生的一种可能，事故树中有几个最小割集，顶事件发生就有几种可能，最小割集的数目越多，说明顶事件发生的可能性越大，系统越危险。

最小割集对我们调查事故原因、掌握事故发生规律都是有益的。一旦事故发生，可以排除非本次事故的割集，较快查出事故原因。

（2）最小径集表示系统的安全性

求出最小径集，可以了解顶事件不发生有几种可能，使人们掌握系统的安全性，为控制事故提供依据。一个最小径集中的基本事件都不发生，就可使顶事件不发生。最小径集的数目越多，系统就越安全。最小径集可以使决策者了解防止顶事件发生时需控制的基本事件以及多种可能方案，以便做出最经济合理的选择。

（3）从最小割集可直观比较系统的危险性

从最小割集能够直观看出哪种事故模式最危险，哪种可以忽略，以及如何采取措施使事故发生的概率迅速下降。假设各基本事件的发生概率都近似相等，则单事件的割集比两个事件的割集容易发生，两个事件的割集比多事件的割集容易发生。单事件割集发生的概率远远大于多事件割集发生的概率，更多事件的割集的概率甚至可以忽略。所以，为了提高系统的可靠性，可采取给少事件割集增加基本事件的方法，从而使这个系统的安全性成倍提高。若不从少事件割集入手，即使取得措施再多，花费的精力再大，也收效甚微。

例如，某系统的事故树共有三个割集 $K_1 = \{x_1\}$，$K_2 = \{x_2, x_3\}$，$K_3 = \{x_4, x_5, x_6, x_7, x_8\}$。设各基本事件的发生概率均为 0.01，割集 K_3 的概率可忽略。给 K_1 增加一个基本事件 x_9，未增加 x_9 以前顶事件发生概率约为 0.0101，而增加 x_9 以后顶事件发生概率约为 0.0002，这使系统的安全性提高了 50 倍左右。当然，在实际分析中，必须考虑实际情况，若 x_1 的发生概率极小，甚至可以忽略，则不需要在 K_1 上下功夫。

（4）从最小径集可选择控制事故的最佳方案

从最小径集表示的事故树等效图可以看出，只要有一个最小径集不发生，顶事件就不发生。究竟选择哪一个最小径集作为突破口对实现目标最有利呢？从直观来看，一般以消除少事件最小径集中的基本事件可能最经济有效，因为消除一个基本事件比消除两个或多个基本事件容易。当然，实际问题需要具体分析，现实中有例外情况。

(5)利用最小割集和最小径集计算顶事件的发生概率和定量分析

就一个具体系统而言,如果事故树中与门多,最小割集就少,说明这个系统较为安全,定性分析最好从最小割集入手,这时可以较容易地得出最小割集。如果或门多,最小割集就多,说明这个系统较为危险,定性分析最好从最小径集入手,这时可以较容易地得出最小径集。

利用最小割集和最小径集也可以进行基本事件的结构重要度分析,可参考下节事故树定量分析内容。

第三节　事故树的定量分析

首先确定基本事件的发生概率,求出事故树顶事件的发生概率。再与系统安全目标值进行比较。当计算值超过目标值时,就需要采取防范措施,使其降至安全目标值以下。

在进行事故树定量计算时,一般做以下假设:

(1)基本事件相互独立。

(2)基本事件和顶事件都只考虑发生和不发生两种状态。

(3)假定故障分布为指数函数分布。

基本事件的发生概率包括系统的单元(部件或元件)故障概率及人为失误概率等,在工程计算时,往往用基本事件发生的频率来代替其概率值。

一、顶事件的发生概率

当给定了事故树各基本事件的发生概率,各基本事件又是独立事件时,就可以计算顶事件的发生概率。计算顶事件发生概率有以下几种简易方法。

1. 状态枚举法

设某事故树有 n 个基本事件,这 n 个基本事件两种状态的组合数为 2^n 个。根据事故树的结构分析可知,所谓顶事件的发生概率,是指结构函数 $\phi_k(x) = 1$ 的概率。亦即,顶事件的发生概率 $P(T)$ 可用下式定义:

$$P(T) = \sum_{k=1}^{2^n} \phi_k(x) \prod_{i=1}^{n} q_i^{Y_i} (1 - q_i)^{1-Y_i} \quad (9.1)$$

式中:k——基本事件状态组合序号;

$\phi_k(x)$——第 k 种组合的结构函数值(1 或 0);

q_i——第 i 个基本事件的发生概率;

Y_i——第 i 个基本事件的状态值(1 或 0)。

从式(9.1)可看出:在 n 个基本事件两种状态的所有组合中,只有当 $\phi_k(x) = 1$ 时,该组合才对顶事件的发生概率产生影响。所以在用该式计算时,只需考虑 $\phi_k(x) = 1$ 的所有状态组合。首先列出基本事件的状态值表,根据事故树的结构求得结构函数 $\phi_k(x)$ 值,最后求出使 $\phi_k(x) = 1$ 的各基本事件对应状态的概率积的代数和,即为顶事件的发生概率。

【**例 9.4**】 以图 9.16 的简单事故树为例,利用式(9.1)求顶事件 T 的发生概率。

解:设 x_1、x_2、x_3 均为独立事件,其概率分别为 0.1、0.2、0.3,则顶事件的发生概率为

$$P(T) = \sum_{k=1}^{8} \phi_k(x) \prod_{i=1}^{3} q_i^{Y_i}(1-q_i)^{1-Y_i}$$

$$= 1 \times q_1^1(1-q_1)^0 \times q_2^0(1-q_2)^1 \times q_3^1(1-q_3)^0 + 1 \times q_1^1(1-q_1)^0 \times q_2^1(1-q_2)^0 \times q_3^0(1-q_3)^1 + 1 \times q_1^1(1-q_1) \times q_2^1(1-q_2)^0 \times q_3^1(1-q_3)^0$$

$$= q_1(1-q_2)q_3 + q_1q_2(1-q_3) + q_1q_2q_3$$

$$= 0.1 \times (1-0.2) \times 0.3 + 0.1 \times 0.2 \times (1-0.3) + 0.1 \times 0.2 \times 0.3$$

$$= 0.044$$

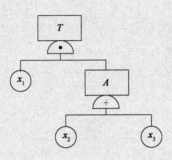

图 9.16 事故树示意图

该方法规律性强,当 n 值较大时,计算中要涉及 2^n 个状态组合,并须求出相应顶事件的状态,因而计算工作量很大,花费时间较长。适于编程计算,从而计算较复杂系统事故发生概率。

2. 最小割集法

事故树可以用其最小割集的等效树来表示。这时,顶事件等于最小割集的并集。

设某事故树有 k 个最小割集:$E_1, E_2, \cdots, E_r, \cdots, E_k$,则有:

$$T = \bigcup_{r=1}^{k} E_r \tag{9.2}$$

顶事件的发生概率为

$$P(T) = P(\bigcup_{r=1}^{k} E_r) \tag{9.3}$$

根据容斥定理得并事件的概率公式:

$$P(T) = P(\bigcup_{r=1}^{k} E_r) = \sum_{r=1}^{k} P(E_r) - \sum_{1 \leqslant r < s \leqslant k} P(E_r \cap E_s) + \sum P(E_r \cap E_s \cap E_t) + \cdots + (-1)^{k-1} P(\bigcap_{r=1}^{k} E_r) \tag{9.4}$$

设备基本事件的发生概率为:$q_1, q_2, \cdots, q_n$,则有:

$$P(E_r) = \bigcap_{x_i \in E_r} q_i, P(E_r \cap E_s) = \prod_{x_i \in E_r \cap E_s} q_i, P(\bigcap_{r=1}^{k} E_r) = \prod_{r=1, x_i \in E_i}^{k} q_i \tag{9.5}$$

故顶事件的发生概率为

$$P(T) = \sum_{r=1}^{k} \prod_{x_i \in E_r} q_i - \sum_{1 \leqslant r < s \leqslant k} \prod_{x_i \in E_r \cup E_s} q_i + \cdots + (-1)^{k-1} \prod_{r=1, x_i \in E_i}^{k} q_i \tag{9.6}$$

式中: r、s——最小割集的序数,$r < s$;

i——基本事件的序号,$x_i \in E_r$;

k——事故树的最小割集数;

$1 \leq r < s \leq k$——k 个最小割集中第 r、s 两个最小割集的组合顺序;

$x_i \in E_r$——属于最小割集 E_r 的第 i 个基本事件;

$x_i \in E_r \cup E_s$——属于最小割集 E_r 或 E_s 的第 i 个基本事件。

仍以图 9.16 的简单事故树为例,其最小割集为 $E_1 = \{x_1, x_2\}$,$E_2 = \{x_3, x_4\}$,用最小割集表示的等效图如图 9.17 所示。这样可以把其看做由两个事件 E_1,E_2 组成的事故树。按照求概率和的计算公式,$E_1 + E_2$ 的概率为

$$\begin{aligned} P(T) &= P(E_1 \cup E_2) \\ &= 1 - [1 - P(E_1)][1 - P(E_2)] \\ &= P(E_1) + P(E_2) - P(E_1) \times P(E_2) \\ &= q_1 q_2 + q_1 q_3 - q_1 q_2 q_1 q_3 \\ &= q_1 q_2 + q_1 q_3 - q_1 q_2 q_3 = 0.044 \end{aligned}$$

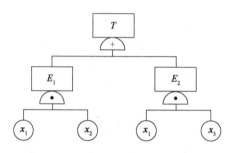

图 9.17 图 9.16 事故树的等效图

3. 最小径集法

根据最小径集与最小割集的对偶性,利用最小径集同样可求出顶事件的发生概率。

设某事故树有 k 个最小径集:$P_1, P_2, \cdots, P_r, \cdots, P_k$。用 $P'_r (r = 1, 2, \cdots, k)$ 表示最小径集不发生的事件,用 T' 表示顶事件不发生。则有:

$$P(T') = 1 - P(T) = P\left(\bigcup_{r=1}^{k} P'_r\right) \tag{9.7}$$

根据容斥定理得出事件的概率公式:

$$1 - P(T) = \sum_{r=1}^{k} P(P'_r) - \sum_{1 \leq r < s \leq k} P(P'_r \cap P'_s) + \cdots + (-1)^{k-1} P\left(\bigcap_{r=1}^{k} P'_r\right) \tag{9.8}$$

$$P(P'_r) = \prod_{x_i \in P_r} (1 - q_i), P(P'_r \cap P'_s) = \prod_{x_i \in P_r \cup P_s} (1 - q_i), P\left(\bigcap_{r=1}^{k} P'_r\right) = \prod_{r=1, x_i \in P_i}^{k} (1 - q_i) \tag{9.9}$$

故顶事件的发生概率为

$$P(T) = 1 - \sum_{r=1}^{k} \prod_{x_i \in P_r} (1 - q_i) + \sum_{1 \leq r < s \leq k} \prod_{x_i \in P_r \cup P_s} (1 - q_i) - \cdots - (-1)^{k-1} \prod_{r=1, x_i \in P_i}^{k} (1 - q_i) \tag{9.10}$$

式中: r、s——最小径集的序数,$r < s$;

i——基本事件的序号,$x_i \in P_r$;

k——最小径集数；

$1-q_i$——第 i 个基本事件不发生的概率；

$x_i \in P_r$——属于最小割集 P_r 的第 i 个基本事件；

$x_i \in P_r \cup P_s$——属于最小割集 P_r 或 P_s 的第 i 个基本事件。

二、基本事件的重要度分析

一个基本事件对顶事件发生的影响大小称为该基本事件的重要度。重要度分析在系统的事故评价、预防和安全性设计等方面有着重要作用。事故树中各基本事件的发生对顶事件的发生有着不同程度的影响，这种影响主要取决于两个因素，即各基本事件的发生概率及其在事故树结构中所处的位置。为了找出最易导致顶事件发生的事件，分轻重缓急采取有效措施，控制事故发生，须对基本事件进行重要度分析。

1. 基本事件的结构重要度

如不考虑各基本事件发生的难易程度，或假设各基本事件的发生概率相等，仅从事故树的结构上研究各基本事件对顶事件的影响程度，称为结构重要度分析。一般可采用两种方法，可精确求出结构重要度系数，或者用最小割集或最小径集对结构重要度排序。

(1) 基本事件的结构重要度系数

在事故树分析中，各个基本事件均含发生和不发生两种状态。各个基本事件状态的不同组合，又构成顶事件的不同状态，即 $\phi_k(x)=1$ 或 $\phi_k(x)=0$。

在某个基本事件 x_i 的状态由 0 变成 1(即 $0_i \to 1_i$)，其他基本事件 $x_j(j=1,2,\cdots,i-1,i+1,\cdots,n)$ 的状态保持不变，顶事件的状态变化可能有以下 3 种情况：

① $\phi(0_i, x_j) = 0 \to \phi(1_i, x_j) = 0$，则 $\phi(1_i, x_j) - \phi(0_i, x_j) = 0$。

② $\phi(0_i, x_j) = 0 \to \phi(1_i, x_j) = 1$，则 $\phi(1_i, x_j) - \phi(0_i, x_j) = 1$。

③ $\phi(0_i, x_j) = 1 \to \phi(1_i, x_j) = 1$，则 $\phi(1_i, x_j) - \phi(0_i, x_j) = 0$。

第一种情况和第三种情况都不能说明 x_i 的状态变化对顶事件的发生起什么作用，惟有第二种情况说明 x_i 的发生直接引起顶事件的发生，说明基本事件 x_i 的状态变化对顶事件的发生与否起了作用。基本事件 x_i 这一状态所对应的割集叫"危险割集"。若改变除基本事件 x_i 以外的所有基本事件的状态，并取不同的组合时，基本事件 x_i 的危险割集总数为

$$n_\phi(i) = \sum_{p=1}^{2^{n-1}} [\phi(1_i, x_{jp}) - \phi(0_i, x_{jp})] \tag{9.11}$$

显然，$n_\phi(i)$ 的值越大，说明基本事件 x_i 对顶事件发生的影响越大，其重要度越高。

基本事件 x_i 的结构重要度系数 $I_\phi(i)$ 的定义为基本事件的危险割集的总数 $n_\phi(i)$ 与状态组合数 2^{n-1} 的比值，即：

$$I_\phi(i) = \frac{n_\phi(i)}{2^{n-1}} = \frac{1}{2^{n-1}} \sum_{p=1}^{2^{n-1}} [\phi(1_i, x_{jp}) - \phi(0_i, x_{jp})] \tag{9.12}$$

式中：n——事故树中基本事件的个数；

2^{n-1}——基本事件 $x_i(i \neq j)$ 状态组合数；

p——基本事件的状态组合序号；

x_{jp}——2^{n-1} 状态组合中第 p 个状态；
0_i——基本事件 x_i 不发生的状态值；
1_i——基本事件 x_i 发生的状态值。

图 9.18 所示事故树共有 5 个基本事件，其状态组合和顶事件的状态如表 9.1 所示。求出各基本事件的结构重要度系数。

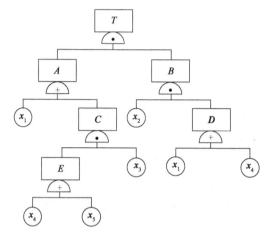

图 9.18 事故树示意图

基本事件的状态值与顶事件的状态值表　　　　　　　　　　　　　　　　表 9.1

编号	x_1	x_2	x_3	x_4	x_5	$\phi(x)$
1	0	0	0	0	0	0
2	0	0	0	0	1	0
3	0	0	0	1	0	0
4	0	0	0	1	1	0
5	0	0	1	0	0	0
6	0	0	1	0	1	0
7	0	0	1	1	0	0
8	0	0	1	1	1	0
9	0	1	0	0	0	0
10	0	1	0	0	1	0
11	0	1	0	1	0	0
12	0	1	0	1	1	0
13	0	1	1	0	0	0
14	0	1	1	0	1	0
15	0	1	1	1	0	1
16	0	1	1	1	1	1
17	1	0	0	0	0	0
18	1	0	0	0	1	0
19	1	0	0	1	0	0

续上表

编 号	x_1	x_2	x_3	x_4	x_5	$\phi(x)$
20	1	0	0	1	1	0
21	1	0	1	0	0	0
22	1	0	1	0	1	0
23	1	0	1	1	0	0
24	1	0	1	1	1	0
25	1	1	0	0	0	1
26	1	1	0	0	1	1
27	1	1	0	1	0	1
28	1	1	0	1	1	1
29	1	1	1	0	0	1
30	1	1	1	0	1	1
31	1	1	1	1	0	1
32	1	1	1	1	1	1

以基本事件 x_1 为例,从表 9.1 可以查出,基本事件 x_1 发生(即 $x_i=1$),不管其他基本事件发生与否,顶事件也发生[即 $\phi(1_1,x_j)=1$]的组合共 8 个,即编号 25、26、27、28、29、30、31、32。这 8 个组合中的基本事件 x_1 的状态由发生变为不发生时,顶事件不发生[即 $\phi(0_1,x_j)=0$]的组合共 6 个,即编号 9、10、11、12、13、14。这 6 个组合就是基本事件 x_1 的危险割集总数,其余集合 15、16 的结果并未改变。于是得基本事件 x_1 的结构重要度系数为

$$I_\phi(1) = \frac{1}{2^{n-1}}\sum_{p=1}^{2^{n-1}}[\phi(1_i,x_{jp}) - \phi(0_i,x_{jp})] = \frac{1}{16} \times (8-2) = \frac{3}{8}$$

式中:$j=2,3,4,5$。

同样,可以逐个求出基本事件 x_2, x_3, x_4, x_5 的结构重要度系数为

$$I_\phi(2) = \frac{10}{16} = \frac{5}{8}, I_\phi(3) = \frac{2}{16} = \frac{1}{8}$$

$$I_\phi(4) = \frac{2}{16} = \frac{1}{8}, I_\phi(5) = \frac{0}{16} = 0$$

因而,基本事件结构重要度排序如下:

$$I_\phi(2) > I_\phi(1) > I_\phi(3) = I_\phi(4) > I_\phi(5)$$

如果不考虑基本事件的发生概率,仅从事故树结构来看,基本事件 x_2、x_1 最重要,x_3、x_4 次之,基本事件 x_5 最不重要。

(2)基本事件的割集重要度系数

用事故树的最小割集可以表示其等效事故树。在最小割集所表示的等效事故树中,每一个最小割集对顶事件发生的影响同样重要,而且同一个最小割集中的每一个基本事件对该最小割集发生的影响也同样重要。

设某一事故树有 k 个最小割集,n 个基本事件,每个最小割集记作 $E_r(r=1,2,\cdots,k)$,则 $1/k$ 表示单位最小割集的重要度系数;第 r 个最小割集 E_r 中含有 $m_r(x_i \in E_r)$ 个基本事件,则

$\frac{1}{m_r(x_i \in E_r)}(i=1,2,\cdots,n)$ 表示基本事件 x_i 的单位割集重要度系数,割集重要度系数是归一化的。

设基本事件 x_i 的割集重要度系数为 $I_k(i)$,则:

$$I_k(i) = \frac{1}{k}\sum_{r=1}^{k}\frac{1}{m_r(x_i \in E_r)} \quad (i=1,2,\cdots,n) \tag{9.13}$$

利用图 9.18 的事故树计算各节点的结构重要度系数,分别为 $\frac{3}{8},\frac{5}{8},\frac{1}{8},\frac{1}{8},0$。

利用布尔代数化简法求解图 9.18 事故树的最小割集:

$$\begin{aligned}
T &= A \cdot B \\
&= (x_1 + C) \cdot x_2 \cdot D \\
&= [x_1 + (x_4 + x_5)x_3]x_2(x_1 + x_4) \\
&= x_1x_2x_1 + x_1x_2x_4 + x_4x_3x_2x_1 + x_4x_3x_2x_4 + x_5x_3x_2x_1 + x_5x_3x_2x_4 \\
&= x_1x_2 + x_2x_3x_4
\end{aligned}$$

图 9.18 对应的最小割集为 $E_1 = \{x_1,x_2\}$, $E_2 = \{x_2,x_3,x_4\}$。利用最小割集计算各节点的割集重要度系数,分别为 $\frac{1}{4},\frac{5}{12},\frac{1}{6},\frac{1}{6},0$。此时,基本事件的割集重要度系数与原事故树的结构重要度排序是一致的。

(3)用最小割集或最小径集进行结构重要度分析

利用基本事件的结构重要度系数可以较准确地判定基本事件的结构重要度顺序,但较繁琐。一般可以利用事故树的最小割集或最小径集,按以下准则定性判断基本事件的结构重要度:

①单事件最小割(径)集中的基本事件结构重要度最大。
②仅在同一最小割(径)集中出现的所有基本事件结构重要度相等。
③两个基本事件仅出现在基本事件个数相等的若干最小割(径)集中,这时在不同最小割(径)集中出现次数相等的基本事件其结构重要度相等;出现次数多的结构重要度大,出现次数少的结构重要度小。
④两个基本事件仅出现在基本事件个数不等的若干最小割(径)集中,若它们重复在各最小割(径)集中出现的次数相等,则少事件最小割(径)集中出现的基本事件结构重要度大。

2. 基本事件的概率重要度

事件的结构重要度分析只是按事故树的结构分析各基本事件对顶事件的影响程度。如果进一步考虑基本事件的概率变化给顶事件发生概率的影响,就要分析基本事件的概率重要度。

事故树的概率重要度分析主要依靠各基本事件的概率重要度系数大小进行定量分析。所谓基本事件的概率重要度系数,是指某基本事件发生概率的变化引起顶事件发生概率变化的程度。

由于顶事件发生概率函数是 n 个基本事件发生概率的多重线性函数,所以,对自变量 q_i 求一次偏导,即可得到该基本事件的概率重要度系数 $I_g(i)$ 为

$$I_g(i) = \frac{\partial P(T)}{\partial q_i} \quad (i=1,2,\cdots,n) \tag{9.14}$$

式中:$P(T)$——顶事件发生概率;

q_i——第 i 个基本事件 x_i 的发生概率。

利用上式求出各基本事件的概率重要度系数,可确定能快速降低顶事件发生概率的基本事件重要次序。

概率重要度有一个重要性质:若所有基本事件的发生概率都等于 1/2,则基本事件的概率重要度系数等于其结构重要度系数,即:

$$I_g(i)\bigg|_{q_i=\frac{1}{2}} = I_\phi(i) \qquad (i = 1,2,\cdots,n) \tag{9.15}$$

这样,在分析结构重要度时,可用概率重要度系数的计算公式求出结构重要度系数。

【例 9.5】 设事故树最小割集为

$$E_1 = \{x_1, x_2\}, E_2 = \{x_1, x_3, x_4\}, E_3 = \{x_2, x_4\}, E_4 = \{x_3, x_4, x_5\}$$

各基本事件概率分别为 $q_1 = 0.1, q_2 = 0.2, q_3 = 0.3, q_4 = 0.4, q_5 = 0.5$,求各基本事件概率重要度系数。

解:用近似方法计算顶事件发生概率:

$$P(T) = q_1 q_2 + q_1 q_3 q_4 + q_2 q_4 + q_3 q_4 q_5 = 0.172$$

各个基本事件的概率重要度系数近似为

$$I_g(1) = \frac{\partial P(T)}{\partial q_1} = q_2 + q_3 q_4 = 0.32$$

$$I_g(2) = \frac{\partial P(T)}{\partial q_2} = q_1 + q_4 = 0.5$$

$$I_g(3) = \frac{\partial P(T)}{\partial q_3} = q_1 q_4 + q_4 q_5 = 0.24$$

$$I_g(4) = \frac{\partial P(T)}{\partial q_4} = q_1 q_3 + q_2 + q_3 q_5 = 0.38$$

$$I_g(5) = \frac{\partial P(T)}{\partial q_5} = q_3 q_4 = 0.12$$

这样,就可以按概率重要度系数的大小排出各基本事件的概率重要度顺序:

$$I_g(2) > I_g(4) > I_g(1) > I_g(3) > I_g(5)$$

这就是说,降低基本事件 x_2 的发生概率能迅速降低顶事件的发生概率,它比按同样数值减小其他基本事件的发生概率都有效。其次是基本事件 x_4、x_1、x_3,最不敏感的是基本事件 x_5。

从概率重要度系数的算法可以看出:一个基本事件的概率重要度,并不取决于它本身概率数值的大小,而取决于它所在最小割集中其他基本事件概率积的大小。

3. 基本事件的临界重要度

当各基本事件发生概率不等时,一般情况下,改变概率大的基本事件比改变概率小的基本事件容易,但基本事件概率重要度系数并未反映这一事实,因而它不能从本质上反映各基本事件在事故树中的重要程度。

可利用基本事件的临界重要度值进行定量分析。所谓临界重要度系数,是指某个基本事件发生概率的变化率引起顶事件发生概率的变化率,它从敏感度和概率两方面衡量各基本事件的重要程度。因此,它比概率重要度更具实际意义。其表达式为

$$I_g^c(i) = \lim_{\Delta q_i \to 0} \frac{\Delta P(T)/P(T)}{\Delta q_i/q_i} = \frac{q_i}{P(T)} \cdot \lim_{\Delta q_i \to 0} \frac{\Delta P(T)}{\Delta q_i} = \frac{q_i}{P(T)} \cdot I_g(i) \quad (9.16)$$

式中：$I_g^c(i)$——第 i 个基本事件 x_i 的临界重要度系数；

$I_g(i)$——第 i 个基本事件 x_i 的概率重要度系数；

$P(T)$——顶事件发生概率；

q_i——第 i 个基本事件 x_i 的发生概率。

【例 9.6】 已得到的某事故树顶事件概率为 0.172，各基本事件的概率重要度系数分别为 $I_g(1) = 0.32, I_g(2) = 0.5, I_g(3) = 0.24, I_g(4) = 0.38, I_g(5) = 0.12$，求各基本事件的临界重要度系数。

解：

$$I_g^c(1) = \frac{q_1}{P(T)} \cdot I_g(1) = \frac{0.1}{0.172} \times 0.32 = 0.186$$

$$I_g^c(2) = \frac{q_2}{P(T)} \cdot I_g(2) = \frac{0.2}{0.172} \times 0.5 = 0.581$$

$$I_g^c(3) = \frac{q_3}{P(T)} \cdot I_g(3) = \frac{0.3}{0.172} \times 0.24 = 0.419$$

$$I_g^c(4) = \frac{q_4}{P(T)} \cdot I_g(4) = \frac{0.4}{0.172} \times 0.38 = 0.884$$

$$I_g^c(5) = \frac{q_5}{P(T)} \cdot I_g(5) = \frac{0.5}{0.172} \times 0.12 = 0.349$$

按临界重要度系数大小排列的各基本事件重要程度顺序为

$$I_g^c(4) > I_g^c(2) > I_g^c(3) > I_g^c(5) > I_g^c(1)$$

与概率重要度相比，基本事件 x_1 的重要程度下降了，这是因为它的发生概率较低，对它作进一步改善有一定困难。基本事件 x_4 最重要，这不仅是因为它敏感度较大，而且它本身的概率值也较大。

三种重要度系数中，结构重要度系数从事故树结构上反映基本事件的重要程度；概率重要度系数反映基本事件概率的增减对顶事件发生概率影响的敏感度；临界重要度系数从相对概率变化的敏感度来反映基本事件的重要程度。其中，结构重要度系数反映了某一基本事件在事故树结构中所占的地位，而临界重要度系数从结构及概率上反映了改善某一事件的难易程度。一般可以按这三种重要度系数安排采取措施的先后顺序，也可按三种重要度顺序分别编制相应的安全检查表，以保证既有重点、又能全面检查的目的。由临界重要度分析得到检查表，能综合反映事故树特性，在现实中更具有应用价值。

本章习题

1. 对某高速公路进行事故统计，并作出某一类型的事故树分析，寻找减少交通事故发生的方法。

2. 设某事故树有三个最小割集：$E = \{X_1, X_4\}, E = \{X_3, X_5\}, E = \{X_1, X_2, X_3\}$，且已知：$q_1 = 0.01, q_2 = 0.02, q_3 = 0.03, q_4 = 0.04, q_5 = 0.05$。试求基本事件 X_3 的割集重要度系数、结构重要度系数和概率重要度系数。

第十章
交通复杂网络及其级联失效

网络无处不在,其结构和功能的复杂性已经成为科学研究的热点之一,复杂网络作为一种重要的描述自然科学和工程技术中关联的理论,受到众多不同学科领域学者们广泛的关注。复杂网络离不开数学理论的支持,而图论是研究其特性的最重要的工具之一。

第一节　复杂网络拓扑建模的方法

一、复杂网络的概念

复杂网络在现实生活中随处可见,其主要体现在连接节点多且拓扑结构复杂。钱学森将具有自组织、自相似、吸引子、小世界和无标度中部分或者全部性质的网络称为复杂网络。例如:社会关系网、计算机网络、分子结构网等,在人的交际圈中,人作为网络中的节点,人与人之间具有的某种联系作为网络的边,这样就构成了社交关系网络。

复杂网络的研究发展见表10.1。

根据国内外对复杂网络的研究,大多数实际复杂网络有如下五个特点:

(1)网络行为的统计性:真实网络的节点数目可能是几十到几百,也可能是成千上万,但此网络系统均具有统计特性。

(2)节点动力学行为的复杂性:每个节点本身都可以是非线性系统,具有分岔和混沌等非线性动力学行为。

（3）复杂的网络连接结构：很多现实网络的连接结构介于随机连接和规则连接之间，有其自身的内在连接属性。

（4）网络连接的稀疏性：在网络中，节点连接组合多种多样，基本上每个节点彼此都能相连，理论上每个节点的连接边为节点数目的平方。而对于现实的网络系统，并不是每个节点之间都存在连接关系，所以节点的连接边数往往小于理论值。

（5）网络的时空演化复杂性：网络模型演化过程中，随着时空变化而演化出新的模型，这种随时空而变化的复杂特性使复杂网络展现出丰富的复杂行为。

复杂网络的研究发展　　　　　　　　　　　　表 10.1

时间	人物	事件
1736 年	Euller	七桥问题
1959 年	Erdos 和 Renyi	随机图理论
1967 年	Milgtam	小世界试验
1973 年	Granovetter	弱连接的强度
1998 年	Watts 和 Strogatz	小世界网络
1999 年	Barabasi 和 Albert	无标度网络

二、网络图的表示方法

复杂网络抽象方式有不同，对城市路网拓扑建模一般采用原始法和对偶法。原始法是指把城市路网中交叉口视为网络中的节点，将连接每个节点的道路作为网络的边；对偶法是指把城市中的道路视为节点，将它们的衔接关系视为边。举一个简单的例子，路网对偶法拓扑建模过程如图 10.1 所示。

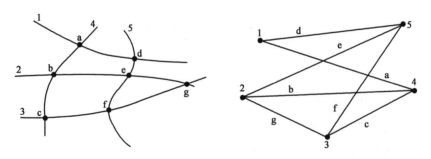

图 10.1　简单路网对偶法拓扑建模演示图

图的表示方法一般有以下几种：

（1）邻接矩阵表示法

若图 $G=(V,E)$ 的节点集 $V(G)=\{v_1,v_2,\cdots,v_n\}$，用 a_{ij} 表示图 G 中的节点 v_i 和 v_j 之间的边数，则 n 阶方阵 $A(G)=(a_{ij})_{n\times n}$，称之为图 G 的邻接矩阵。

对于图 G，其邻接矩阵具有以下性质：

①邻接矩阵 $A(G)$ 是一个对称矩阵。

②若图 G 中不存在环,则节点 v_j 的度数等于 $A(G)$ 中第 i 行(列)的元素之和。

③两个图 G 和 H 同构的充要条件是存在一个置换矩阵 P,使 $A(G) = P^T A(H) P$。

(2) 连通矩阵表示法

对于 n 阶无向简单图 G,节点集 $V(G) = \{v_1, v_2, v_3, \cdots, v_n\}$,令:

$$P_{ij} = \begin{cases} 1 & \text{当 } v_i \text{ 和 } v_j \text{ 连通} \\ 0 & \text{当 } v_i \text{ 和 } v_j \text{ 不连通} \end{cases} \tag{10.1}$$

则称 $(p_{ij})_{n \times n}$ 为图 G 的连通矩阵,记作 $P(G)$。

对于图 G,它的连通矩阵具有以下性质:

①连通矩阵 $P(G)$ 主对角线上的元素都为 1。

②若图 G 是连通图,则连通矩阵 $P(G)$ 中的元素都为 1。

③若无向图 G 中存在 $k(k \geq 2)$ 个连通分支 $G_1, G_2, \cdots, G_k$,且:

$$G_i = G\{v_{i_1}, v_{i_2}, \cdots, v_{i_n}\} \quad (i = 1, 2, \cdots, k)$$

$$P(G) = \begin{bmatrix} P(G_1) & & & & \\ & P(G_2) & & & \\ & & P(G_3) & & \\ & & & \ddots & \\ & & & & P(G_k) \end{bmatrix} \tag{10.2}$$

式中: $P(G_i)$ —— G_i 的连通矩阵。

(3) 距离矩阵表示法

对于给定的 n 阶图 G,节点集 $V(G) = \{v_1, v_2, v_3, \cdots, v_n\}$,它的距离矩阵 D 满足 $d_{ij} = d(v_i, v_j)$。距离矩阵存储的是节点之间的距离,对于图 G,其距离矩阵具有以下性质:

①距离矩阵 $D(G)$ 是一个对称矩阵,即 $D^T = D$。

②距离矩阵 $D(G)$ 对角线上的元素为 0。

需要注意,网络图中任意两个节点最多只有一条边,且每个节点不能有边同自身连接。

三、复杂网络分析软件

1. Ucinet 软件

Ucinet 全称为 University of California at Irvine Network,是一种功能强大的社会网络分析软件。它能计算分析许多网络中常用的参数指标,包括中心性、节点度、平均路径长度、聚类系数等,该软件还包含一些其他功能,例如对矩阵的分析、因子分析、多元分析、聚类分析等。可以读取文本文件、KrackPlot、Pajek、Negopy、VNA 等格式的文件。

图 10.2 为 Ucinet 软件的主界面。

通过图 10.2 主界面可知,Ucinet 软件包括对文件及数据处理、网络的绘制等一般常用辅助功能。此外 Ucinet 软件还能输入矩阵或者将 Excel 表格导入进行处理分析,并且能保存为被该软件识别的 .##h 或 .##d 格式。

Ucinet 软件中的 NetDraw 程序,可用来绘制网络拓扑关系图,能实现原始数据向逻辑图示的转化。NetDraw 程序主界面如图 10.3 所示。

NetDraw 能生成被 Ucinet 软件识别的 .##h 格式,实现了图形与数据的互相转换。

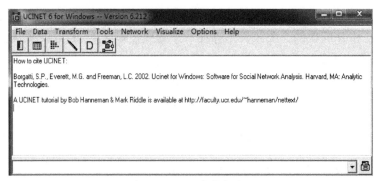

图 10.2　Ucinet 软件主界面

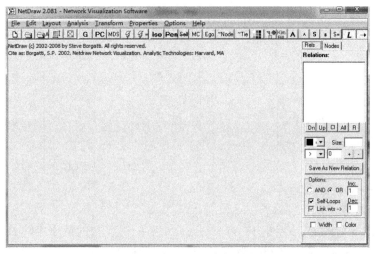

图 10.3　NetDraw 程序主界面

2. Pajek 软件

Pajek 是一种专门用来快速分析抽象和仿真复杂网络的工具。在斯洛文尼亚语中，Pajek 是蜘蛛的意思，蜘蛛最擅长织网，用它那令人叹止的织网能力来形容其构造复杂网络的特点非常合适。它是一款为了处理超大型网络数据而设计的，并且支持将规模庞大的复杂网络分解成多个小规模的网络。Pajek 可以同时处理这些小型网络，还可以处理暂时性网络（网络结构随时间的发展而变化的动态网络）。Pajek 不仅为用户提供了分析复杂网络的算法，还提供了可视化的界面，让用户可以从视觉角度直观了解网络的结构特性。

在分析网络结构特性时，可以将 Excel 文件转化为 .mat 文件，Pajek 软件能够识别 .mat 格式的文件，将其导入 Pajek 软件中能节约工作量。通过 Pajek 格式的转换再通过 Ucinet 软件进行数据处理，得出需要的计算统计结果。

第二节　复杂网络模型

图是一种用点与线来描述事物某种联系方式的数学模型。假设存在这样一个无向图 $G=(N,M)$，其中 N 是包含 n 个节点非空顶点集，M 是顶点间的连接线段集合。因为集合 N、

M 中的元素为无向的,故称为无向图,其中图中的边表示各个节点之间的连接关系。把无向图的各边定向之后,就构成了有向图,而有向图中倘若把图中存在的边给予固定数值,这样的网络称为有权网络,反之为无权网络。此外,一个图有可能包含不同种类的节点,用不一样的方式表示出来方便我们区分。图 10.4 罗列了四种网络模型。

  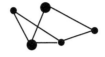 

a)单一类型节点的无向图　　b)不同类型节点的无向图　　c)节点和边赋予权重的无向图　　d)有向图

图 10.4　几种不同的网络模型

一、规则网络

最早对复杂网络的研究主要是针对规则网络,图 10.5 所示为几种常见的规则网络图。

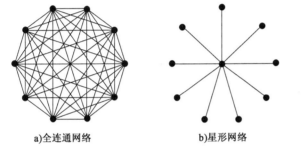

a)全连通网络　　　　b)星形网络　　　　c)最近邻耦合型网络(树型网)

图 10.5　规则网络图

由图 10.5 可知,规则网络包括:全连通网络、星形网络、最近邻耦合型网络。其中最特殊的是全连通网络,该网络中每个节点都与另外其他节点相连接,网络存在明显的对称性,而且规则网络的平均路径长度为 1,聚类系数为 1;星形网络有且只有一个节点与其各个节点相连,而其余各个节点彼此之间不存在连接关系,该网络中节点度最大的点为中心节点,其他节点度都要比中心节点小很多,它的平均路径长度为 $L = 2 - 2/N$,当 N 趋近于无穷时,此时的平均路径长度 L 趋近于 2;最近邻耦合型网络的节点只与它相邻的节点连接。图 10.5c)是一种特殊的最近邻耦合网络——树型网,这种网络与我们数学中常见到的树状图类似,每到一个节点都会分出 2 个或者多个节点作为下一次分支的节点,此外对于树型网络,如果分支节点分出的节点个数不固定,它就不是规则网络。

二、随机网络

随着人们对网络的深入了解,发现现实存在的网络并不是理想的、规则的网络,而组成网络的节点和边具有随机性。学者们把这种表现随机性的网络结构称为随机网络,也称 ER 随机网络,这也是最早人们研究的一种网络模型。也是现实中随处可见的网络。ER 模型构造方式是对于 N 个网络节点,每个节点对以概率 p 相连接,得到一个具有 N 个节点、约 $pN(N-1)/2$ 条边的随机网络。分别以概率 $p = 0, p = 0.1, p = 0.2$ 构造随机网络图,如图 10.6 所示。

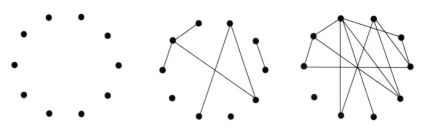

图 10.6　随机网络演化示意图

由节点间连接概率 p 可以看出：

(1) 当 $p=0$ 时，网络中的每个节点不存在连接关系，所有节点都是相互独立的。

(2) 当 $p=1$ 时，边的数量为 $n(n-1)/2$，网络是全连通的，网络中每个节点对之间的距离全部为 1。

(3) 当 $p\in(0,1)$ 时，网络边的个数介于 $0\sim n(n-1)/2$ 范围之间，网络中节点度的平均值为 $k=p(n-1)$。

根据上面构建方法可知其节点的度分布可以表示为

$$p(k)=C_n^k p^k(1-p)^{n-k} \tag{10.3}$$

当网络中的节点数目 n 非常大时，网络节点度的平均值 $k\approx pn$，每个节点之间的连接边存在或者不存在都是独立的，此时 ER 随机网络的度分布近似于 Poisson 分布：

$$\mathrm{e}^{-pn}\frac{(pn)^k}{k!}=\mathrm{e}^{-\bar{k}}\frac{\bar{k}^k}{k!} \tag{10.4}$$

式中：$\bar{k}$——网络的平均度。

图 10.7 为随机网络度分布图。由图可知当网络中的节点数 n 接近于无穷大时，式(10.3)和式(10.4)是等价的。所以，ER 随机图也称为"Poisson 随机图"。

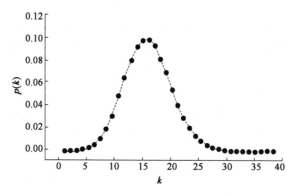

图 10.7　随机网络度分布图

三、小世界网络

20 世纪中期，专家学者以上述两种网络模型为研究重点，发现虽然随机网络普遍存在，但也不是所有的网络都是完全随机的。人们试图寻找一种能反映现实的网络结构特性，Watts 和 Strogatzt 在 1998 年发现了一种新的网络结构图，通过对相关参数的统计分析发现它具有较小的平均路径长度和较大的聚类系数，他们把具有这样现象的网络结构称作小世界网络结构图，也称为 WS 网络，如表 10.2 所示。

实际网络的小世界现象　　　　　　　　　　　　　　　　　表10.2

网络	规格	$\langle k \rangle$	L	L_{rand}	C	C_{rand}
万维网	153127	35.21	3.1	3.35	0.1078	0.00023
Internet	3015~6209	3.52~4.11	3.7~3.76	6.36~6.18	0.18~0.3	0.001
演员圈	225226	61	3.65	2.99	0.79	0.00027
医学(共著)	1520251	18.1	4.6	4.91	0.066	1.1×10^{-5}
数学(共著)	70975	3.9	9.5	8.2	0.59	5.4×10^{-5}
大肠杆菌	315	28.3	2.62	1.98	0.59	0.09
电网	4941	2.67	18.7	12.4	0.08	0.005

注：$\langle k \rangle$-网络的平均度；L-网络的平均路径长度；L_{rand}-同等规模网络的平均路径长度；C-网络的平均聚类系数；C_{rand}-同等规模网络的平均聚类系数。

WS网络模型演化过程如图10.8所示，节点连接的随机特性用概率p表示，概率p越大随机程度越大，$p=0$时表示规则网络，而当$p=1$时表示随机网络。WS网络模型是根据改变概率p的大小，从规则网络到随机网络这一过程中演化形成的。

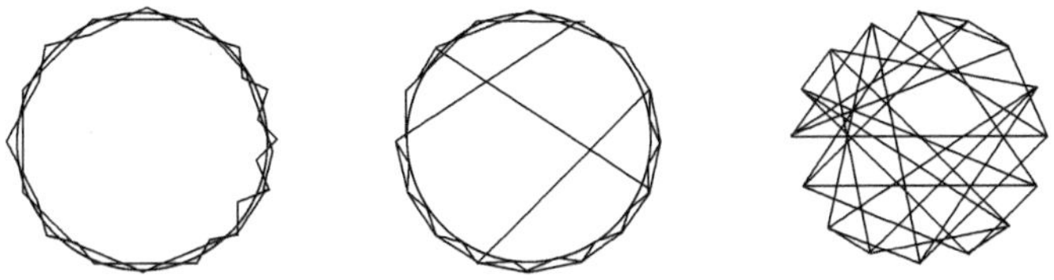

a)规则网络$p=0$　　　b)WS小世界网络$0<p<1$　　　c)随机网络$p=1$

图10.8　WS网络模型的演化

小世界模型的构造算法如下：

(1)从规则图开始：在一个拥有N个节点的最近邻耦合网络，这些节点组成了一个环，其中任意一个节点均同它左右邻接的各$k/2$个节点相连，其中k是偶数。

(2)随机化重连：将用边联系的两个节点中的一个节点位置不变，另一个节点以概率p随机连接其他节点。

根据上述小世界网络模型的构造可以发现，完全规则网络和完全随机网络的节点随机性概率分别是$p=0$和$p=1$，通过调节概率p的值能够使网络从规则网络过渡到随机网络，并得到具有小世界特性的复杂网络。

研究发现，判断一个实际网络是否具有小世界特性，可以把实际网络中的L和C与具有同样的节点数和边数的随机网络的值L_{rand}和C_{rand}进行比较，当符合式(10.5)和式(10.6)时，这个实际网络具有小世界特性。

$$L \sim L_{rand} \tag{10.5}$$

$$C \gg C_{rand} \tag{10.6}$$

$$L_{rand} = \frac{\ln N}{\ln \langle k \rangle} \tag{10.7}$$

$$C_{rand} = \frac{\langle k \rangle}{N} \tag{10.8}$$

四、无标度网络

在多种特殊结构被发现之后,人们又发现了一种新的复杂网络:无标度网络(Scale-free Network)。

具有小世界特性的网络不仅有较小的平均路径长度,还有较大的聚类系数,与现实存在的网络比较接近,通过对其复杂网络的参数分析发现,小世界网络的节点度服从指数分布。

1999 年 Barabasi 和 Albert 发现现实存在的网络具有一定的特殊性,它们中每个节点的度数不均匀,并且其中会有几个节点度较大的节点,而且这些网络的度分布函数为幂律分布函数。现实中许多网络都具有无标度的特性,例如 Network、Citation、Sexual contacts 网络等。这类拓扑结构网络的度分布具有幂律形式:

$$P(k) \sim N(k) \sim k^{-\gamma} \tag{10.9}$$

通常情况下该网络幂指数 γ 取值介于 2~3 之间,这类度分布具有幂律形式的拓扑特性称为网络的无标度特性。具有无标度特性的网络模型也称为 BA 网络模型。

综上所述,通过计算并绘制所研究网络的度分布曲线是否服从幂律分布,可用来判断该网络有没有无标度特性。若网络度分布是幂律函数,则满足 $P(k) \propto k^{-\gamma}$,且累积度分布函数符合幂指数为 $\gamma - 1$ 的幂律分布:

$$P_k \propto \sum_{k'=k}^{\infty} k'^{-\gamma} \propto k^{-(\gamma-1)} \tag{10.10}$$

复杂网络模型中也有如下两个特点引起了重视:

(1)增长特性,即网络并非是固定不变的,网络的规模是不断扩大的。

(2)优先连接特性,即新出现的节点更倾向于与具有较高节点度的节点相连接。这种现象也称为"富者更富(Rich Get Richer)"或者"马太效应(Matthew Effect)"。

BA 网络模型的增长性和优先连接性能更好地反映实际网络的特性,例如在学术论文网站中,每个星期甚至每天都会产生新的论文,就是 BA 网络的增长特性;新发表的文章在引用文献时也会选择那些被广泛应用的文献,这就是 BA 网络的优先连接特性。

第三节 复杂网络的统计特性

复杂网络统计特征指标有:度及度分布、平均路径长度、聚类系数。其中平均路径长度和聚类系数是用来评价网络的"小世界"效应,而度分布表现出来的函数性质则是用来判定网络有无"无标度"特性,这也是区分一般网络和复杂网络的重要特性。

一、度和度分布

度(Degree,符号 k)是研究网络特性的基本概念,表示在网络中某一个点存在一定数量的边与其连接,这些边的数量称为该节点的节点度。网络整体的节点度则是用节点度的平均值来表示,数学符号为 $\langle k \rangle$。节点在网络中的"地位"一般取决于节点度的大小,节点度越大,节点越重要,反之亦然。

网络中节点的度分布用 $P(k)$ 表示:

$$P(k) = \frac{n_k}{N} \qquad (10.11)$$

式中：n_k——节点度为 k 的节点个数；

N——网络中节点总数。

节点的度分布可以用来表示网络拓扑特性，它表示网络中所有度值为 k 的节点的概率，也反映了节点度为 k 的节点个数占整个网络总节点数目的百分比，一般用 $P(k)$ 来表示。

在图 10.9 中，一共有 8 个节点。节点集合 $V = \{v_1, v_2, v_3, v_4, v_5, v_6, v_7, v_8\}$，各节点的度为 $v_1 = 1, v_2 = 3, v_3 = 4, v_4 = 1, v_5 = 2, v_6 = 3, v_7 = 1, v_8 = 1$，各节点的度分布为 $p(1) = 4/8 = 1/2$，$p(2) = 1/8, p(3) = 2/8 = 1/4, p(4) = 1/8$。

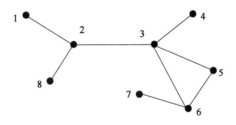

图 10.9　八个节点的网络图

随着对复杂网络节点度分布研究的深入，发现在规则网络中所有节点的度基本趋向于同一个值，度分布呈现一个峰尖。随着网络规模的不断扩大，网络具有随机性，度分布大致表现为泊松分布 $P(k) = e^{-\lambda} \lambda^k / k!$。

我们知道，无标度网络的度分布不满足泊松分布，而服从幂律形式，其函数曲线要比泊松分布函数下降的要缓慢，如图 10.10 所示，服从这样度分布的网络中的许多节点的度很小，但是也存在一些节点度较大的节点。

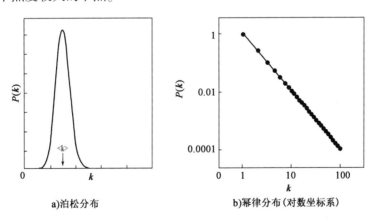

图 10.10　两种分布的对比

二、平均路径长度

在研究的复杂无权网络中，节点距离 d_{ij} 是一个抽象的概念，它表示从节点 i 到 j 之间所经过的边数。网络的直径（Diameter，符号 D）是网络中两个相距最远的节点之间所经过的边数，即：

$$D = \max_{i,j \in G, i \neq j} d_{ij} \tag{10.12}$$

复杂网络的平均路径长度(Characteristic Path Length,符号 L)也称平均距离,是所有节点对之间距离的平均值,描述了网络节点的空间分布特点,即网络的大小。表达式为

$$L = \frac{1}{N(N-1)} \sum_{i,j \in G, i \neq j} d_{ij} \tag{10.13}$$

式中：N——网络的节点数量。

以图 10.11 所示的一个网络图为例来具体说明网络中的平均路径长度和直径,其具有 6 个节点和 7 条边,依据定义及式(10.12)和式(10.13)可得网络直径 $D=3$,平均路径长度 $L=1.6$。

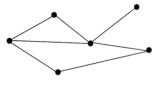

图 10.11 六节点网络图

三、聚类系数

在我们的朋友圈中,可能存在这样一种关系,他既是你的朋友也是你其中一个或多个朋友的朋友,这种现象被称为聚类特性。定量评价网络的聚类特性的指标为聚类系数(Clustering Coefficient,符号 C)。可以用来表示网络中节点的聚集状况,即节点之间连接紧密程度。

在复杂网络中,如果一个节点 v_i 与另外其他 m_i 个节点存在 e_i 个边,将它们连接在一起,m_i 个节点间最多可能有 $m_i(m_i-1)/2$ 条边,m_i 个节点之间的实际存在的边数 K_i 与总的可能边数之比称为节点 v_i 的聚类系数,整个网络的聚类系数就是其包含全部节点的聚类系数的平均值,即：

$$C_i = \frac{2K_i}{m_i(m_i-1)} \tag{10.14}$$

$$C = \frac{1}{N} \sum_{i=1}^{N} C_i \tag{10.15}$$

很明显,$0 \leq C \leq 1$。当 $C=0$ 时,表示网络中的全部节点均为孤立状态,即不存在与其相连接的边;当 $C=1$ 时,表示此时的网络是一个完全连通网络,即网络中每个节点对之间都存在边将它们连接起来。此外当网络中节点数无穷大时,聚类系数 C 趋近于 0,但这不能说明网络的节点是孤立的,而实际生活中我们常见的大规模复杂网络都具有这一特点,它们的聚类系数远比 1 要小,但不为 0。

如前所述,我们的朋友圈网络,我的朋友中是否会出现彼此是朋友关系会随着我朋友数量的扩大而导致可能性的降低,这就是网络规模的不断扩大而导致聚类系数趋向于一个不为 0 的常数。

第四节 复杂网络的可靠性和抗毁性

有学者认为网络的可靠性包括生存性和抗毁性,它们都与网络的拓扑结构有关。在网络受到不同程度的破坏时,可靠性反映了重要节点对实际网络的影响程度;抗毁性反映实际网络自身结构的脆弱性。

一、网络的可靠性

本节主要利用接近中心性、中介中心性、连通可靠性等参数指标分析复杂网络的可靠性。

(1) 接近中心性 (Closeness Centrality)

接近中心性反映出网络中节点与节点之间的关系紧密程度,也称为节点的紧密度,网络中节点 i 的紧密度 $c_c(v_i)$ 表示任何节点 i 与其他节点 j 的距离总和的倒数,其真实反映出网络中每个节点经由网络到达其他节点的接近程度。全部节点紧密度的平均值称之为网络的紧密度 c_c。节点 i 的接近中心性指标可表示为

$$c_c(v_i) = \frac{1}{\sum_{k=1}^{N} d(v_i, v_k)} \tag{10.16}$$

式中:$d(v_i, v_k)$——节点 v_i 到 v_k 的最短路径,若将网络大小考虑进去,接近中心性指标又可以表示为

$$c'_c(v_i) = \frac{N-1}{\sum_{k=1}^{N} d(v_i, v_k)} \tag{10.17}$$

在城市轨道交通网络中,它可以用来描述车站与非直接连接车站的接近程度,其数值越大,说明该车站的作用及服务范围越广。轨道交通网络中全部节点的接近中心性均值反映出整个轨道交通网络的运输效率,其数值越大,轨道交通运输效果越好。

(2) 中介中心性 (Betweenness Centrality)

中介中心性指标与节点度相似,同样可以用来评价网络中节点的重要性,不同的是中介中心性反映的是节点在网络路径选择中的重要程度,最短路径经过该点的频率越高该点的中介中心性越大。中介中心性的计算式为

$$C_B = (v_i) = \sum_{j=1}^{N} \sum_{k=1}^{j-1} \frac{p_{ijk}}{p_{jk}} \tag{10.18}$$

式中:p_{jk}——j 到 k 之间的最短路径数量;

p_{ijk}——j 到 k 之间通过 i 节点的最短路径数量。

如果将网络的规模考虑其中,中介中心性还可以表示为

$$C'_B(v_i) = \frac{2C_B(v_i)}{(N-1)(N-2)} \tag{10.19}$$

在轨道交通网络中,中介中心性越高的站点,经过该站点的最短路径数量越多,在整个轨道交通网络中枢纽换乘作用越明显,该指标对分析轨道交通网络运行效率有重要作用。

(3) 连通可靠性 (Connectivity Reliability)

连通可靠性是描述城市轨道交通网络的一种能力,指在网络受到不同方式的攻击造成某种程度的破坏时,能够维持其本身的连接现状,也可以反映出轨道交通网络中任意两个站点之间至少存在一条线路连通的概率。而对于整个轨道交通网络,只要任意两个站点间存在通路则认为轨道交通网络在某种程度上是可靠的。关于轨道交通网络连通可靠性指标的表达式为

$$R_C = \frac{\sum_{i=1}^{\omega} N_i(N_i-1)}{\omega \sum_{i=1}^{\omega} N_i(N_i-1) d_i} \tag{10.20}$$

式中：R_C——连通可靠性，取值范围为 $0 \leq R_C \leq 1$；当全连通时，$R_C = 1$；
　　　ω——去除节点所生成子网数量；
　　　N_i——第 i 个子网所能连通的节点数量；
　　　d_i——第 i 个子网的平均最短路径。

1982年日本学者最先提出，实际网络中两点之间的连线即两点间路径中的各个路段只有断开和连接两种状态，可以用0、1表示。

此方法简单明了，但忽略了轨道交通线网中各个轨道线路的通行能力和实际出行选择时的运输量，因此无法客观评价现有轨道交通网络的可靠性，只有在极端情况下轨道交通网络中某个节点或路段因自然灾害受到破坏后无法使用的情况下才能适用。

二、网络的抗毁性

（1）最大连通子图相对大小

最大连通子图就是把网络包含的全部节点用尽可能少的边连接起来。最大连通子图相对大小则表示的是在一个网络中，其最大连通子图中包含的所有节点数和这个网络包含的全部节点数的比，一般我们用英文字母 S 表示。

为了更好地理解最大连通子图相对大小的定义，以图10.12为例，在对其破坏之前，网络最大子图的节点个数为8，破坏节点A之后，网络中被分离出5个孤立的子图，显然在破坏之后最大子图包含的节点个数为2，此时 $S = 2/8 = 0.25$。

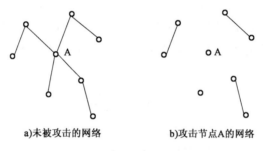

a)未被攻击的网络　　　　　b)攻击节点A的网络

图10.12　节点破坏前后网络的变化

此外，在节点A未受到攻击时，网络中最大子图包含的节点数就是该网络本身包含的节点数，故 $S=1$，此时为全连通网络。随着节点受到攻击，被攻击的节点就被孤立出来，并且最大连通子图总节点数会发生相应变化，从而导致 S 发生变化，间接反映出网络的连通性。因此通过分析网络的最大连通子图，对于研究交通线网的抗毁性有重要作用。

（2）网络效率

网络效率（Efficiency）对研究网络抗毁性具有重要意义，并且它也是衡量城市交通网络连通性的有效指标。研究复杂网络初期，人们通常用平均路径长度来分析网络抗毁性，网络的平均路径长度越小，网络的连通性越好，网络的抗毁性越好，反之，网络的抗毁性越差。

用网络的平均路径长度来衡量网络抗毁性有一定的缺陷和局限性。以图10.12为例，网络未受到攻击时，平均路径长度为2.286；网络中节点A受到攻击时，网络的平均路径长度为0.107。我们发现：在网络受到攻击时网络的平均路径长度反倒变小，但是通过节点A受到攻击的网络可以看出，其实此时的网络连通性并没有变好，而且网络中还存在着许多孤立的节点。

综上可以看出，用平均路径长度来评价网络的抗毁性并不具有代表性，它只限于网络中不存在孤立的点。如果网络中存在孤立节点时,那么孤立点与其他节点之间的最短距离为无穷大,因为网络效率反映的是节点之间最短距离的倒数,因此被孤立节点与其他节点之间的效率为0,即当 $d_{ij} = \infty$ 时, $\varepsilon_{ij} = 0$。所以,用网络效率来评价网络抗毁性更具有说服力,它将网络中孤立的节点也考虑到其中。网络效率的表达式为:

$$E = \frac{1}{N(N-1)} \sum_{i \neq j} \varepsilon_{ij} = \frac{1}{N(N-1)} \sum_{i \neq j \in v} \frac{1}{d_{ij}} \quad (10.21)$$

式中:E——网络效率;
N——网络总节点数;
d_{ij}——网络中节点 i 与节点 j 之间的最短距离。

为了更好地说明网络效率能更好评价整个网络的连通特性,以图10.13为例。由图可以看出,对于网络的连通性 G_1 明显好于 G_2,这是由于 G_2 中有孤立的节点。利用网络效率的公式计算得到 $E(G_1) = 0.9$, $E(G_2) = 0.5$,由于 $E(G_1) > E(G_2)$,故 G_1 的连通性比 G_2 好,亦即网络 G_1 的抗毁性比 G_2 要强。

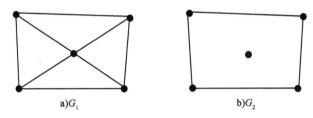

图10.13 攻击前的网络 G_1 和攻击后的网络 G_2

第五节 复杂交通网络的级联失效

一、级联失效的概念及模型

级联失效的概念可以总结为,网络由于一个或少数几个节点发生破坏后,通过与其他节点之间的耦合关系影响到其他节点,有可能再次导致其他节点的破坏,节点通过不断的破坏扩散最终导致一个范围内的节点或整个网络的瘫痪,这种现象就称为网络的级联失效。有时也称为"雪崩(Avalanche)"。例如,在电力网络中,由于少数节点的破坏,迫使电力的重新分配,从而引起其他节点的过载,产生级联失效现象。

交通网络中同样存在类似的级联失效现象,在城市路网中,由于部分交叉口或者路段发生破坏,出行者到达破坏的路段后,为避开破坏的交叉口或者路段,及时地调整自己的出行路径,从而引起流量在网络中的重新分布,进一步造成其他交叉口或路段产生拥挤影响,最终导致局部交通网络的拥堵甚至整个网络的瘫痪。

针对级联失效现象,学者们提出了各种不同的级联失效模型,如负载-容量模型、沙堆模型等,也有学者通过研究提出了二值影响模型、CASCADE模型、灾害蔓延模型、耦合映像格子模型等。

对于负载容量模型,通常都会对网络上的节点进行初始负荷及容量定义,赋予一定的初始负载。当网络中的节点受到攻击发生故障时,节点的负载会按照一定的规则策略重新分配。

如果节点上重新分配的负载超过了其能承担的容量,那么该节点会因为过载而发生故障,从而造成新一轮的节点负载重新分配。这个过程反复不断地进行下去,越来越多的节点受到影响,直至网络中没有节点再发生过载,此时网络达到稳定的状态,级联失效传播停止。

在沙堆模型中,网络中的第 i 节点被赋予一定的高度 h_i 和阈值 z_i,这里的高度相当于节点的初始负载,阈值的上限一般选取为节点的度 k_i。在每个单位时间内,随机选取一个节点将其高度增加一个单位,如果该节点的高度超过了其阈值,则执行倾倒操作,即从该节点的 k_i 个邻居节点中选取 $[z_i]$ 个节点,将这些节点的高度增加一个单位。如此反复进行,直至网络中的节点全为稳定状态。重复进行以上过程,最后得到网络中故障规模的分布情况。

二值影响模型最大的特点是对于节点状态的定义,通常将网络中的失效节点表示为1,将正常的节点用0来表示。每一个节点在下一个时间单位的状态是由该节点的邻居节点的状态决定的:当节点的邻居中状态为1的节点数与所有邻居节点总数的比值超过一个阀值时,该节点若状态为0则变成1,否则状态不变。二值影响模型也可借用渗流理论进行推导,从而获得网络发生大规模级联失效的临界条件。

CASCADE 模型假设网络中多个类似的节点,并且网络中每个节点的初始负载是随机分配的,在所有的节点上增加一个相同大小的负载扰动,当节点的负载超过容量时则判为故障,并且发生故障的节点会将一个固定负载值传递给网络中其他所有的节点,此过程反复进行直至没有节点再失效。

从国内外的研究现状来看,对于复杂网络的级联失效研究大多集中于电力网络,对于城市路网的级联失效的研究并不多,城市道路交通网络级联失效模型、级联失效的影响因素、级联失效的预防与控制等研究都处于初步阶段。

现阶段关于城市道路交通网络的级联失效模型大多是负载-容量模型,对于实际道路交通网络的特性考虑并不充分,仅仅考虑了路段阻塞效应、出行网络影响等部分交通特性。仍存在几点不足:①城市道路交通网络是一个加权有向的网络;将失效节点或边直接从网络中移除并不符合城市道路交通网络;②采用用户平衡的方法进行配流需要建立在出行者对于整个网络阻抗的精确把握,但往往这些都是不现实的;③缺少对于网络拓扑结构特征与级联失效影响结果之间关系的研究;④城市道路交通网络具有拥挤特性,只从失效边的数量来反映失效程度并不能够充分体现节点或边失效对于道路交通网络的影响。

二、级联失效模型及应用

级联失效模型有以下的应用步骤:

(1)城市道路交通网络级联失效模型

对城市道路交通网络级联失效发生条件进行必要的分析,结合城市路网的特性,在负载-容量模型基础上,对于城市路网级联失效模型进行改进,构建城市路网的边失效模型、节点失效模型,最后针对级联失效的影响给出降低失效影响的控制策略。

(2)复杂路网的路段及交叉口重要性评价

构建城市道路交通网络重要路段的评价体系,从路段的交通特性、路段的拓扑属性以及路段的破坏影响等方面综合评价路段的重要程度,采用变异系数法进行每项指标权重的确定,并采用模糊聚类的方法进行不同路段的分类。

(3) 级联失效模型的实例应用

结合某一城市区域的道路交通网络进行实证分析,对级联失效模型进行验证,确定不同路段及节点的失效影响过程,并对重要路段及节点进行筛选。

其应用思路及过程如图10.14所示。

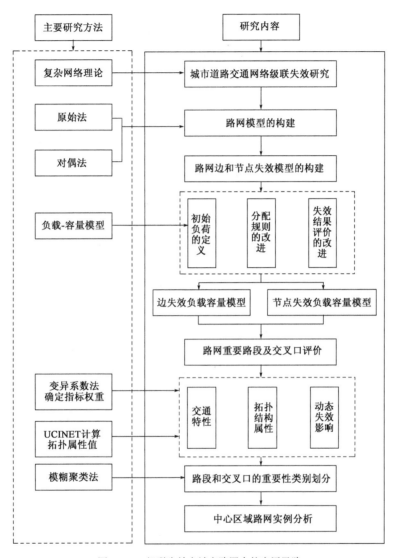

图10.14 级联失效在城市路网中的应用思路

第六节 基于负载-容量模型的交通网络级联失效

一、级联失效的条件

网络中级联失效发生需要有三个必要的条件:①节点之间需要具有耦合关系,这种关系可以是实体连接,也可以是信息的交换;②网络中存在失效的节点或者失效的边,这种失效可能是由于负荷的过载造成,也就是说网络中的节点或者边是存在一定的能力上限的,另一种可能是由于某些突发的自然灾害或人为破坏导致节点或边发生失效;③失效边或节点上的负载能够重新进行分配,即当网络中有节点或边失效后,其上的负载能够进行重新分配。

城市道路交通网络与其他网络一样,具有发生级联失效的条件,也可能发生级联失效的现象。①城市道路交通网络中的耦合关系包括实体连接,即相邻的交叉口之间都有连接路段;②城市道路交通网络中的节点或边的失效是指交叉口或路段发生交通拥堵,拥堵可能是常发的,也可能是偶然的;③城市道路交通网络中失效节点或边的负载重分配是指出行者根据拥堵路段的情况进行路径选择后的流量分配。

因此,本节将城市道路交通网络中的级联失效定义为:在城市道路交通网络中,由于一个或少数几个交叉口或路段发生拥堵或故障后,出行者根据失效路段的情况,可能避开拥堵的交叉口或路段,由此引发的交通流量重新分配,进而造成其他交叉口或路段流量的过载,产生级联效应,最终可能导致局部交通的拥挤或瘫痪甚至整个网络的崩溃。

二、交通网络负载-容量模型

复杂网络中的负载-容量模型的流程为:赋予网络中节点或边一定的初始负荷和容量(安全阈值),当某个节点或边受到攻击而发生故障时,节点或边负荷重新分配,从而导致新的节点或边上的负荷超过其容量而发生故障,如此循环直到过载负荷全部分配到新的节点或边上,甚至覆盖整个网络,产生级联失效。节点或边的初始负荷的确定、故障发生后负荷的重分配规则以及节点或边容量的建立是该模型的前提条件。

(1)初始条件

目前对于网络中节点或边的初始负荷定义方法主要有三种,一是定义节点或边上的负荷服从某种分布;二是采用节点或边的介数定义,如式(10.22)、式(10.23)所示;三是针对交通运输网络构建上层出行网络,根据用户平衡(UE)的规则进行流量的初始分配。其中第二种方法应用最广。

对于节点或边的容量通常根据其上的初始负荷大小来定义,如式(10.24)、式(10.25)所示。

$$L_i^0 = \gamma \cdot B_i \tag{10.22}$$

$$L_{e_i}^0 = \gamma \cdot B_{e_i} \tag{10.23}$$

$$C_i = (1+\delta)L_i^0 \tag{10.24}$$

$$C_{e_i} = (1+\delta)L_{e_i}^0 \tag{10.25}$$

式中:γ、δ——可调节参数;

L_i^0——节点 i 在初始时刻的负载;

$L_{e_i}^0$——边 e_i 在初始时刻的负载;

B_i——节点 i 的介数;

B_{e_i}——边 e_i 的介数;

C_i、C_{e_i}——节点 i 和边 e_i 的容量。

(2)分流规则

对于交通网络,一种分流规则是将失效节点 i 和失效边 e_i 上的负载依据其相邻边的节点和边剩余容量的比例重新分配到失效节点和边的邻接节点和边上,假设 t 时刻邻接节点 j 和邻

接边 e_j 获得的负载为 Δ_j、Δ_{e_j}，则 Δ_j 如式(10.26)所示，Δ_{e_j} 如式(10.27)所示；另一种分流规则是将失效边从网络中删除后再重新根据用户平衡(UE)的规则进行流量的分配。

$$\Delta L_{i \to j}^t = \left[\frac{C_j - L_j}{\sum_{n \in \tau_i}(C_n - L_n)} \cdot L_i^t \right] \cdot M_i^t \tag{10.26}$$

$$\Delta L_{e_i \to e_j}^t = \left[\frac{C_{e_j} - L_{e_j}}{\sum_{n = \tau_{e_i}}(C_n - L_n)} \cdot L_{e_i}^t \right] \cdot M_{e_i}^t \tag{10.27}$$

式中：τ_i——失效节点 i 的所有邻接节点；

τ_{e_i}——失效边 e_i 的所有邻接边；

L_i^t、$L_{e_i}^t$——t 时刻失效节点 i、边 e_i 上的负载；

M_i^t、$M_{e_i}^t$——节点 i 和边 e_i 的负载传播函数。

(3) 失效负载的传播

根据分流规则，t 时刻任意邻接节点 j 和边 e_j 的实时负载 L_j^t、$L_{e_j}^t$ 超过其自身的容量时，即满足 $L_j^t > C_j$、$L_{e_j}^t > C_{e_j}$ 时，亦发生崩溃失效，其实时负载为

$$L_j^t = L_j^{t-1} + \Delta L_{i \to j}^t \tag{10.28}$$

$$L_{e_j}^t = L_{e_j}^{t-1} + \Delta L_{e_i \to e_j}^t \tag{10.29}$$

式中：L_j^{t-1}、$L_{e_j}^{t-1}$——节点 j 和边 e_j 在 $t-1$ 时刻的负载。

为了能够刻画出级联失效的负载传递演化的动力学过程，构建一个失效负载的传播函数 M_i^t、$M_{e_i}^t$，即：

$$M_i^t = \begin{cases} 1 & (L_i^t > C_i) \\ 0 & (L_i^t \leq C_i) \end{cases} \tag{10.30}$$

$$M_{e_i}^t = \begin{cases} 1 & (L_i^t > C_i) \\ 0 & (L_i^t \leq C_i) \end{cases} \tag{10.31}$$

式中：0——t 时刻节点 i 或边 e_i 的负载在容量范围内；

1——t 时刻节点 i 或边 e_i 处于过载失效状态。

(4) 级联失效后果评估

目前，主要采用失效路段相对值指标和路网阻塞程度指标进行交通网络级联失效的后果评估。

$$W_1 = \frac{N'}{N} \tag{10.32}$$

$$J = \frac{\sum_{e_i} q_{e_i} t_{e_i}(t)}{\sum_{e_i} q_{e_i} t_{e_i}(0)} \tag{10.33}$$

式中：W_1——网络失效影响后失效路段所占比例；

N——路段总数；

N'——失效路段数；

J——路网的阻塞程度；

$q_{e_i} t_{e_i}(t)$——t 时刻路段 e_i 上的流量和阻抗乘积；

$q_{ei} t_{e_i}(0)$——初始时刻路段 e_i 上的流量和阻抗乘积。

三、边失效的负载-容量模型

为了构建既符合城市道路交通网络,又便于实际应用的级联失效模型,改进的边失效情况下的级联失效模型如下:

(1)初始负荷的定义

由于城市道路交通网络中路段会受到容量的限制,因此对于原始法构建的拓扑网络图,利用介数大小进行边的初始负荷定义并不符合实际情况。

本文采用边的介数及其对应实际道路路段的通行能力进行初始负荷的定义,任意边 e_i 的初始负载为 $L^0_{e_i}$,边的最大负载能力为 C_{e_i}。

$$L^0_{e_i} = \gamma \cdot B_{e_i} + \delta \cdot D_{e_i} \tag{10.34}$$

$$C_{e_i} = \tau \cdot D_{e_i} \tag{10.35}$$

式中:γ、δ、τ——可调节参数;

D_{e_i}——道路的通行能力。

对于道路 D_{e_i} 的计算,结合实际道路车道数确定各路段的通行能力。

(2)失效负载的再分配

考虑到道路的实际情况,出行者无法在第一时间获取到整个路网的全部信息,失效路段上的流量应按照一定的规则优先向与之相连的路段上进行分流。

将与失效路段相连的路段分为两类,假设相邻路段的方向与失效路段方向之间的夹角为 α,当 α 小于90°或接近于90°时,定义该类路段为失效路段的第二类相邻路段,用集合 φ 来表示,否则为失效路段的第一类相邻路段,用集合 ω 来表示。

如图10.15所示,假设边 e_{12} 为失效边,则边 e_{14} 为边 e_{12} 的第一类相邻边;边 e_{13} 和边 e_{15} 为边 e_{12} 的第二类相邻边。在某一路段发生破坏后,出行者在进行其他路径选择时会优先选择与失效边相连的第二类相邻边,而选择分流到第一类的相邻边的负载只占较小的比例。假设分流到第一类相邻边的负载占失效边上总负载的 ε 倍,则分配到第二类相邻边上的总负载为失效边上总负载的 $(1-\varepsilon)$ 倍。ε 的取值如式(10.36)所示,而同一类中的各边根据其上的权重按照式(10.37)、式(10.38)进行负载分配。

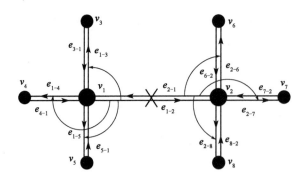

图10.15 边失效的负载重分配规则

假设 $p_{e_{12}}$ 为失效边 e_{12} 上分配的总负载;$p_{e_{14}}$ 为边 e_{14} 分配到的额外负载,$p_{e_{13}}$ 为边 e_{13} 分配到的额外负载;则 $p_{e_{14}}$、$p_{e_{13}}$ 计算如式(10.39)、式(10.40)所示;

$$\varepsilon = \begin{cases} 1 & （仅存在第一类相邻路段） \\ 0 & （仅存在第二类相邻路段） \\ \alpha & （否则, 0 < \alpha < 1） \end{cases} \quad (10.36)$$

$$p_{e_{mn}} = \frac{\dfrac{1}{q_{e_{mn}}}}{\sum_{e_{mn} \in \varphi_{e_{ij}}} \left(\dfrac{1}{q_{e_{mn}}}\right)} \cdot \varepsilon \cdot p_{e_{ij}} \quad (10.37)$$

$$p_{e_{vw}} = \frac{\dfrac{1}{q_{e_{vw}}}}{\sum_{e_{vw} \in \omega_{e_{ij}}} \left(\dfrac{1}{q_{e_{vw}}}\right)} \cdot (1-\varepsilon) \cdot p_{e_{ij}} \quad (10.38)$$

$$p_{e_{13}} = \frac{\dfrac{1}{q_{e_{13}}}}{\dfrac{1}{q_{e_{13}}} + \dfrac{1}{q_{e_{15}}}} \cdot (1-\alpha) \cdot p_{e_{12}} \quad (10.39)$$

$$p_{e_{14}} = \alpha \cdot p_{e_{12}} \quad (10.40)$$

$$q_{e_{ij}} = t_{ij} \left[1 + \beta \left(\frac{x_{e_{ij}}}{D_{e_{ij}}} \right)^{\alpha'} \right] \quad (10.41)$$

式中:e_{mn}——失效边的第一类邻接边;

e_{vw}——失效边的第二类邻接边;

p_{e_i}——失效边 e_{ij} 上的负载;

$\varphi_{e_{ij}}$——失效边 e_{ij} 上所有第一类邻接边的集合;

$\omega_{e_{ij}}$——失效边 e_{ij} 上所有第二类邻接边的集合;

α——失效边负载分配到第一类相邻边的比例,通常根据实际情况取较小数值,如 0.2;

t_{ij}——路段 e_{ij} 上的自由行程时间;

$x_{e_{ij}}$——路段 e_{ij} 上的交通流量;

$D_{e_{ij}}$——路段 e_{ij} 的通行能力;

α'、β——BPR 函数的两个参数。

(3)失效负载的分类

考虑到在具体的城市道路中,对于失效问题存在两种不同的情况,一种情况为某一路段彻底遭到破坏,短暂时间内无法修复,定义为破坏性失效,则在该路段失效后向邻接路段分配的负载为其上的所有负载。第二种情况为某一路段发生堵塞,但并不影响其自身的性能,其向邻接路段分流的交通量并不是其上的所有交通量,而只是超过其最大容量的部分交通量,于是在 t 时刻,失效边 e_i 分配负载量为

破坏性失效:$p = L_{e_i}^t$;

拥堵性影响:$p = L_{e_i}^t - C_{e_i}^t$。

(4)级联失效后果评估

为了结合城市道路交通网络的实际情况,可采用边的影响比例以及失效后网络的平均距离降低比例共同反映网络的失效程度。

$$W_1 = \frac{N'}{N} \tag{10.42}$$

$$H_G^t = \frac{\sum_{i \neq j \in G} d_{ij}}{N(N-1)} \tag{10.43}$$

$$W_2 = \frac{H_G^t - H_G^0}{H_G^0} \tag{10.44}$$

$$W = W_1 + W_2 \tag{10.45}$$

式中：W_1——网络失效后影响路段的比例；

W_2——网络失效后网络平均距离降低比例；

H_G^t——t 时刻由于边 e_i 或节点 i 失效影响后的网络平均距离；

H_G^0——初始时刻网络 G 的平均距离；

N'——影响的边数；

d_{ij}——节点 i 与节点 j 之间的平均距离。

四、节点失效的负载容量模型

对于网络中节点发生故障后引起的级联失效，在已有负载容量模型的基础上，针对城市道路交通网络，改进的节点失效级联失效模型如下：

（1）初始负荷

对于城市道路交通网络来说，节点的初始负荷主要取决于与之相连的路段上的负荷，由于本章构建的网络属于一个有向的网络，故节点的初始负荷具体指驶向交叉方向路段上负载之和，所以对于城市道路交通网络节点的初始负荷定义为

$$L_i = \sum_{n \in \tau_i} L_{e_{ni}} \tag{10.46}$$

式中：L_i——节点 i 的初始负载；

$L_{e_{ni}}$——边 e_{ni} 上的初始负载；

τ_i——节点 i 相邻的节点编号集合。

（2）失效负载的再分配

对于道路交通网络中失效节点的负载再分配，由于对节点的初始负荷采用与之相邻路段的负载之和，故当道路交通网络中的节点发生故障时可以将其看作与之相连的驶向交叉口方向路段的失效，具体的负载重分配原则与边失效相同。如图 10.16 所示，假设在某时刻节点 v_1 发生故障，即认为与之相连的边 e_{2-1}、e_{3-1}、e_{4-1}、e_{5-1} 同时发生失效，然后按照边失效的负载分配规则进行负载的重新分配。计算公式如式（10.37）、式（10.38）所示。

（3）级联失效后果评估

城市道路交通网络中，对于节点的失效后果评估不能采用影响的节点数来判断节点的失效影响，所以还应采用边的影响比例以及失效后网络的平均距离降低比例共同反映节点的失效影响程度。失效后果影响计算公式如式（10.42）、式（10.44）、式（10.45）所示。

五、降低级联失效影响的控制策略

对城市道路交通网络路段及节点的级联失效研究，其目的是为了解不同路段及节点破坏对于路网的影响程度，根据破坏的影响程度来寻找城市道路交通网络中的关键节点及路段，对

其进行有效的管理与维护,防止关键节点的故障而导致路网发生大规模的瘫痪,并在以后用于指导城市道路网络的设计、管理与控制,保障城市道路交通网络能够持续、可靠的运行。从失效发生前的预防策略和失效发生后的控制两方面入手,构建城市道路交通网络级联失效控制策略,如图10.17所示。

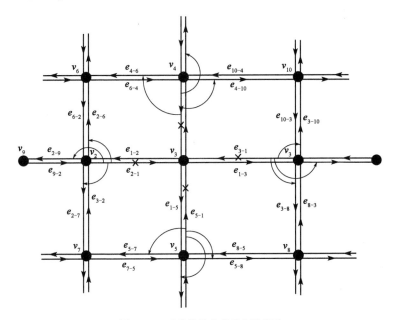

图10.16 边失效的负载重分配规则

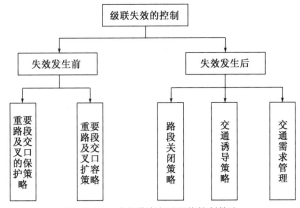

图10.17 城市道路交通网络控制策略

(1)重要路段及交叉口的保护策略

通过对路网中每条路段及交叉口的级联失效影响可以看出,网络中存在部分路段和交叉口,当其发生故障后会对路网造成大范围的失效影响,因此网络中的这些关键路段及交叉口对网络正常运营有着重要的作用。在对重要路段及交叉口的保护方面,结合对重要路段及交叉口的重要性分析进行针对性的保护,对于这些关键路段和交叉口的保护可以通过设施设备的日常检查及流量的随时监控等,预防其发生失效。

(2)重要路段及交叉口的扩容策略

对城市道路交通网络级联失效的模型研究发现,通过提高路段和交叉口的容量限制能够降低级联失效的影响范围,但对于城市道路来说进行道路的扩充不仅受到成本的限制,也会受到土地资源的限制,网络的容量不可能足够大,但可以辨识出网络中的少数关键路段的失效最容易引发路网的大面积失效,通过对这些路段的容量进行一定的扩充,对于短期内提升路网效率很有效果。

(3) 路段关闭策略

路段关闭策略属于网络控制的范畴,主要指当城市道路交通网络中某些路段发生破坏或拥挤后,对于路网中的一些非关键路段进行短时间内的关闭,防止拥挤的大范围扩散,以保障路网能够正常运行。传统的思想认为对于网络中的路段进行关闭只会降低路网的效率,但对于级联失效的影响研究来看,关闭某些路段能够对于维持路网的正常运行起到关键作用。同时路网中也存在一些特殊的路段,如应急快速通道等,在级联失效发生时,有必要保证这些特殊路段的畅通,所以对于一些非关键路段进行短暂的关闭有着重要意义。

从对路网中交叉口和路段的失效影响来看,路网中的交叉口失效影响要比路段的失效更为严重,但有时候由于某些路段的失效会进而导致交叉口的拥堵,为了避免由于路段的失效而影响到交叉口的功能,在某些路段发生失效后有必要进行某些路段的临时关闭来保障交叉口的通畅,进而维持整个路网的稳定性。通过对比关闭路段前后网络的平均通行时间,来判断一条路段是否为可关闭的路段,进而筛选出某些路段发生失效后应优先关闭的路段。

(4) 交通诱导策略

交通诱导控制是指城市道路交通网络中某些路段或交叉口发生拥挤或者受到攻击后,通过交通智能管理系统及时向出行者提供交通诱导信息来影响出行者的行为(包括路径选择的改变、出行方式的改变、出行时间的改变等),从而避开拥堵的路段和交叉口,保障交通网络的可靠性。其中,通过发布诱导信息影响出行者路径的选择是最常见、也是最快速的手段。

(5) 交通需求管理

交通需求管理主要可以从压缩城市基本出行的需求、均衡交通负荷的时空分布等方面进行。压缩城市基本出行需求可以通过控制土地利用、促进城市向多中心、多组团结构的布局方向发展,严格进行城市中心区的容积率控制、建筑密度和人口规模的控制等。均衡交通负荷的时空分布可以通过从时间和空间上进行,时间上进行错时上下班,压缩周工作日,采取弹性工作时间等措施;空间上可以采取区域通行许可等相关制度,限制某种车辆在某一时段的进入等措施。

本章习题

1. 对某区域的交通网(如城市道路网、航运线网等)进行复杂网络建模,统计其特征指标如度、平均路径长度、聚类系数等,并分析其网络类型。

2. 针对特定城市的轨道交通网络,选取某种级联失效模型,在假定某站点发生故障的条件下,给出城市轨道交通网络的级联失效过程,并提出相应的应急措施。

PART 3 | 第三篇

交通运输系统分析的应用

第十一章
地铁换乘枢纽的拥挤评价

第一节 地铁换乘枢纽拥挤评价方法

一、K-means 聚类分析

K-means 聚类分析法是以空间中 k 个点为中心进行聚类,对与其最接近的对象归类,K-means 对需要聚类的数据做如下假设:对于每个类均可以选出一个中心点,使得该类中所有点与该中心点之间的距离小于与其他类的中心点的距离。

基于上述假设,可以推导出用 K 均值进行优化的目标函数。如果总共需要将 N 个数据分为 K 类,K-means 的目的是使式(11.1)最小化。其中,T_{nk} 在数据点 n 被归类到 k 类的时候为 1,否则为 0。

$$J = \sum_{n=1}^{N} \sum_{k=1}^{K} T_{nk} \|x_n - \mu_k\|^2 \tag{11.1}$$

采取迭代使得 J 最小化:先固定 μ_k,选择最优的 T_{nk},只要将数据点归类到最近的中心,就可以确保 J 最小;然后固定 T_{nk},再求最优的 μ_k。将 J 对 μ_k 求导并令导数等于 0,则得到 J 最小时 μ_k 应该满足:

$$\mu_k = \frac{\sum_n T_{nk} x_n}{\sum_n T_{nk}} = \text{mean}(x_n) \qquad (11.2)$$

式中：x_n——属于 K 类的点坐标，即 μ_k 的值是所有 K 类数据的平均值。

K-means 聚类分析法的具体步骤如下：

(1) 选定 K 个中心 μ_k 的初值。

(2) 将各评价指标归到最近中心点所在的类中。

(3) 计算出每个类的新的聚类中心：

$$\mu_k = \frac{1}{N_K} \sum_{j \in K} x_j \qquad (11.3)$$

(4) 重复步骤(2)，直到最大步数迭代完成或前后 J 值之间的差小于阈值。

二、排队模型

1. M/M/C 模型

若顾客的到达间隔服从参数为 λ 的负指数分布，每位顾客的服务时间服从参数为 μ 的负指数分布，且顾客的到达时间与服务时间独立，系统有 C 个服务台，这样的排队模型为 M/M/C 排队模型，系统的运行指标可求。

平均队长和平均等待时间分别为

$$\begin{cases} L_q = \dfrac{\left(C\dfrac{\lambda}{u}\right)^C \dfrac{\lambda}{u}}{C!\left(1-\dfrac{\lambda}{u}\right)^2}\left[\sum_{k=0}^{C-1}\dfrac{1}{k!}\left(\dfrac{\lambda}{u}\right)^k + \dfrac{\left(\dfrac{\lambda}{u}\right)^C}{C!\left(1-\dfrac{\lambda}{u}\right)}\right]^{-1} \\ W_q = \dfrac{L_q}{\lambda} \end{cases} \qquad (11.4)$$

式中：L_q——排队长度的期望值(人)；

W_q——等待时间(min)；

λ——客流到达率(人/min)，$\lambda > 0$；

u——服务率(人/min)。

2. M/G/C 模型

若顾客的到达间隔服从参数为 λ 的负指数分布，每位顾客服务时间的分布是一般的随机分布，服务时间期望值 $E(s)$ 和方差 $D(s)$ 均已知，且顾客的到达时间与服务时间独立，系统有 C 个服务台，这样的排队模型为 M/G/C 排队模型。

当 $\rho = \dfrac{\lambda}{\mu} < 1$ 时，系统达到稳态。该系统各运行指标为

$$\begin{cases} L_q = \dfrac{\lambda D(s) + \lambda [E(s)]^2}{2E(s)[C-\lambda E(s)]}\left[1+\sum_{i=0}^{C-1}\dfrac{(C-1)!\,[C-\lambda E(s)]}{i!\,[\lambda E(s)]^{C-i}}\right]^{-1} \\ W_q = \dfrac{L_q}{\lambda} \end{cases} \qquad (11.5)$$

三、TOPSIS 法

TOPSIS 法是一种排序方法,以有限评估对象与理想目标的接近程度为基础,在 1981 年由 C. L. Hwang 和 K. Yoon 第一次提出,该方法也可对现有对象进行相对优劣评价,又被称为优劣解距离法。

TOPSIS 法通常用于对一个拥有多个指标的对象进行综合分析评价,具体思路可以分解为 3 个部分。假设存在某一多属性的决策问题:

(1)方案以矩阵的形式表示。m 个备选方案表示为方案集 $X = \{x_1, x_2, \cdots, x_m\}$。每个方案有 n 个属性,属性集为 $Y = \{y_1, y_2, \cdots, y_n\}$。则方案集 X 中每个方案 x_i 的 n 个属性可以构成一个向量 $Y_i = \{y_{i1}, y_{i2}, \cdots, y_{in}\}$,它作为 n 维空间的一个点能唯一代表方案 x_i 的存在。

(2)确定正负理想解。正、负理想解分别用 x^+ 和 x^- 表示。正理想解 x^+ 对应的属性值是最优值,是方案集 X 中虚拟的最优方案。负理想解 x^- 对应的属性值是最差值,是方案集 X 中虚拟的最劣方案。

(3)比较方案与正理想解的相似度。在 n 维空间中,计算方案集 $X = \{x_1, x_2, \cdots, x_m\}$ 中 m 个方案到正、负理想解的距离,与正理想解距离近,且与负理想解距离远的方案最优。根据这个原理,可以得出备选方案的排列顺序。

在进行集散区域拥挤评价时,分别将水平通道和各站台的观测值以及各拥挤等级的标准值作为 TOPSIS 法的决策方案。通过使用 TOPSIS 法,可以得到每个集散位置和各拥挤等级与正理想解之间的接近度,最后通过排序获得每个集散位置的拥挤程度。

第二节 拥挤评价的指标体系

地铁换乘枢纽拥挤定义如下:在地铁换乘枢纽特定建筑空间环境和设施设备布局的约束下,乘客个体之间频繁发生局部接触、挤压导致个人行走行为减弱、行为空间的压缩。特别地,本章所提到的地铁换乘枢纽拥挤为乘客个体所处环境的拥挤。本节主要研究地铁换乘站。

地铁换乘枢纽属于乘客服务设施,根据乘客的移动服务方式不同,地铁换乘枢纽内乘客服务设施分通过类、集聚类和排队类 3 种,乘客服务设施分类如图 11.1 所示。

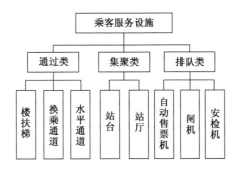

图 11.1 乘客服务设施分类示意图

一、排队区域拥挤评价指标

排队长度、逗留时间和等待时间是排队系统常用的指标。本章用排队系统中的排队长度和等待时间来描述地铁换乘枢纽排队区域的客流排队行为特征,并用其来评价排队区域客流拥挤强度。

1. 排队长度

排队长度的期望值记作 L_q,表示的是正在排队等待通过服务设施的乘客队长,是指排队系统中等待通过的乘客数量期望值。该指标从状态上反映了各设施处由于客流量巨大或者通行设施通行能力有限导致的排队现象。

2. 等待时间

等待时间的期望值 W_q 表示乘客在设施排队系统中的等待时间,是指从乘客进入排队系统至开始接受设施服务的时间期望值。该指标可以反映在各设施处由于客流量巨大或者设施通行能力有限,导致的客流行走时间延误。

二、集散区域拥挤评价指标

在解释拥挤和评价拥挤程度的实践中,一般选择容易被量化的密度概念。通常,处于相同密度下的乘客,对拥挤感知可能存在差异。因此,在定义和解释拥挤程度时,只用人群密度或以密度为基础的设施服务水平是存在局限的。国内外主要从"平均速度、客流量、客流密度"三个方面对客流进行研究,本章在评价集散区域拥挤评价时,选用客流量、客流密度、乘客步行速度三个基本指标。

(1)客流量

客流量指某一段时间内通过某点或某一截面的乘客数量,单位是人/min。客流量公式为

$$Q(x,y,t) = \rho(x,y,t) \times v(x,y,t) \tag{11.6}$$

其中,$\rho(x,y,t)$ 和 $v(x,y,t)$ 可以通过关于密度和速度的调查方法求出。

在实际调查时,根据不同集散区域选择枢纽内基础设施的调查断面,统计 5min 时间间隔内通过该断面的乘客数量。计算每个时间间隔中,单位时间、单位宽度内通过该断面的乘客数量即为客流量,单位为人/(m·min)。

(2)客流密度

客流密度指单位面积或研究设施内的平均乘客数量,单位为人/m²。本章中客流密度是指地铁换乘枢纽内某集散设施区域内的乘客数量与该区域有效面积之比。处理客流密度时,先统计特定时刻停留在调查区域内的乘客数量,然后除以调查区域的面积即可得到客流密度值,其具体计算如式(11.7)所示。

$$\rho = \frac{Q}{S} = \frac{Q}{LW} \tag{11.7}$$

式中:ρ——集散区域某设施处的客流密度(人/m²);

Q——某瞬间在集散区域某设施处的乘客数量(人);

S——集散区域某设施的面积(m²);

L——集散区域某设施的长度(m);

W——集散区域某设施的宽度(m)。

本章采取连续观测的方法,时间间隔为5min,连续观测次数为3次,分别在第100s、200s以及300s对观测区域拍照,获得每个时间点的乘客数量,并对5min内的3组数据求平均值,此平均值与观测区域有效面积的比值即为客流密度。

(3)乘客步行速度

地铁换乘枢纽内的乘客步行速度是平均移动的速度,指乘客在指定方向上运动的速率。给定第i个乘客在t(min)时间内的运行距离为X_i(m),乘客步行速度v(m/min)的计算公式为

$$v = \frac{X_i}{t} \tag{11.8}$$

为了更直观反映地铁换乘枢纽拥挤的变化趋势,参考我国颁布的《国家突发公共事件总体应急预案》(2006),对突发公共安全事件严重程度的分级提出4种行人状态,将地铁换乘枢纽拥挤划分为4个等级,各等级对应的拥挤状态及状态描述见表11.1。

地铁换乘枢纽拥挤状态划分 表11.1

拥挤等级	拥挤状态	状态描述
A	基本通畅	自由选择步行速度,容易赶超,乘客之间无冲突。无自组织行为
B	一般拥挤	步行速度正常,感觉到他人存在,赶超有困难,逆行有冲突。自组织行为开始产生
C	比较拥挤	步行速度受到限制,赶超受限,逆行冲突显著。自组织处于较好状态
D	严重拥挤	步行速度限制严重,不能逆行。自组织处于较好状态

表11.1是对4种拥挤状态的定性描述,为了便于实现拥挤的定量化,需要对拥挤指标进行阈值的划分。在划分各设施的拥挤等级时,参考城市轨道车站客流拥堵等级的划分标准,结合实际情况采取K-Means聚类分析法对拥挤评价指标数据进行分类,从而划分拥挤等级。

(1)排队区域等级划分

对排队区域各服务设施处排队人数和等待时间进行3个聚类中心的K-means聚类分析,最终聚类中心结果如表11.2所示。

排队区域服务设施排队人数与等待时间最终聚类中心 表11.2

服务设施	评价指标	最终聚类中心		
		1	2	3
安检机	排队人数(人)	14.17	2.30	8.11
	等待时间(s)	18.42	8.20	31.69
闸机	排队人数(人)	20.77	1.64	9.28
	等待时间(s)	5.76	20.51	44.82
楼扶梯	排队人数(人)	5.06	15.10	26.10
	等待时间(s)	3.08	23.39	40.98
站台乘降区	排队人数(人)	117.06	198.17	45.53
	等待时间(s)	38.39	136.13	268.55

根据以上排队区域各服务设施的最终聚类中心,对排队区域拥挤评价指标进行分级,如表11.3所示。

排队区域拥挤评价指标分级　　　　　　　表11.3

服务设施	评价指标	A	B	C	D
安检机	排队长度(人)	<2.30	2.30~8.11	8.11~14.17	>14.17
	等待时间(s)	<8.20	8.20~18.42	18.42~31.69	>31.69
闸机	排队长度(人)	<1.64	1.64~9.28	9.28~20.77	>20.77
	等待时间(s)	<5.76	5.76~20.51	20.51~44.82	>44.82
楼扶梯	排队长度(人)	<5.06	5.06~15.10	15.10~26.10	>26.10
	等待时间(s)	<3.08	3.08~23.39	23.39~40.98	>40.98
站台乘降区	排队长度(人)	<45.53	45.53~117.06	117.06~198.17	>198.17
	等待时间(s)	<38.39	38.39~136.13	136.13~268.55	>268.55

(2)集散区域等级划分

在对集散区域各评价指标进行等级划分时,采用实地观测和跟随法对3处集散区域早高峰(7:30—9:30)、平峰(12:30—14:30)和晚高峰(16:00—18:00)时段内客流密度、速度和客流量进行调查,时间间隔为5min。

对观测样本的密度、速度和单位宽度客流量进行 K-means 聚类分析,对地铁换乘枢纽集散区域各指标分为4个等级,因 TOPSIS 法输入数值为确定值,所以将最终聚类中心作为各等级的标准值,最终聚类中心分析结果和各等级标准值如表11.4所示。其中速度值越大,其等级越好,与另外两个指标的变化趋势不同,速度分级的聚类等级和拥挤等级的顺序相反。

集散区域拥挤评价指标的最终聚类中心和分级标准值　　　　　　　表11.4

拥挤等级	客流密度(人/m²)	速度(m/min)	客流量(人/min)
A	0.53	88.07	7.00
B	1.24	64.26	12.74
C	2.16	43.45	19.40
D	3.42	30.45	28.20

第三节　地铁换乘枢纽拥挤评价模型构建

一、排队区域拥挤评价模型

1. 安检机拥挤评价

用排队长度与等待时间来衡量安检机(Security Checks Machine)拥挤程度,因此安检机的拥挤等级应该由排队长度等级和等待时间等级两个指标加权平均确定:

$$CL_s = \alpha_1 CL_s(L_q) + \alpha_2 CL_s(W_q) \qquad (11.9)$$

式中:CL_s——安检机拥挤等级;

$CL_s(L_q)$——安检机排队长度等级;

$CL_s(W_q)$——安检机等待时间等级;

α_1——安检机排队长度等级的权重；

α_2——安检机等待时间等级的权重。

通过调查统计求得 $\alpha_1 = 0.51, \alpha_2 = 0.49$，代入上述公式得：

$$CL_s = 0.51 CL_s(L_q) + 0.49 CL_s(W_q) \tag{11.10}$$

2. 闸机拥挤评价

用排队长度与等待时间来衡量闸机(Gates)拥挤程度，因此闸机的拥挤等级应该由闸机的排队长度等级和等待时间等级两个指标加权平均确定：

$$CL_g = \beta_1 CL_g(L_q) + \beta_2 CL_g(W_q) \tag{11.11}$$

式中：CL_g——闸机拥挤等级；

$CL_g(L_q)$——闸机排队长度等级；

$CL_g(W_q)$——闸机等待时间等级；

β_1——闸机排队长度等级的权重；

β_2——闸机等待时间等级的权重。

通过调查统计求得 $\beta_1 = 0.58, \beta_2 = 0.42$，代入上述公式得：

$$CL_g = 0.58 CL_g(L_q) + 0.42 CL_g(W_q) \tag{11.12}$$

3. 楼扶梯拥挤评价

在衡量楼扶梯(Stairs and Escalator)拥挤程度时同样使用排队长度与等待时间，因此楼扶梯的拥挤等级应该由楼扶梯的排队长度等级和等待时间等级两个指标加权平均确定：

$$CL_{se} = \gamma_1 CL_{se}(L_q) + \gamma_2 CL_{se}(W_q) \tag{11.13}$$

式中：CL_{se}——楼扶梯拥挤等级；

$CL_{se}(L_q)$——楼扶梯排队长度等级；

$CL_{se}(L_q)$——楼扶梯等待时间等级；

γ_1——楼扶梯排队长度等级的权重；

γ_2——楼扶梯等待时间等级的权重。

通过调查统计求得 $\gamma_1 = 0.65, \gamma_2 = 0.35$，代入上述公式得：

$$CL_{se} = 0.65 CL_{se}(L_q) + 0.35 CL_{se}(W_q) \tag{11.14}$$

4. 站台乘降区拥挤评价

用排队长度与等待时间来衡量站台乘降区(Platform Landing Area)拥挤程度，因此，站台乘降区的拥挤等级应该由站台乘降区的排队长度等级和等待时间等级两个指标加权平均确定：

$$CL_{pl} = \delta_1 CL_{pl}(L_q) + \delta_2 CL_{pl}(W_q) \tag{11.15}$$

式中：CL_{pl}——站台乘降区拥挤等级；

$CL_{pl}(L_q)$——站台乘降区排队长度等级；

$CL_{pl}(W_q)$——站台乘降区等待时间等级；

δ_1——站台乘降区排队长度等级的权重；

δ_2——站台乘降区等待时间等级的权重。

通过调查统计求得 $\delta_1 = 0.47, \delta_2 = 0.53$，代入上述公式得：

$$CL_{pl} = 0.47 CL_{pl}(L_q) + 0.53 CL_{pl}(W_q) \tag{11.16}$$

地铁换乘枢纽排队区域拥挤等级的评价模型可以表示为

$$CL = \frac{\omega_1}{n_1} \times \sum_{i=1}^{n_1} CL_{si} + \frac{\omega_2}{n_2} \times \sum_{j=1}^{n_2} CL_{gj} + \frac{\omega_3}{n_3} \times \sum_{k=1}^{n_3} CL_{sek} + \frac{\omega_4}{n_4} \times \sum_{u=1}^{n_4} CL_{plu} \qquad (11.17)$$

式中： CL——地铁换乘枢纽排队区域拥挤等级；

CL_{si}——枢纽内第 i 个安检机拥挤等级，$i = 1,2,\cdots,n_1$；

CL_{gj}——枢纽内第 j 个闸机拥挤等级，$j = 1,2,\cdots,n_2$；

CL_{sek}——枢纽内第 k 个楼扶梯拥挤等级，$k = 1,2,\cdots,n_3$；

CL_{plu}——枢纽内第 u 个站台乘降区拥挤等级，$u = 1,2,\cdots,n_4$；

n_1、n_2、n_3、n_4——安检机、闸机、楼扶梯和站台的个数；

ω_1、ω_2、ω_3、ω_4——安检机、闸机、楼扶梯和站台乘降区的权重系数，且有 $\omega_1 + \omega_2 + \omega_3 + \omega_4 = 1$。

对排队区域及该区域服务设施的拥挤等级 A～D 分别赋值 0.2、0.4、0.6、0.8。

该模型可以明确对枢纽拥挤等级产生影响最大的单个设施拥挤因素，权重系数能够体现各设施拥挤对枢纽拥挤的影响程度。由于枢纽拥挤等级是单个设施处拥挤等级的加权，因此得到地铁换乘枢纽拥挤等级的同时，也可以得出具体的设施拥挤等级。

二、集散区域拥挤评价模型

利用 TOPSIS 方法进行集散区域的拥挤评价，其核心思想是比较每个方案与正负理想解的距离比，如果方案接近正理想解且远离负理想解，则该方案更好。正理想解通常是预先想好的方案，它所对应的各属性至少达到各方案中的最佳值；负理想解被认为是最差的方案，其对应的各属性至少不优于各方案的最差值。把实际可行解与正、负理想解进行比较是方案排队的决策规则，如果某可行解距离正理想解最近且距离负理想解最远，则此解是方案的满意解。

其计算模型如下所述：

（1）将集散区域拥挤等级标准值和各集散服务设施的实测值看作多个评价方案，构建决策矩阵 A。由 A 可以构成规范化的决策矩阵 Z'，其元素为 Z'_{ij}，且有：

$$Z'_{ij} = \frac{f_{ij}}{\sqrt{\sum_{i=1}^{n} f_{ij}^2}} \qquad (11.18)$$

式中：f_{ij}——由决策矩阵 A 给出，表示第 i 个方案的第 j 个指标值；$i = 1,2,\cdots,n$；$j = 1,2,\cdots,m$。

$$A = \begin{pmatrix} f_{11} & f_{12} & \cdots & f_{1m} \\ f_{21} & f_{22} & \cdots & f_{2m} \\ \vdots & \vdots & \cdots & \vdots \\ f_{n1} & f_{n2} & \cdots & f_{nm} \end{pmatrix} \qquad (11.19)$$

（2）构造规范化的加权决策矩阵 Z，其元素为 Z_{ij}。

其计算公式为

$$Z_{ij} = W_j Z'_{ij} \qquad (11.20)$$

其中，W_j 是属性 j 对应的权重，且每个方案中所有属性的权重相加等于1，即：

$$\sum_{j=1}^{m} W_j Z_{ij} = 1 \qquad (11.21)$$

(3) 确定正理想解 Z^+ 和负理想解 Z^-。

如果决策矩阵 $\mathbf{Z}$ 中元素 Z_{ij} 值越大，则该方案越好，即该属性为收益型，则：

$$Z^+ = (Z_1^+, Z_2^+, \cdots, Z_m^+) = \{\max Z_{ij} \mid j = 1, 2, \cdots, m\} \tag{11.22}$$

$$Z^- = (Z_1^-, Z_2^-, \cdots, Z_m^-) = \{\min Z_{ij} \mid j = 1, 2, \cdots, m\} \tag{11.23}$$

如果决策矩阵 $\mathbf{Z}$ 中元素 Z_{ij} 值越小，表示方案越好，即属性为成本型，则：

$$Z^+ = (Z_1^+, Z_2^+, \cdots, Z_m^+) = \{\min Z_{ij} \mid j = 1, 2, \cdots, m\} \tag{11.24}$$

$$Z^- = (Z_1^-, Z_2^-, \cdots, Z_m^-) = \{\max Z_{ij} \mid j = 1, 2, \cdots, m\} \tag{11.25}$$

(4) 计算从各方案到正、负理想点的距离 D_i^+ 和 D_i^-。

$$D_i^+ = \sqrt{\sum_{j=1}^{m}(Z_{ij} - Z^+)^2} \tag{11.26}$$

$$D_i^- = \sqrt{\sum_{j=1}^{m}(Z_{ij} - Z^-)^2} \tag{11.27}$$

(5) 计算各方案与正理想解的接近程度。方案到正理想解的距离与正、负理想解距离之和的比值作为接近程度。比值越趋近 1，则方案越接近正理想解；比值越接近 0，则方案越接近负理想解。通过式(11.28)计算接近程度。

$$C_i = \frac{D_i^+}{D_i^- + D_i^+} \tag{11.28}$$

可知，$0 \leq C_i \leq 1$。

(6) 将 C_i 按从大到小排序，便可以看出集散区域各服务设施的拥挤状态。

地铁换乘枢纽集散区域拥挤等级的评价模型可以表示为

$$C_i = \omega_5 \times C_{iH} + \omega_6 \times C_{iP_1} + \omega_7 \times C_{iP_2} \tag{11.29}$$

式中：C_i——地铁换乘枢纽集散区域拥挤等级；

C_{iH}——水平通道拥挤等级；

C_{iP_1}——1 号线站台集散拥挤等级；

C_{iP_2}——2 号线站台集散区拥挤等级；

ω_5、ω_6、ω_7——水平通道、1 号线站台集散区、2 号线站台集散区的权重系数，且有 $\omega_5 + \omega_6 + \omega_7 = 1$。

对集散区域及该区域服务设施的拥挤等级 A~D 分别赋值 0.2、0.4、0.6、0.8。

对排队区域和集散区域分别进行拥挤评价后，将得出的各服务设施的拥挤等级值作为评价地铁换乘枢纽拥挤的样本值，其中某类设施包含多个设施的，取多个设施的拥挤等级平均值作为该类设施拥挤等级值。

将各拥挤等级标准值与样本值作为多个不同的决策方案，利用 TOPSIS 法综合评价地铁换乘枢纽拥挤状况。由于排队区域和集散区域的拥挤评价所得结果类型不同，所以在进行综合评价之前要先将决策矩阵去量纲化和归一化，得到规范化的决策矩阵。然后求解不拥挤状态和拥挤最严重状态时的各个指标值，比较各拥挤等级与样本数据到两个极端状态的接近程度并排序后，可以很直观地看出调查时段地铁换乘枢纽的拥挤等级。

第四节 排队区域拥挤评价

以大连市西安路地铁换乘枢纽为实例,进行数据调查并作拥挤评价。

一、排队区域服务设施拥挤评价

1. 安检机拥挤评价

乘客在安检机处排队通过时,会形成一个多服务台等待制 M/G/C 排队模型。调查西安路站2处安检机的客流到达率和服务时间,获得评价需要的样本数据。其中 B 口布置2个安检机,即2个服务台,排队模型为 M/G/2;A 口放置1个安检机,即1个服务台,排队模型为 M/G/1。安检机晚高峰调查数据如表11.5所示。

安检机晚高峰调查数据(部分)　　　　　　表11.5

时间	客流到达(人/5min)		排队人数(人)		服务时间(s)	
	A 安检机	B 安检机	A 安检机	B 安检机	A 安检机	B 安检机
17:00	57	108	3	12	6.7	11.5
17:05	82	169	0	7	9.2	10.7
17:10	66	173	7	16	5.8	4.9
17:15	91	164	4	11	12.7	6.3
17:20	103	201	4	8	4.6	8.1

晚高峰时段样本数据用 SPSS 软件进行分析后,得到 A 口安检机和 B 口安检机的客流平均到达率 λ_s 分别为 10.28人/min、21.48人/min,客流服务时间标准差分别为 0.1476min、0.1113min,每台安检机的服务率 μ_s 为 11.87人/min。

将样本数据代入式(11.5),计算得到样本数据对应的排队长度期望值 L_{qs} 和等待时间期望值 W_{qs},将其代入式(11.10),对照表11.3可以得到两处安检机的排队长度等级 $CL_s(L_q)$、等待时间等级 $CL_s(W_q)$ 以及安检机拥挤程度 CL_s 的值。同理,可以计算得到早高峰时段和平峰时段的拥挤程度值,具体结果如表11.6所示。

安检机拥挤等级评价结果　　　　　　表11.6

时段	位置	L_{qs}(人)	W_{qs}(min/人)	$CL_s(L_q)$	$CL_s(W_q)$	CL_s
早高峰	B 口安检机	5.98	17.82	B	B	0.400
	A 口安检机	4.37	29.74	B	C	0.498
平峰	B 口安检机	0.37	1.99	A	A	0.200
	A 口安检机	0.05	1.77	A	A	0.200
晚高峰	B 口安检机	11.21	31.33	C	C	0.600
	A 口安检机	7.37	43.00	B	D	0.596

2. 楼扶梯拥挤评价

乘客在排队接受楼扶梯服务的过程中,乘客和楼扶梯组成一个多服务台等待制 M/G/C

排队模型。乘客在楼扶梯上一般是向一个方向行走,即不可逆性;但是双向混行的楼梯用于上行客流和下行客流,即楼梯处的客流具有双向性。因此,应该分别考虑楼梯处上、下行客流平均到达率。可以将楼扶梯的通行能力看作是服务能力,因而可得楼扶梯的客流到达率和服务率:

$$\begin{cases} \lambda_{se} = \lambda_{se1} + \lambda_{se2} + \lambda_{se3} + \lambda_{se4} \\ \mu_{se} = Q_1 \times d_1 + Q_2 \times d_2 \end{cases} \quad (11.30)$$

式中:λ_{se1}、λ_{se2}——楼梯上、下行方向客流到达率(人/min);

λ_{se3}、λ_{se4}——上、下行自动扶梯客流到达率(人/min);

Q_1、Q_2——楼梯、自动扶梯的单位宽度通行能力[人/(min·m)];

d_1、d_2——楼梯、自动扶梯的宽度(m)。

调查6处楼扶梯的客流到达率和服务时间,用SPSS软件分析获得的样本数据,得到5个楼梯上、下行方向的客流平均到达率、7个自动扶梯客流平均到达率,以及客流服务时间标准差,整理如表11.7所示。将楼扶梯宽度与单位宽度楼扶梯最大通行能力相乘,得楼扶梯处的客流服务率,如表11.7所示。

楼扶梯客流平均到达率与服务率 表11.7

位置	客流到达率(人/min)				服务时间标准差(min)	服务率(人/min)
	楼梯		自动扶梯			
	上行	下行	上行	下行		
SE1	31.26	32.08	—	—	0.064	106.67
SE2	4.33	3.17	37.04	35.57	0.081	373.30
SE3	19.41	32.92	30.73	—	0.069	309.33
SE4	—	—	37.41	32.36	0.074	320.00
SE5	18.37	21.80	36.19	—	0.071	309.33
SE6	20.76	21.64	34.75	—	0.069	309.33

将表11.7中数据代入式(11.5),通过编程计算相应的排队长度期望值L_{qse}和等待时间期望值W_{qse};然后将L_{qse}和W_{qse}代入式(11.21),对照表11.3可以得到6处楼扶梯的排队长度等级$CL_{se}(L_q)$、等待时间等级$CL_{se}(W_q)$以及楼扶梯拥挤程度CL_{se}的值。同理,可以计算得到早高峰时段和平峰时段的拥挤程度值,具体结果如表11.8所示。

楼扶梯拥挤等级评价结果 表11.8

时段	位置	L_{qse}(人)	W_{qse}(min/人)	$CL_{se}(L_q)$	$CL_{se}(W_q)$	CL_{se}
早高峰	SE1	11.71	13.25	B	B	0.400
	SE2	23.51	18.67	C	B	0.530
	SE3	20.86	15.56	C	B	0.530
	SE4	14.52	13.41	B	B	0.400
	SE5	14.69	13.07	B	B	0.400
	SE6	12.69	11.75	B	B	0.400
平峰	SE1	0.42	1.90	A	A	0.200
	SE2	1.40	4.18	A	B	0.270
	SE3	1.13	3.23	A	B	0.270

续上表

时段	位置	L_{qse}(人)	W_{qse}(min/人)	$CL_{se}(L_q)$	$CL_{se}(W_q)$	CL_{se}
平峰	SE4	2.01	4.65	A	B	0.270
	SE5	0.71	2.62	A	A	0.200
	SE6	1.10	3.18	A	B	0.270
晚高峰	SE1	20.66	19.57	C	B	0.530
	SE2	26.83	20.10	D	B	0.660
	SE3	22.50	16.25	C	B	0.530
	SE4	17.07	14.68	C	B	0.530
	SE5	19.55	15.36	C	B	0.530
	SE6	18.92	14.71	C	B	0.530

3.排队区域各服务设施拥挤评价

闸机拥挤评价与检票机拥挤评价方法类似,站台拥挤评价与楼扶梯拥挤评价方法类似,此处不再赘述。

在不同的时段内,地铁换乘枢纽排队区域各服务设施的拥挤程度可通过图11.2表示出来。

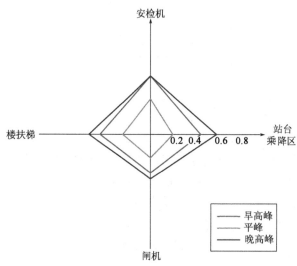

图 11.2 排队区域各服务设施拥挤程度

二、排队区域拥挤评价

确定西安路地铁换乘枢纽排队区域内各种类型设施权重系数的方法有很多,包括排序、打分、层次分析等方法。通过在问卷调查中设置的相关问题,得到安检机、闸机、楼扶梯、站台乘降区的权重分别为 $\omega_1 = 0.257$、$\omega_2 = 0.260$、$\omega_3 = 0.247$、$\omega_4 = 0.236$,代入式(11.17)中得到排队区域拥挤评价模型为

$$CL = \frac{0.257}{2} \times \sum_{i=1}^{2} CL_{si} + \frac{0.260}{5} \times \sum_{j=1}^{5} CL_{gj} + \frac{0.247}{6} \times \sum_{k=1}^{6} CL_{sek} + \frac{0.260}{4} \times \sum_{u=1}^{4} CL_{plu} = 0.51$$

同理,计算得早高峰时段 CL 值为0.44,平峰时段 CL 值为0.24。因此,通过计算得西安路

站地铁换乘枢纽排队区域各时段 CL 值与拥挤等级,如表 11.9 所示。

排队区域各时段 CL 值与拥挤等级　　　　　表 11.9

时段	早高峰	平峰	晚高峰
CL 值	0.44	0.24	0.51
拥挤等级	B	A	C

第五节　集散区域拥挤评价

一、集散区域服务设施拥挤评价

在对西安路站地铁换乘枢纽集散区域设施进行拥挤评价时,将不同时段内的客流密度、平均速度和客流量数据,输入已构建的评价模型中进行计算。选取晚高峰调查数据平均值为例做集散区域拥挤评价,如表 11.10 所示。

集散区域晚高峰调查结果平均值　　　　　表 11.10

指　　标	水平通道	1 号线站台	2 号线站台
客流密度(人/m²)	1.35	2.23	1.75
平均速度(m/min)	55.74	45.14	38.88
客流量[人/(min·m)]	16.77	18.31	22.23

把集散区域各设施的观测值和各拥挤等级的标准值作为 TOPSIS 法的决策方案。通过 TOPSIS 法计算,可以得到各集散位置和各拥挤等级的 C_i 值,对 C_i 值进行排序,便可以得到各集散位置的拥挤等级。

1. 构建决策矩阵

取集散区域拥挤等级 A~D 级标准值和各设施调查值构成决策矩阵 A,则:

$$A = \begin{pmatrix} 0.53 & 88.07 & 7.00 \\ 1.24 & 64.26 & 12.74 \\ 2.16 & 43.45 & 19.40 \\ 3.42 & 30.45 & 28.20 \\ 1.35 & 55.74 & 16.77 \\ 2.23 & 45.14 & 18.31 \\ 1.75 & 38.88 & 22.23 \end{pmatrix}$$

将矩阵各元素代入式(11.18)进行计算,得到规范化决策矩阵 Z' 为

$$Z' = \begin{pmatrix} 0.1001 & 0.6026 & 0.1402 \\ 0.2342 & 0.4397 & 0.2551 \\ 0.4079 & 0.2973 & 0.3885 \\ 0.6459 & 0.2084 & 0.5647 \\ 0.2550 & 0.3814 & 0.3358 \\ 0.4211 & 0.3089 & 0.3667 \\ 0.3305 & 0.2660 & 0.4452 \end{pmatrix}$$

2. 构造规范化的加权决策矩阵 Z

在计算地铁换乘枢纽集散区域拥挤等级标准时,各指标的重要性已隐含在等级标准值中。因此,此处的权重由标准值来确定,其计算公式为

$$W_i = \frac{S_{i(n-1)}/S_{iI}}{\sum_{i=1}^{n}(S_{i(n-1)}/S_{iI})} \tag{11.31}$$

式中:W_i——指标 i 的权重;

n——拥挤等级数,此处 $n=4$;

$S_{i(n-1)}$——指标 i 的第 $n-1$ 级标准值,即 C 级标准值;

S_{iI}——指标 i 的第 I 级标准值,即 A 级标准值。

通过计算得权重向量 $\boldsymbol{W}^\mathrm{T} = (0.555 \quad 0.067 \quad 0.378)$。

由式(11.20)可得加权后的规范化矩阵 $\boldsymbol{Z}$:

$$\boldsymbol{Z} = \begin{pmatrix} 0.0556 & 0.0404 & 0.0530 \\ 0.1300 & 0.0295 & 0.0964 \\ 0.2264 & 0.0199 & 0.1469 \\ 0.3585 & 0.0140 & 0.2135 \\ 0.1415 & 0.0256 & 0.1269 \\ 0.2337 & 0.0207 & 0.1386 \\ 0.1834 & 0.0178 & 0.1683 \end{pmatrix}$$

3. 确定正理想解 Z^+ 和负理想解 Z^-

$$Z^+ = \{0.0556, 0.0404, 0.0530\}$$
$$Z^- = \{0.3585, 0.0140, 0.2135\}$$

4. 计算距离与接近程度

根据式(11.26)、式(11.27)计算每个集散设施到正理想解的距离 D_i^+、到负理想点的距离 D_i^-;根据式(11.28)计算各方案与正理想解的接近程度 C_i。同理,可以计算得到早高峰时段与平峰时段 D_i^+、D_i^- 和 C_i 的值,结果如表 11.11 所示。

5. 将 C_i 按从大到小排列

以晚高峰时段计算结果为例,将 C_i 进行排序为

早高峰时段:$C_A < C_B < C_H < C_{P_2} < C_{P_1} < C_C < C_D$。

平峰时段:$C_A < C_H < C_B < C_{P_2} < C_{P_1} < C_C < C_D$。

晚高峰时段:$C_A < C_B < C_H < C_{P_2} < C_C < C_P < C_D$。

D_i^+、D_i^- 和 C_i 值表   表11.11

时 段	项	A	B	C	D	水平通道H	站台 P_1	站台 P_2
早高峰	D_i^+	0	0.0881	0.1979	0.3462	0.0903	0.2015	0.1706
	D_i^-	0.3462	0.2584	0.1485	0	0.2600	0.1782	0.1802
	C_i	0	0.2543	0.5712	1	0.2577	0.5307	0.4863
平峰	D_i^+	0	0.0997	0.2249	0.3945	0.0553	0.1125	0.0931
	D_i^-	0.3945	0.2950	0.1698	0	0.4007	0.2827	0.3027
	C_i	0	0.2526	0.5697	1	0.1213	0.2847	0.2352
晚高峰	D_i^+	0	0.0868	0.1959	0.3438	0.1143	0.1986	0.1736
	D_i^-	0.3438	0.2572	0.1481	0	0.2339	0.1457	0.1809
	C_i	0	0.2523	0.5695	1	0.3283	0.5768	0.4897

由以上排序可知,早高峰时段水平通道拥挤等级为B级,1号线站台与2号线站台集散区拥挤等级均为C级,且1号线站台集散区比2号线站台集散区稍拥挤。平峰时段水平通道与两个站台集散区的拥挤程度均为B级。晚高峰时段站台的拥挤程度要高于水平通道的拥挤程度,且站台1要比站台2拥挤;水平通道和站台2拥挤程度介于B级和C级之间,且水平通道拥挤程度靠近B级,站台2拥挤程度靠近C级,则水平通道的拥挤为B级,站台2的拥挤为C级;站台1拥挤程度介于C级和D级之间且靠近C级,则站台1拥挤为C级。

由调查原始数据值可知,水平通道中3个评价指标均达到了B级,站台2有两个指标达到C级,一个指标达到B级,如图11.3所示。因此,这种方法的结果是符合客观实际的。

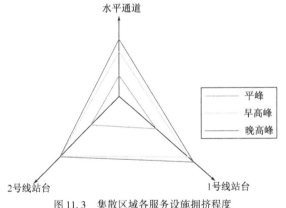

图11.3 集散区域各服务设施拥挤程度

二、集散区域拥挤评价

通过问卷调查结果统计,得到水平通道的权重为0.288,1、2号线站台集散区的权重分别为 $\omega_5 = 0.288$、$\omega_6 = 0.364$、$\omega_7 = 0.348$,并将已求得的各服务设施的拥挤等级值代入式(11.29)中,得到集散区域拥挤评价模型为

$$C_i = 0.288 \times C_{iH} + 0.364 \times C_{iP_1} + 0.348 \times C_{iP_2}$$
$$= 0.288 \times 0.3283 + 0.364 \times 0.5768 + 0.348 \times 0.4897 = 0.47$$

同理,计算得早高峰时段 C_i 值为0.44,平峰时段 C_i 值为0.22。因此,西安路站地铁换乘枢纽集散区域各时段 C_i 值与拥挤等级如表11.12所示。

集散区域各时段 C_i 值与拥挤等级　　　　　　　　　　　表 11.12

时段	早高峰	平峰	晚高峰
C_i 值	0.44	0.22	0.47
拥挤等级	B	A	B

第六节 结　　论

通过上文对地铁换乘枢纽排队区域与集散区域的拥挤评价,得到枢纽内各类设施的等级标准值,其中集散区域等级标准值取不同时段的同一等级标准值平均值,整理如表 11.13 所示。每类设施的实测数据拥挤等级评价值取设施拥挤等级值的平均值,结果如表 11.14 所示。

服务设施拥挤评价等级标准值　　　　　　　　　　　表 11.13

等　级	排队区域				集散区域	
	安检机	闸机	楼扶梯	站台乘降区	水平通道	站台集散区
A	0.200	0.200	0.200	0.200	0	0
B	0.400	0.400	0.400	0.400	0.2531	0.2531
C	0.600	0.600	0.600	0.600	0.5701	0.5701
D	0.800	0.800	0.800	0.800	1	1

设施实测数据拥挤评价值　　　　　　　　　　　表 11.14

时　段	安检机	闸机	楼扶梯	站台乘降区	水平通道	站台集散区
早高峰	0.449	0.326	0.443	0.509	0.509	0.258
平峰	0.200	0.200	0.247	0.306	0.293	0.121
晚高峰	0.598	0.383	0.552	0.509	0.328	0.533

根据表 11.13 和表 11.14 构建决策矩阵 A:

$$A = \begin{pmatrix} 0.2 & 0.2 & 0.2 & 0.2 & 0 & 0 \\ 0.4 & 0.4 & 0.4 & 0.4 & 0.2531 & 0.2531 \\ 0.6 & 0.6 & 0.6 & 0.6 & 0.5701 & 0.5701 \\ 0.8 & 0.8 & 0.8 & 0.8 & 1 & 1 \\ 0.598 & 0.383 & 0.552 & 0.509 & 0.328 & 0.533 \end{pmatrix}$$

因排队区域和集散区域拥挤评价结果不是同一类型,将所有设施各等级标准值和实测值去量纲化和归一化后,得规范化的决策矩阵为

$$Z' = \begin{pmatrix} 0.1603 & 0.1723 & 0.1630 & 0.1656 & 0 & 0 \\ 0.3205 & 0.3447 & 0.3261 & 0.3311 & 0.2069 & 0.1957 \\ 0.4808 & 0.5170 & 0.4891 & 0.4967 & 0.4660 & 0.4407 \\ 0.6410 & 0.6894 & 0.6522 & 0.6623 & 0.8174 & 0.7731 \\ 0.4792 & 0.3300 & 0.4500 & 0.4214 & 0.2681 & 0.4121 \end{pmatrix}$$

根据调查问卷,对各服务设施拥挤程度的排序结果统计分析,得出各选项的平均综合得

分,权重系数为各设施得分与总分的比值。各选项平均综合得分如表 11.15 所示。

各部位设施拥挤程度平均综合得分　　　　　　　　　表 11.15

设施	安检机	闸机	楼扶梯	站台乘降区	水平通道	站台集散区
得分	2.74	3.48	3.66	3.63	3.33	3.93

则各服务设施权重为

$$\omega = (0.132 \quad 0.168 \quad 0.176 \quad 0.175 \quad 0.160 \quad 0.189)$$

因此,可以得到加权矩阵:

$$Z = \begin{pmatrix} 0.0212 & 0.0289 & 0.0287 & 0.0290 & 0 & 0 \\ 0.0423 & 0.0579 & 0.0574 & 0.0580 & 0.0331 & 0.0370 \\ 0.0635 & 0.0869 & 0.0861 & 0.0869 & 0.0746 & 0.0833 \\ 0.0846 & 0.1158 & 0.1148 & 0.1159 & 0.1308 & 0.1461 \\ 0.0633 & 0.0554 & 0.0792 & 0.0737 & 0.0429 & 0.0779 \end{pmatrix}$$

根据理想解公式得正理想解和负理想解:

$$Z^+ = \{0.0212, 0.0290, 0.0287, 0.0290, 0, 0\}$$

$$Z^- = \{0.0846, 0.1158, 0.1148, 0.1159, 0.1308, 0.1461\}$$

计算各等级和实测数据评价等级到正理想解的距离 D_i^+、到负理想点的距离 D_i^-,并求出各等级与理想解的接近程度 C_i。同理,可以求得早高峰时段和平峰时段的 C_i 值,结果如表 11.16 所示。

D_i^+、D_i^- 和 C_i 值表　　　　　　　　　表 11.16

时段	项	A	B	C	D	西安路站换乘枢纽	拥挤等级
早高峰	D_i^+	0	0.0749	0.1585	0.2590	0.1058	B
	D_i^-	0.2590	0.1851	0.1017	0	0.1610	
	C_i	0	0.2880	0.6091	1	0.3967	
平峰	D_i^+	0	0.0784	0.1658	0.2709	0.0474	A
	D_i^-	0.2709	0.1936	0.1063	0	0.2325	
	C_i	0	0.2882	0.6094	1	0.1393	
晚高峰	D_i^+	0	0.0736	0.1559	0.2549	0.1222	C
	D_i^-	0.2549	0.1823	0.1003	0	0.1397	
	C_i	0	0.2875	0.6085	1	0.4665	

从表 11.16 中可以明显看出西安路站地铁换乘枢纽在不同时段的拥挤等级。就晚高峰时段来看,西安路站地铁换乘枢纽比较拥挤,为 C 级。

第十二章
公交枢纽客流的神经网络预测

第一节 公交枢纽客流的判定

一、公交枢纽客流构成分析

交通枢纽是由若干条运输线路所连接的具有运输、中转等功能的综合性设施,按照交通方式可以将客运交通枢纽分为城市对外交通枢纽和城市内部的公共交通枢纽两类。城市对外交通枢纽是多种运输方式的线路交汇点,是多种方式集中换乘的客流聚焦点;而城市内部的公共交通枢纽是乘客以各种城市公共交通方式到达,然后疏散到期望的公共交通线路上的场所,是不同公共交通方式、不同方向客流的转换点,如:轨道交通站、常规公交站、快速公交站等。

城市公交枢纽是城市内部公交线路与居民出行的集聚地。在对城市公交枢纽客流预测中,为了能够真实反映未来城市公交枢纽客流的变化状况,应当深入分析城市公交枢纽的客流构成,综合考虑城市公交枢纽内所有设施可能涉及的各种客流。本书城市公交枢纽客流主要分为上客客流和落客客流两种类型,如图12.1所示。

设 Z 表示城市公交枢纽总体客流,X 表示城市公交枢纽上客客流,Y 表示城市公交枢纽落客客流,W 表示城市公交枢纽换乘客流,X_1 表示城市公交枢纽周边产生客流,Y_1 表示城市公交枢纽吸引客流。主要公式如下:

$$Z = X_1 + Y_1 + W \quad (12.1)$$
$$X_1 = X - W \quad (12.2)$$
$$Y_1 = Y - W \quad (12.3)$$

将式（12.2）和式（12.3）代入式（12.1），可得：

$$Z = X + Y - W \quad (12.4)$$

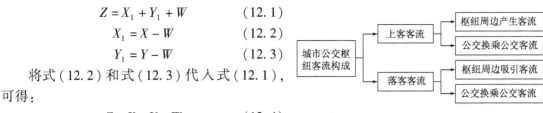

图 12.1　城市公交枢纽客流构成

因而，在获得城市公交枢纽上客客流、落客客流及换乘客流人数的基础上，利用式（12.4）可求得城市公交枢纽总客流。

二、上客客流的判定

本章所用数据由国内某城市公交集团提供，该城市运营的公交车辆已超过4000辆，线路241条。所研究公交枢纽站共有12条公交线路经过，运营的车辆有490余辆。该城市居民乘坐公交采用上车刷卡、下车不刷卡的方式。

调查收集了该城市2017年3月整月的公交IC卡数据。通过数据整理，该城市在2017年3月1日公交IC卡日刷卡量为1220463条，其中研究涵盖的公交枢纽站刷卡量为183504条。

该城市采用的是上车刷卡、下车不刷卡的方式，因而对公交枢纽上客客流的判断就是对刷卡乘客的上车站点进行判断，而对刷卡乘客上车站点的判断采用连续两个刷卡时间间隔t与站与站之间车辆的最小运行时间$T_{\min}$的比较，若$t \leqslant T_{\min}$，则说明是在同一个站点刷卡上车，否则就是在不同的站点刷卡上车，具体的判断流程如图12.2所示。

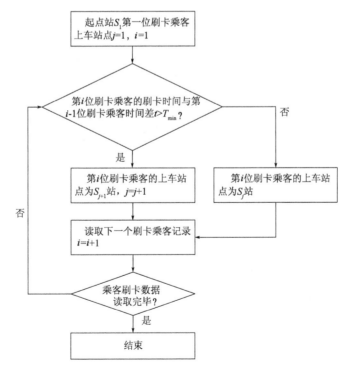

图 12.2　确定刷卡乘客上车站点的流程图

站与站之间车辆的最小运行时间 $T_{\min}$ 可根据公交车的平均行驶速度和站点间距推算,故而站与站之间车辆的最小运行时间 $T_{\min}$ 取 180s。

在实际生活中,人们乘坐公交车既有人刷卡,又有人投币,因而仅依靠 IC 卡统计的城市公交枢纽上客客流量与实际城市公交枢纽上客客流量不符,且同一城市不同线路的 IC 卡的刷卡率亦有差异。故而需要结合不同线路的 IC 卡刷卡率,结合基于 IC 卡推算的城市公交枢纽上客客流数据,就可获得较为准确的城市公交枢纽上客客流数据。以 2017 年 3 月 1 日为例,7:00—8:00 一个小时的城市公交枢纽上客客流人数如表 12.1 所示。

某城市公交枢纽 7:00—8:00 上客客流人数统计表　　　表 12.1

线路名	6 路	10 路	31 路	39 路	101 路	202 路
上客客流人数	336	290	121	145	180	200
线路名	503 路	522 路	528 路	534 路	705 路	708 路
上客客流人数	43	58	50	41	245	197

三、落客客流的判定

城市公交枢纽落客客流的计算公式为

$$B_i = \sum_{k=1}^{i-1}(S_k \cdot P_{ki}) \quad (12.5)$$

式中:B_i——在城市公交枢纽落客客流人数;

　　　S_k——城市公交枢纽上客客流人数;

　　　P_{ki}——在城市公交枢纽站 k 上车,在城市公交枢纽站 i 下车的概率。

影响乘客在某城市公交枢纽下车概率 P_{ki} 的主要因素有乘客乘坐公交出行的距离、公交枢纽的换乘能力、公交枢纽的吸引强度和公交枢纽周围的土地利用性质。

1. 乘客出行距离

城市居民公交出行是中长距离出行,且居民公交出行途径的站点数能反映出居民出行距离的特征,故而在只考虑途径站点数因素时求得的城市公交枢纽下车概率为

$$F_{ij} = \frac{e^{-\lambda}\lambda^{(j-i)}}{(j-i)!} \quad (12.6)$$

式中:F_{ij}——乘客在 i 公交枢纽上车和 j 公交枢纽下车的概率;

　　　λ——居民乘坐公交出行的平均站点数量,当 i 公交枢纽以后站点数量小于 λ 时,$\lambda = n-i$。

2. 公交枢纽换乘能力

设 D_j 表示的是第 j 公交枢纽的换乘系数,L_j 表示的是第 j 公交枢纽能够换乘的公交线路数量。则

$$D_j = \frac{L_j}{\sum_{k=1}^{n}L_k} \quad (12.7)$$

3. 公交枢纽吸引强度

通常情况下,如果一个城市公交枢纽产生的客流量越大,那么其吸引的客流量也会越大,

即乘客在该公交枢纽下车的概率就会越大。因而可以依据城市公交枢纽的上客客流量推断该公交枢纽的吸引强度系数 W_j，B_j 为第 j 公交枢纽上客客流人数。即：

$$W_j = \frac{B_j}{\sum_{k=1}^{n} B_k} \tag{12.8}$$

4. 公交枢纽周围的土地利用性质

设 j 表示城市公交枢纽周围共有 H 种土地利用性质，而 G_{jh} 表示在 j 公交枢纽周围第 h 种土地利用性质的占地比，C_h 表示第 h 种土地利用性质的吸引系数（表12.2）。设 T_j 为第 j 公交枢纽站的土地吸引力大小，即：

$$T_j = \sum_h G_{jh} \cdot C_h \quad (h = a, b, c, \cdots, H) \tag{12.9}$$

各种土地利用性质吸引系数表　　　　　　　　　　　　　　　表12.2

编　号	土地利用性质	吸引系数
1	居住用地	1
2	工业用地	1
3	公共设施用地	0.8
4	商业金融用地	1.2
5	交通用地	1.3
6	广场用地	0.7
7	其他用地	0.6

由于乘客在公交枢纽站下车的概率 P_{ij} 与 F_{ij}、D_j、W_j 和 T_j 正相关，所以可得到 P_{ij} 的计算公式为

$$P_{ij} = \begin{cases} 0 & (i \geq j) \\ \dfrac{F_{ij} D_j W_j T_j}{\sum_{k=i+1}^{n} (F_{ik} D_k W_k T_k)} & (i < j) \end{cases} \tag{12.10}$$

将式(12.10)代入式(12.5)中，即可求得城市公交枢纽落客客流。以2017年3月1日为例，7:00—8:00 一个小时的城市公交枢纽落客客流人数如表12.3所示。

某城市公交枢纽7:00—8:00落客客流人数统计表　　　　　　　表12.3

线路名	6路	10路	31路	39路	101路	202路
落客客流人数	449	314	208	223	368	414
线路名	503路	522路	528路	534路	705路	708路
落客客流人数	65	103	71	78	389	302

四、换乘客流的判定

城市公交枢纽换乘客流是依据乘客连续两次上车刷卡的时间间隔与换乘时间阈值 T_h 进行判断识别。

定义的换乘阈值 T_h，出行特征如图12.3所示。T_{c1} 为乘车到达公交枢纽站所需的时间，T_{c2} 从公交枢纽站离开到达下一目的地所需的时间，T_w 为换乘等待时间（步行至另一条线路的时

间 T_{ok} 和站点等待时间 T_{os})。

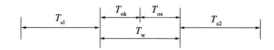

图 12.3 出行时间特征示意图

由此可得换乘阈值 T_h 的计算公式为

$$T_h = T_{c1} + T_w = T_{c1} + T_{ok} + T_{os} \tag{12.11}$$

1. 乘车到达枢纽站所需的时间 T_{c1}

由于枢纽站连接多条公交线路(图 12.4),且每条公交线路到达该枢纽站的所需时间不同,高峰期和平峰期到达该枢纽站的时间亦不同,因而取每条公交线路各点到达该枢纽站的平均运行时间,具体如图 12.5 所示。

由图 12.5 可知,在每条公交线路往行的方向上,距该枢纽站最远能达到 22 个站点,最近仅有 5 个站点,距该枢纽站最大的平均运行时间为 48min,最小的运行时间仅有 3min;在每条公交线路复行的方向上,距该枢纽站最远能达到 17 个站点,最近的仅有 1 个站点,即该站点与枢纽站相邻,距该枢纽站最大的平均运行时间为 43min,最小的运行时间仅有 3min。

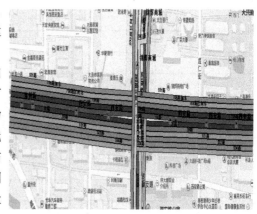

图 12.4 某城市公交枢纽经过的公交线路

2. 换乘等待时间 T_w

换乘等待时间 T_w 由站点等待时间 T_{os} 和步行时间 T_{ok} 两部分组成。

(1)站点等待时间 T_{os}。由于该城市不同线路的公交车平均行车间隔不同,例如有些公交车所有时期的运行间隔都是 5min,只有在早晚高峰期的时候会有额外的加车;有些公交车高峰期的平均行车间隔为 5~10min,平峰期的平均行车间隔为 10~20min。因此,站点等待时间 T_{os} 取平均值 8min 计算。

(2)步行时间 T_{ok}。根据实际调查分析,本文的步行时间 T_{ok} 取均值 2min 计算。

3. 换乘时间阈值 T_h

根据上述公式可得,每条公交线路各个站点到该枢纽站的换乘时间阈值如图 12.6 所示。从图中可以看出,最小的换乘时间阈值 $T_h = 13$min,最大的换乘时间阈值 $T_h = 58$min。

利用上述换乘客流判断方法,以 2017 年 3 月 1 日为例,7:00—8:00 一个小时的城市公交枢纽换乘客流人数如表 12.4 所示。

表 12.4 某城市公交枢纽 7:00—8:00 换乘客流人数统计表

线路名	6 路	10 路	31 路	39 路	101 路	202 路
换乘客流人数	64	54	24	30	37	37
线路名	503 路	522 路	528 路	534 路	705 路	708 路
换乘客流人数	4	14	12	10	46	35

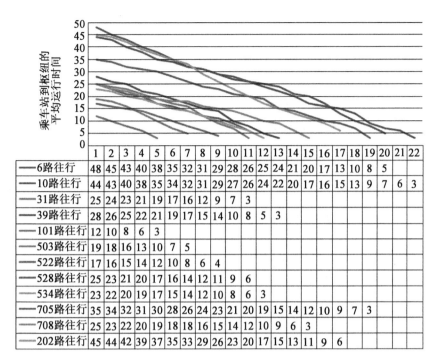

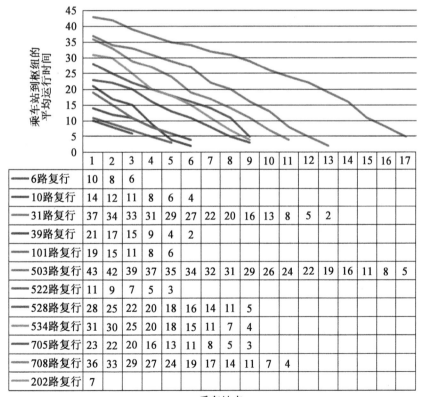

图 12.5　各路往行、复行方向各站点到枢纽站的平均运行时间

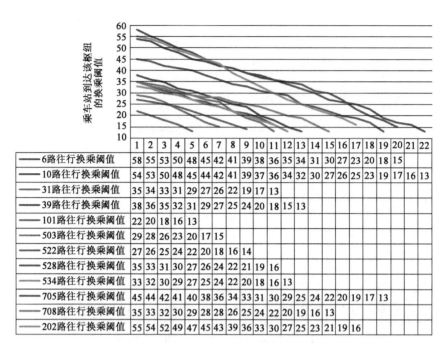

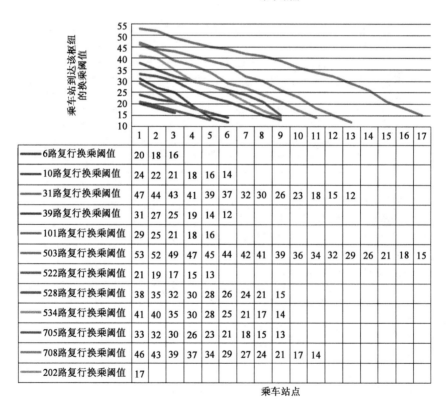

图 12.6　各路往行、复行方向乘车站点到达枢纽站的换乘时间阈值

第二节 神经网络预测模型的构建

一、BP 神经网络模型

非线性 BP 神经网络的计算较为复杂,一般都是通过软件来实现。在 MATLAB 神经网络工具箱中,主要用到 *newff*、*train* 和 *sim* 这 3 个函数完成非线性 BP 神经网络的构建、训练以及预测。

1. BP 神经网络构建

利用 *newff* 函数可以完成对非线性 BP 神经网络的构建,其具体表达形式为

$$net = newff\,(P,T,S,TF,BTF,BLF,PF,IPF,OPF,DDF)$$

式中:P——输入的数据矩阵;

T——输出的数据矩阵;

S——隐含层的层数;

TF——节点传递的函数;

BTF——训练函数;

BLF——学习函数;

PF——性能分析函数;

IPF——输入处理函数;

OPF——输出处理函数;

DDF——验证数据划分函数。

通常,只需对前 6 个参数进行设置,而其余的参数采用系统的默认值。

(1)输入层神经元数目确定

通过对公交枢纽客流短时特征进行分析,发现预测时段的公交枢纽客流与相邻几周同天同时段、相邻天同时段、相邻时段的公交枢纽客流在数量上存在一定的相关性,因而可以将其作为 BP 神经网络模型的输入。为了提升 BP 神经网络的预测精度,还需要确定上述微观影响因素的数目,如表 12.5 所示。

BP 神经网络模型输入层列表   表 12.5

模型输入因素	因素个数	具体描述
相邻时段	3	前 3 个相邻时段
相邻工作日同时段	3	前 3 个相邻工作日同一时段
相邻周同天同时段	3	前 3 个相邻周同一天同一时段

(2)隐含层神经元数目确定

对于神经网络隐含层神经元数目的确定,由于还没有完善的定理,因而大多数还是需要靠经验获得。然而通过查阅大量文献发现,许多专家以及学者提出了各自的求神经网络隐含层神经元数目的经验公式,比如 $2n+1$、$\sqrt{n+m}+\alpha$、$\log_2 n$ 等,其中 n 代表的是神经网络输入层的神经元数目、m 代表的是神经网络输出层的神经元数目、α 代表的是 $1\sim10$ 之间任意的常数。

因而,以 9 个输入层神经元数目、14 个隐含层神经元数目和 1 个输出层神经元数目构建公交枢纽客流非线性 BP 神经网络短时预测模型。

2. BP 神经网络训练

用 train 函数可以完成对非线性 BP 神经网络的训练,其具体的表达形式为
$$[net, tr] = train(NET, X, T, Pi, Ai)$$
式中:NET——已构建好的神经网络模型;
  X——神经网络输入的数据矩阵;
  T——神经网络输出的数据矩阵;
  Pi——神经网络对输入层进行初始化的条件;
  Ai——神经网络对输出层进行初始化的条件;
  net——已经训练好的神经网络;
  tr——对神经网络训练过程的记录。

通常,只需对前 3 个参数进行设置,而其余的参数采用系统默认值。

本节用于公交枢纽客流短时预测的非线性 BP 神经网络设置的迭代次数为 100,学习率为 0.01,目标为 0.00004。

3. BP 神经网络预测

用 sim 函数可以完成将训练好的非线性 BP 神经网络预测函数的输出,具体的形式为:
$$y = sim(net, x)$$
式中:net——已经训练好的神经网络;
  x——神经网络的输入数据;
  y——神经网络的预测数据结果。

二、小波神经网络模型

小波神经网络是一种以 BP 神经网络拓扑结构为基础,把小波基函数作为隐含层节点的传递函数,信号前向传播,而误差反向传播的神经网络。具体的拓扑结构如图 12.7 所示。

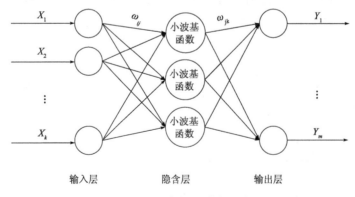

图 12.7 小波神经网络拓扑图

图 12.7 中,$X_1, X_2, \cdots, X_k$ 表示小波神经网络输入层的输入值,$Y_1, Y_2, \cdots, Y_m$ 表示小波神经网络输出层的输出值,ω_{ij} 和 ω_{jk} 分别表示小波神经网络输入层到隐含层和隐含层到输出层的网络权值。

小波神经网络算法流程与 BP 神经网络算法流程相似,也是分为网络的构建、训练以及预测三步,具体的小波神经网络算法流程如图 12.8 所示。

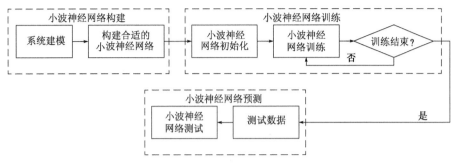

图 12.8 小波神经网络算法流程图

在输入信号序列为 $x_i(i=1,2,\cdots,k)$ 时,隐含层输出计算公式为

$$h(j) = h_j\left(\frac{\sum_{i=1}^{k}\omega_{ij}x_i - b_j}{a_j}\right) \tag{12.12}$$

式中:$h(j)$——小波神经网络隐含层第 j 个节点输出值,$j=1,2,\cdots,l$;

l——小波神经网络隐含层的节点数;

h_j——小波基函数;

b_j——h_j 的平移因子;

a_j——h_j 的伸缩因子。

选取 Morlet 母小波基函数,具体的数学公式为

$$y = \cos(1.75x)\mathrm{e}^{\frac{-x^2}{2}} \tag{12.13}$$

小波神经网络输出层的计算公式为

$$y(k) = \sum_{i=1}^{l}\omega_{ik}h(i) \quad (k=1,2,\cdots,m) \tag{12.14}$$

式中:ω_{ik}——小波神经网络隐含层到输出层的权值;

$h(i)$——小波神经网络第 i 个隐含层节点的输出值;

m——小波神经网络输出层的节点数。

小波神经网络是通过不断修正网络权值参数 ω_{ik} 和小波基函数,才使得小波神经网络的预测输出不断接近期望输出。小波神经网络权值 ω_{ik} 和小波基函数修正过程如下。

计算网络预测的误差:

$$e = \sum_{k=1}^{m}yn(k) - y(k) \tag{12.15}$$

式中:$yn(k)$——网络的期望输出;

$y(k)$——网络预测输出。

根据网络预测误差 e 修正小波神经网络权值 ω_{ik} 和小波基函数的系数:

$$\omega_{n,k}^{(i+1)} = \omega_{n,k}^{i} + \Delta\omega_{n,k}^{(i+1)} \tag{12.16}$$

$$a_k^{(i+1)} = a_k^i + \Delta a_k^{(i+1)} \tag{12.17}$$

$$b_k^{(i+1)} = b_k^i + \Delta b_k^{(i+1)} \tag{12.18}$$

其中,$\Delta\omega_{n,k}^{(i+1)}$、$\Delta a_k^{(i+1)}$、$\Delta b_k^{(i+1)}$ 是依据网络预测误差计算得到的:

$$\Delta \omega_{n,k}^{(i+1)} = -\eta \frac{\partial e}{\partial \omega_{n,k}^{(i)}} \quad (12.19)$$

$$\Delta a_k^{(i+1)} = -\eta \frac{\partial e}{\partial a_k^{(i)}} \quad (12.20)$$

$$\Delta b_k^{(i+1)} = -\eta \frac{\partial e}{\partial b_k^{(i)}} \quad (12.21)$$

式中：η——学习速率。

由于小波神经网络模型是以 BP 神经网络拓扑结构为基础建立的，因而选用预测时段的相邻前 3 周同天同时段的客流量、相邻前 3 天同一段的客流量、相邻前 3 时段的客流量作为小波神经网络模型的输入，即小波神经网络模型的输入层有 9 个神经元数目，隐含层有 14 个神经元数目，输出层有 1 个神经元数目。在此基础上，构建公交枢纽客流小波神经网络短时预测模型。

小波神经网络训练及预测过程如下：

(1) 小波神经网络初始化。对小波函数伸缩因子 a_k、平移因子 b_k 以及网络权重 ω_{ij}、ω_{jk} 进行随机初始化，同时设置小波神经网络学习速率 η 为 0.001，学习迭代次数为 100。

(2) 小波神经网络预测输出。将按照输入以及输出要求整理的训练样本数据输入到构建的小波神经网络模型，计算小波神经网络预测输出，同时计算小波神经网络预测的输出和期望输出之间的误差 e。

(3) 小波神经网络权值修正。根据误差 e 修正小波神经网络的权值和小波基函数的参数，目的是为了使小波神经网络预测输出值不断逼近期望输出值。

(4) 判断小波神经网络算法的学习迭代次数是否超过 100，若没有超过 100，则继续进行小波神经网络预测输出以及权值修正，直至判断结束。

将训练好的小波神经网络预测模型用于城市公交枢纽客流短时预测。

第三节　公交枢纽客流短时预测

公交枢纽客流数据取自 2017 年 3 月份共 31 天，其中工作日共有 23 天，非工作日有 8 天，将工作日以及非工作日每天 5:00—24:00 的公交枢纽上客客流、落客客流、换乘客流的数据以 10min 为时间间隔进行等分。由于工作日和非工作日的上客客流、落客客流、换乘客流时间分布特征存在明显的差异，因而需要分别对工作日和非工作日的公交枢纽上客客流、落客客流、换乘客流进行短时预测。选取 7:00—20:00 期间的上客客流、落客客流、换乘客流作为公交枢纽构成客流短时预测对象。

一、公交枢纽上客客流、落客客流、换乘客流短时预测

模型预测的样本数据是 2017 年 3 月共 31 天的公交枢纽上客客流数据。由于模型预测因素中的相邻周因素选的是前三周，因而 3 月 1 日到 3 月 21 日的城市公交枢纽上客客流数据只能作为模型预测的输入。比如预测 3 月 31 日 8:00—8:10 时间段的上客客流，则需要将 3 月 31 日 7:30—7:40、7:40—7:50、7:50—8:00 的上客客流，3 月 28 日、3 月 29 日、3 月 30 日

8:00—8:10 的上客客流,3月10日、3月17日、3月24日8:00—8:10 的上客客流作为预测模型的输入。

将 7:00—20:00 期间的样本数据以 10min 为时间间隔划分,并按照输入输出要求整理出 8 天共 608 个完整的工作日样本和 2 天共 152 个完整的非工作日样本。由于工作日和非工作日的公交枢纽上客客流时间分布特征存在明显的差异,因而需要分别对工作日和非工作日的城市公交枢纽上客客流进行短时预测。因而将前 532 个工作日样本数据和前 122 个非工作日样本数据作为两种模型的训练样本,剩余 76 个工作日样本数据和 30 个非工作日样本数据进行预测,并与实际的客流数据对预测结果进行评价,具体的预测结果如图 12.9 ~ 图 12.11 所示。

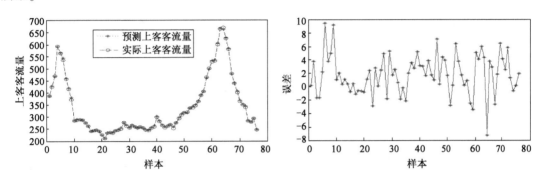

图 12.9　BP 神经网络预测结果和误差图

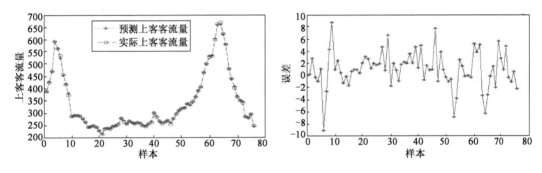

图 12.10　小波神经网络预测结果和误差图

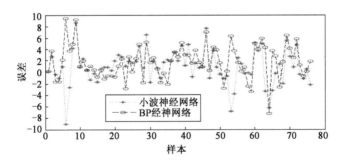

图 12.11　两种模型预测误差对比图

通过对比图 12.9 和图 12.10 发现,BP 神经网络预测结果的误差在 -2 ~ 6 范围内,而小波神经网络预测结果的误差在 -2 ~ 4 范围内。从图 12.11 两种模型预测结果的误差对比图可以发现,小波神经网络预测结果的误差要比 BP 神经网络的误差小。

选取均方误差(MSE)和平均绝对误差(MAE)两个判断指标对模型的预测结果进行评价,这两个指标的数值越小,说明模型的预测精度就越高。两个模型的误差分析如表 12.6 所示。

$$MSE = \frac{1}{N}\sum_{t=1}^{N}(f_t - y_t)^2 \tag{12.22}$$

$$MAE = \frac{1}{N}\sum_{t=1}^{N}|(f_t - y_t)| \tag{12.23}$$

式中:f_t——预测值;
　　　y_t——真实值;
　　　N——样本容量。

两种神经网络模型预测结果评价表　　　　　　　　　表 12.6

误差	MSE	MAE
BP 神经网络	11.8375	2.7177
小波神经网络	9.7939	2.3368

通过图 12.11 和表 12.6 可以得出,小波神经网络模型比 BP 神经网络模型更适合于工作日上客客流的短时预测。

通过对工作日和非工作日的城市公交枢纽上客客流、落客客流、换乘客流短时预测的分析可得,小波神经网络模型比 BP 神经网络模型更适合于上客客流、落客客流、换乘客流的短时预测。

二、公交枢纽总体客流短时预测

将获得的公交枢纽上客客流量、落客客流量、换乘客流量利用式(12.1)获得该公交枢纽的总体客流量,利用获得的公交枢纽总体客流数据对枢纽总体客流进行短时预测。样本数据的处理方法同前所述,利用实际客流数据对预测结果进行评价。

1. 工作日总体客流误差分析

工作日总体客流模型误差及预测结果如图 12.12、表 12.7 所示。

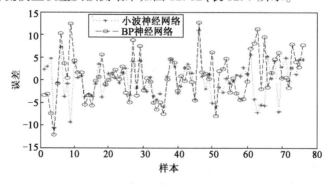

图 12.12　两种预测模型误差对比图

两种神经网络模型预测结果评价表　　　　表 12.7

误差	MSE	MAE
BP 神经网络	25.5313	3.8704
小波神经网络	15.3104	3.1439

从图 12.12 和表 12.7 可以得出，小波神经网络模型比 BP 神经网络模型更适合于工作日总体客流的短时预测。

2. 非工作日总体客流误差分析

非工作日总体客流模型误差及预测结果如图 12.13、表 12.8 所示。

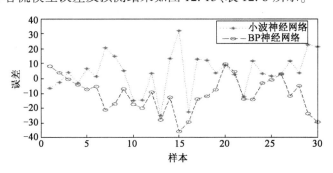

图 12.13　两种预测模型误差对比图

两种神经网络模型预测结果评价表　　　　表 12.8

误差	MSE	MAE
BP 神经网络	251.2912	12.8816
小波神经网络	180.4515	10.6743

从图 12.13 可以看出，小波神经网络预测结果的误差小于 BP 神经网络的误差。从表 12.8 可以看出，小波神经网络的均方误差和平均绝对误差的数值均小于 BP 神经网络的均方误差和平均绝对误差的差值。通过对工作日和非工作日的城市公交枢纽总客流短时预测的分析可得，小波神经网络模型比 BP 神经网络模型更适合于总体客流的短时预测。

通过对公交枢纽上客客流、落客客流、换乘客流以及总体客流进行短时预测，预测结果表明，小波神经网络和 BP 神经网络对工作日客流短时预测精度要高于非工作日客流短时预测精度，而且小波神经网络对公交枢纽客流短时预测精度均高于 BP 神经网络的预测精度，造成这种现象的原因主要有：

(1) 小波神经网络和 BP 神经网络对公交枢纽工作日客流短时预测的精度高于非工作日客流短时预测精度，主要是因为非工作日客流的输入数据会有来自工作日客流的数据，而工作日与非工作日客流变化规律不一致，进而导致非工作日客流短时预测精度低。

(2) 小波神经网络与 BP 神经网络相比，小波神经网络对公交枢纽客流进行短时预测时，隐含层选用的是小波基函数，也就是说小波神经网络是首先对客流数据进行小波分析；而 BP 神经网络选用的是非线性的函数对公交枢纽客流数据进行训练的。因而两者选用的函数不同，导致预测结果的精度会存在一定的差别。实践表明，小波神经网络比 BP 神经网络更适合用于公交枢纽客流的短时预测。

第四节 结 论

将利用两种模型预测得到的城市公交枢纽客流量与预测得到的城市公交枢纽上客客流、落客客流、换乘客流利用式(12.4)获得的城市公交枢纽客流量进行对比分析,具体分析结果如下。

1. 工作日客流预测结果分析

工作日客流预测结果如图12.14、表12.9所示。

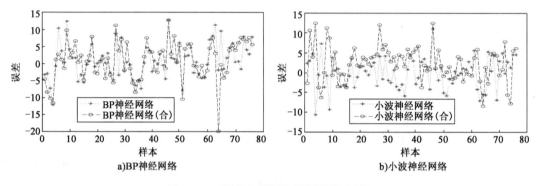

图12.14　两种神经网络模型预测误差对比图

工作日公交枢纽总客流预测结果评价表　　　　　　　　　　　　　　表12.9

误差	MSE	MAE
BP神经网络	25.5313	3.8704
小波神经网络	15.3104	3.1439
BP神经网络(合)	33.2641	4.6374
小波神经网络(合)	24.7011	3.9854

通过图12.14和表12.9可得,利用小波神经网络模型直接对公交枢纽工作日总体客流预测结果的误差最小,而利用BP神经网络模型和式(12.4)计算所得的公交枢纽工作日总体客流预测结果的误差最大。因而,采用小波神经网络模型对公交枢纽工作日总客流预测的精度最高。

2. 非工作日客流预测结果分析

非工作日客流预测结果如图12.15、表12.10所示。

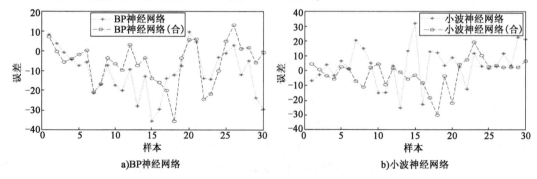

图12.15　两种神经网络模型预测误差对比图

非工作日公交枢纽总客流预测结果评价表　　　　表 12.10

误差	MSE	MAE
BP 神经网络	251.2912	12.8816
小波神经网络	180.4515	10.6743
BP 神经网络(合)	158.3113	9.2779
小波神经网络(合)	94.3408	6.8442

通过图 12.15 和表 12.10 可得,利用 BP 神经网络模型直接对非工作日公交枢纽总体客流预测结果的误差最大,而利用小波神经网络模型和式(12.4)计算所得的非工作日公交枢纽总体客流预测结果的误差最小。因而,采用小波神经网络模型分别对上客客流、落客客流和换乘客流进行短时预测,再利用式(12.4)计算所得的非工作日公交枢纽总体客流预测的精度最高。

综上,可以得出建立的小波神经网络预测模型可以应用到城市公交枢纽客流短时预测中,且能够获得较高的预测精度。

第十三章
基于出行链的交通方式选择模型

第一节 基于出行链的用户出行行为分析

一、通道用户出行链分析

直线延长运输通道内的用户出行方向即为出行链,如图 13.1 所示。出行链的起点为 A 城市的出行起点 O,终点为 B 城市的目的地 D。运输通道内的起讫点为 A、B 两地市内交通与市外交通的换乘点 M、N。则 M、N 两点之间的行程为一阶行程。O 至 M 之间的行程以及 N 至 D 之间的行程为二阶行程。

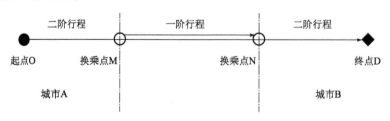

图 13.1 运输通道用户出行链

出行链的运输区域出行有以下划分：

第一部分是从 A 市内的某个起点 O 开始，选择乘坐市内交通工具，如小汽车、公交、出租车、自行车至交通转换点 M。此部分行程属于该出行链的二阶行程。

第二部分是从 A 市的交通转换点 M 开始，选择城市间交通工具，如民航、高铁、长途客运、普通铁路等，到达 B 市的交通枢纽 N，此阶段行程是城市间的出行，属于出行链当中的一阶行程。

第三部分是从 B 市的交通转换点 N 开始，乘坐市内交通工具，到达 B 市内终点 D。其行程和第一部分相同，都是出行链中的二阶行程。

二、基于出行链的用户出行特性分析

出行链中二阶行程的远近对出行者面对城市间出行选择运输工具具有一定的改变作用。以大连—沈阳为例，机场均位于城市外围，长途客运站和火车站均在城市中心区域，为绝大部分旅客提供运输服务，高铁站建设在城市与城市外围之间，对于大连、沈阳而言，对于机场与城市间的距离均大于长途客运和铁路运输相对于城市的距离，致使民航的时间、距离和费用都大于其他运输方式，出行者在受到此影响后，偏好会发生改变。

除此之外，在出行过程中，一二阶行程之间的衔接紧密度将直接影响出行者对于交通运输方式的选择，衔接度则主要体现在换乘距离、时间和方便度。出行者的二阶行程主要选用的交通工具有公交、共享单车等。因此城市内的各种交通出行方式与民航、铁路、长途客运的换乘方便度就直接影响出行者的出行方式选择。

第二节 交通方式选择的三层 NL 模型

一、建模思路

通过对交通模式选择模型的分析，可以得出结论：在常用的非集计模型中，MNL 模型具有 IIA 特性，因此不可能考虑出行肢不独立的状态；尽管 Probit 模型可以解决两种交通方式的决策问题，但是其局限性在于决策问题不能多重；而 NL 模型解决 Probit 模型中此方面的缺陷，在实际上还能避免 MNL 模型的 IIA 特性。

在出行链构成的客运市场竞争中，一方面存在着多种交通方式间的无序混乱竞争，另一方面多种交通方式内部也参与竞争和合作，这使得交通方式选择肢之间是互相关联且不独立。NL 模型适用于解决这种选择肢之间的关联问题，同时还可以较准确地剖析城市出行链出行者交通方式选择时的整个过程。因此，本节将在建立基本的 NL 模型的基础上，分析交通模式的选择问题。

出行者在对城市间的交通方式选择中，以下三种因素影响最大，分别为出行者、出行行为以及交通工具的特性。出行者在决策前会受到不同影响因素的干扰，从而影响最终决策，比如，不同年龄的出行者所具备的经济实力不同，在做出判断时出行者往往会选择自身利益最大化的出行方式。所以在分析不同出行者的选择概率时，应将其自身的经济水平和年龄差异考虑其中。出行特征包括当出行链中的二次行程影响一级出行生成方法的选择时，考虑到完成第一次出行所需的二阶行程的难度,出行者可以改变一次出行的出行方式。一般来说,影响城市间出行链的因素包括二次出行距离和交通方式的便利,以及二次出行的目的。此外,交通工具所具备的特性通常会在经济和时间上影响用户的出行选择。

二、模型构建

依据非集计模型中 NL 模型的分层原理,构建基于出行链的用户出行交通方式选择三层 NL 模型,如图 13.2 所示。

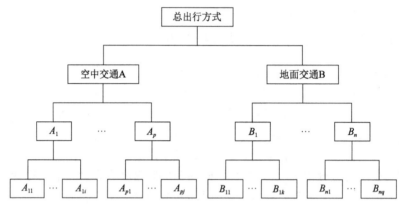

图 13.2 运输通道内三层 NL 模型结构图

1. 对效用和确定项定义

定义 U_A 为选择肢空中交通 A 的效用,U_{A_p} 为选择肢空中交通 A 的第 p 个分肢产生的效用,$U_{A_{pj}}$ 为选择肢 A_p 中第 j 个分肢的效用,与此类似 V_A 是 U_A 的确定项,V_{A_p} 为 U_{A_p} 的确定项,$V_{A_{pj}}$ 为 $U_{A_{pj}}$ 的确定项;U_B 为选择肢地面交通 B 的效用,U_{B_n} 为选择肢地面交通 B 的第 n 个分肢的效用,$U_{B_{nl}}$ 为选择肢 B_n 第 l 个分肢的效用,V_B 为 U_B 的确定项,V_{B_n} 为 U_{B_n} 的确定项,$V_{B_{n1}}$ 为 $U_{B_{n1}}$ 的确定项,其余定义类似。

2. 对构建模型进行假设

假设 1:出行者都会选择效用最大的交通方式出行,而且应用效用最大原则进行交通分配和方式划分。

假设 2:每个选择肢中的每个分肢不相同的部分的效用误差项相互之间独立,且服从均值为零的 Gumbel 分布。

3. 构建三层 NL 模型

第一层:在总出行方式下分成选择肢 A 和选择肢 B,各选择肢的概率可表示为

$$P(A) = \frac{\exp(\theta V_A^m)}{\exp(\theta V_A^m) + \exp(\theta V_B^m)} \tag{13.1}$$

$$P(B) = \frac{\exp(\theta V_B^m)}{\exp(\theta V_A^m) + \exp(\theta V_B^m)} = 1 - P(A) \tag{13.2}$$

式中:m——出行方式的种类;

θ——描述随机程度的参数,即表示出行者对交通运输方式的效用理解方差的参数。θ 是

与效用随机项 ε_{in} 的方差 $\sigma^2 = \dfrac{\pi^2}{6\theta^2}$ 相对应的参数。本节给定随机感知参数 $\theta = 0.01$。

第二层:在选择肢 A 下分出的 $A_1, \cdots, A_p$ 分肢中和选择肢 B 分出的 $B_1 \cdots B_n$ 分肢中,各选择肢的选择概率为

$$P(A_p \mid A) = \dfrac{\exp(\theta V_{A_p}^m)}{\sum\limits_{i=1}^{p} \exp(\theta V_{A_l}^m)} \tag{13.3}$$

式中:$j = 1, 2, \cdots, J, J$ 为第三层中 A_p 的选择方式的总数。

$$P(B_n \mid B) = \dfrac{\exp(\theta V_{B_n}^m)}{\sum\limits_{k=1}^{n} \exp(\theta V_{B_k}^m)} \tag{13.4}$$

式中:$q = 1, 2, \cdots, Q, Q$ 为第三层中 B_q 的选择方式的总数。

第三层:在由第二层分肢中所分出的下层分肢中,各选择肢的选择概率为

$$P(A_{pj} \mid A_p) = \dfrac{\exp(\theta V_{A_{pj}}^m)}{\sum\limits_{u=1}^{J} \exp(\theta V_{A_{pu}}^m)} \tag{13.5}$$

$$P(B_{nq} \mid B_n) = \dfrac{\exp(\theta V_{B_{nq}}^m)}{\sum\limits_{v=1}^{Q} \exp(\theta V_{B_{nv}}^m)} \tag{13.6}$$

综上所述,最终构建出的 NL 模型为

$$\begin{aligned} P(A_{pj}) &= P(A_{pj} \mid A_p) P(A_p \mid A) P(A) \\ &= \dfrac{\exp[\theta(V_{A_{pj}}^m + V_{A_p}^m + V_A^m)]}{\sum\limits_{u=1}^{J} \exp(\theta V_{A_{pu}}^m) \cdot \sum\limits_{l=1}^{m} \exp(\theta V_{A_l}^m) \cdot [\exp(\theta V_A^m) + \exp(\theta V_B^m)]} \end{aligned} \tag{13.7}$$

$$\begin{aligned} P(B_{nq}) &= P(B_{nq} \mid B_n) P(B_n \mid B) P(B) \\ &= \exp \dfrac{\theta(V_{B_{nq}}^m + V_{B_n}^m + V_B^m)}{\sum\limits_{v=1}^{Q} \exp(\theta V_{B_{nv}}^m) \cdot \sum\limits_{k=1}^{N} \exp(\theta V_{B_k}^m \cdot [\exp(\theta V_A^m) + \exp(\theta V_B^m)]} \end{aligned} \tag{13.8}$$

第三节 基于出行链的交通方式效用函数模型

一般来说,当一个出行者需要选择一个出行行为时,他们通常会选择出行总费用最低的运输方式。但由于出行者通常不能了解全部出行方式信息,因此出行者只能根据现有的数据估计每种交通出行方式的广义费用,从而选择出适合个人的出行方式。对于 OD 点对间的全部接受的交通方式的出行成本是相同的。计算效用函数的确定项 V_{in} 可以用广义费用来实现。

对于每个分肢所构成的 MNL 模型中,每个选择肢的概率计算公式为

$$P_{in} = \dfrac{\exp(\theta V_{in})}{\sum\limits_{j} \exp(\theta V_{jn})} = \dfrac{\exp(-\theta c_{in})}{\sum\limits_{j} \exp(-\theta c_{in})} \tag{13.9}$$

一、广义费用的效用函数

构建的基于出行链的用户选择运输方式的广义费用函数如式(13.10)所示。

$$c_f^m = \sum_{k=1}^{K} \lambda_k^m c_f^k \quad (\forall f \in F) \tag{13.10}$$

式中：F——连接某一个 OD 点对的交通运输方式集合；

c_f^k—— 此出行过程中出行者使用交通运输方式 f 时在第 k 个准则的实际费用；

λ_k^m——第 m 类出行者对第 k 个准则的权重；

c_f^m——此出行过程中第 m 类出行者使用交通运输方式 f 的广义费用。

由前述可知，在进行出行者交通运输方式分担率研究过程中的影响因素诸多，在面对诸多因素时将其分为三类，分别是出行者、出行行为、交通工具特性。

(1) 出行者特性：主要分析出行者的年龄和收入。

(2) 出行者出行行为特性：主要分析出行者的出行目的和出行链的二阶行程对出行的影响。

(3) 交通工具特性：一般研究此交通方式所花费的时间以及费用。

二、基于出行链的交通设施特性的定量化

对于出行者而言，快速性、经济性和方便性等是影响交通方式选择的主要因素，这些因素通常分为可观测变量和不可观测变量，可观测变量如时间和成本，可以很容易地评估他们在选择出行方式时的影响，另一些变量为定性变量，比如服务水平、满意度等，我们就需要把这些变量进行定量化分析。

1. 快速性

各种交通运输方式所消耗掉的时间对出行者而言有着十分重要的影响。对于基于"大连—沈阳"出行链的运行时间指的是其一阶行程的运行时间，如式(13.11)所示。

$$c_f^t = \beta \cdot t_f \tag{13.11}$$

式中：c_f^t——交通方式 f 的时间成本(元)；

β——时间价值系数(元/h)；

t_f——交通方式 f 的行程时间(h)。

2. 经济性

出行者对某种交通运输方式的选择取决于消费者的消费理念，也就是对于现有的交通票价所能承受的支付意愿，一旦用户不可接受，会在一定程度上对此交通方式的选择造成影响，可见选择出行票价作为衡量该种运输方式的经济性是十分必要的，而对于经济性的量化则直接采用票价价格，如式(13.12)所示。

$$c_f^p = p_f \tag{13.12}$$

式中：c_f^p——交通方式 f 的费用成本(元)；

p_f——交通方式 f 的票价(元)。

3. 方便性

根据前述研究分析结果可知，出行者是因为某种目的才出行。依据出行链的出行者也想要实现特定的活动。出行链理论的出行者出行方式选择研究应以出行链理论为基础。因此，运输模式的便利性的描述需由选择运输的方便性和二次行程的距离来完成。

$$\xi_f = \alpha \cdot \varphi_f \tag{13.13}$$

式中：ξ_f——交通方式 f 的换乘方便性的量化值；

φ_f——出行者选择交通方式 f 的二阶行程交通工具换乘的方便度；
α——出行目的的方便价值系数。

$$c_{\mathrm{II}}^d = \delta \cdot d_{\mathrm{II}} \tag{13.14}$$

式中：c_{II}^d——出行者的二阶行程距离成本(元)；
δ——二阶行程距离成本系数(元/km)；
d_{II}——出行者的二阶行程距离(km)。

综合式(13.10)~式(13.14)，可得出 m 类出行者选择 f 交通方式的广义费用函数为

$$c_f^m = -\alpha\varphi_f + \lambda_1^m c_f^t + \lambda_2^m c_f^p + \lambda_3^m c_{\mathrm{II}}^d \tag{13.15}$$

第四节　参数标定方法

一、不同用户各准则层权重确定方法

目前研究领域中属性权重的确定方法主要是基于原始数据的权值计算，其方法可分为：主观、客观赋权法以及二者结合赋权法。

主观赋权法是以专家经验为基础，结合主观赋权的计算得出权重，常用的有 AHP 法、德尔菲法，专家通常根据实际问题，对各指标进行排序。此方法主观性太强，对于不同的专家可能得出不同的结果，即使增加专家数量也不能从根本上改变此缺陷。

以下是客观赋权法的几种常见方法。这种方法往往对实际情况和决策人的意愿考虑较少。

1. 熵权法

熵本身是热力学中的一个概念，它已被广泛应用于各个领域。一般认为，假定某一指标的信息熵与其指标值的变化幅度、所提供的信息、综合评价以及权重成反比。第 j 项指标计算公式为

$$E_j = -(\ln m)^{-1} \sum_{i=1}^{m} p_{ij} \ln p_{ij} \tag{13.16}$$

式中：m——被评价对象的数目；

$j = 1, 2, 3, \cdots, n$，n 为评价指标数目，且 $p_{ij} = \dfrac{d_{ij}}{\sum\limits_{i=1}^{m} d_{ij}}$，如果 $p_{ij} = 0$，定义 $\lim\limits_{p_{ij} \to 0} p_{ij} \ln p_{ij} = 0$。

通过熵来计算得出不同指标的客观权重公式为

$$W_j = \frac{1 - E_j}{n - \sum\limits_{j=1}^{n} E_j} \tag{13.17}$$

利用信息熵计算公式和指标客观权重公式，可求解出熵 E_j 和权重 W_j。

2. 标准离差法

标准离差法的计算原理与熵权法有着一定类似之处，一般来说，若存在某个指标的标准差越大，则其指标值改变幅度、得到信息也越大，在综合评价体系中所起的作用、其权重也就越高。利用标准差计算各指标的权重 W_j 的公式为

$$W_j = \frac{\sigma_j}{\sum\limits_{j=1}^{n} \sigma_j} \tag{13.18}$$

式中：σ_j——第 j 个指标的标准差。

3. CRITIC 法

CRITIC 法是另一种非主观权重赋权法。在指标之间有着冲突性，是基于指标之间的相关性计算指标权重。假如两个指标之间存在正相关影响，则意味着这两个指标之间的冲突与之成反比。第 j 个指标与其他指标相冲突的量化指标是 $\sum_{t=1}^{n}(1-r_{tj})$，其中 r_{tj} 是评价指标 t 和 j 之间的相关系数。通过对比强度和冲突性来全面考虑指标的客观权重。设 C_j 表示第 j 个评价指标所包含的信息量，其公式为

$$C_j = \sigma_j \sum_{t=1}^{n}(1-r_{tj}) \tag{13.19}$$

C_j 越大，第 j 个评价指标所包含的信息量越大，该指标的相对重要性也就越大。第 j 个指标的客观权重可以利用信息量的归一化权值得出。

二、出行时间价值计算方法

现阶段使用的计算方法包括以下三种。

1. 生产法

时间价值可以通过下式计算：

$$vot = \frac{\text{GDP}}{P \times T} \tag{13.20}$$

式中：GDP——国内生产总值(元)；
  P——年均就业人数(人)；
  T——个人年均工作时间(h)。

生产法的应用范围是上班时间进行出行活动的用户的时间价值，所以使用范围最好是有固定工作的从业人员。

2. 收入法

收入法则是从出行者未能工作的时间考虑，也就是在出行期间耽误的工作所导致的收入缺失，计算公式为

$$vot = \frac{INC}{T} \tag{13.21}$$

式中：INC——个体年收入(元)；
  T——个人未工作时间(h)。

同生产法比较，收入法用来体现个人经济收入给予乘客群的时间价值，主要应用于非工作出行。

3. 非集计模型

效用函数通常考虑出行时间和费用两方面因素，且都基于交通运输方式选择模型的预测，因此在绝大多数旅客出行行为研究中都采用此方法，效用函数可表示为

$$V_i = \alpha + \beta_1 t_i + \beta_2 c_i \tag{13.22}$$

式中：V_i——出行者选择第 i 种交通方式的实际效用值；
  t_i、c_i——第 i 种交通方式所运行的时间和产生的费用；
  α、β_1、β_2——三个待定参数。

第 i 种交通方式的旅客的时间价值可通过以下公式计算得出：

$$vot(i) = \frac{\partial V/\partial c}{\partial V/\partial t} = \frac{\beta_2}{\beta_1} \qquad (13.23)$$

下面对上述三种研究中往往使用的时间价值计算方法进行对比,如表 13.1 所示。

常用时间价值系数计算方法比较　　　　表 13.1

方法	特点	优点	缺点
生产法	适用于固定职业者的工作出行	不用进行大规模居民出行调查和数据统计; 计算简便; 不受居民主观因素的影响	未考虑出行者主观因素对时间价值的影响;
收入法	适用于固定职业者和非固定职业者的工作出行		无法计量用于闲暇休息活动的时间价值; 缺少一种综合的资源时间价值估算方法
非集计模型	应用非集计模型研究出行者主观因素对时间价值的影响	考虑出行者主观因素对时间价值的影响; 可用于各种出行目的和人群的时间价值计算	需要大规模数据调查; 受调查统计中的抽样和非抽样误差等影响而导致计算精度下降; 计算过程烦琐; 多数不考虑收入对时间价值的影响

第五节　出行链交通方式选择模型的构建

"大连—沈阳"出行链途径地区都位于非沿海城市,旅客运输包括铁路、公路、航空三种运输方式,因此对于此出行链而言旅客的运输需求完全由上述三种运输方式提供。对于铁路运输而言,还可以分为高速铁路和普通铁路;公路方面,旅客则可使用私家车和长途汽车。

一、出行者特性

出行者特性主要有出行者的个人和家庭属性,此次调查样本的个人属性主要包括以下 6 种指标,家庭属性特征包括住址等,这些出行者社会属性反映了该市社会经济生活的一些重要特点,从中也能够判断出样本组成结构的合理性。样本中统计的结果与官方部门人口统计结果基本一致,可认为样本数据代表了该市的居民出行总体情况。

个人属性包括性别、年龄和职业;家庭属性包括收入、出行目的和城市间交通方式选择。

二、选择肢的确定

"大连—沈阳"城市之间的交通方式包括:民航、私家车、长途汽车、普通铁路、高速铁路。按照交通方式的划分原则,总出行方式划分成空中交通和地面交通两大类,空中交通和地面交通构成模型第一层;空中交通只有民航一种,地面交通则可分成公路运输和铁路运输,从而构建出地面交通的第二层模型结构;其中公路运输方式,还可以分为私家车和长途汽车,铁路运输方式,按照铁路列车运行速度可分成普通铁路和高速铁路两种,构成了第三层模型结构,如图 13.3 所示。

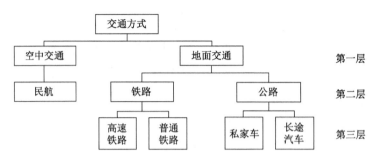

图 13.3 模型选择肢构建

三、参数估计

1. 出行者特性的相关参数

出行者的出行价值时间系数是通过被调查者人均收入,利用收入法进行计算。对于不同用户的各准则权重标定过程中,由于非集计模型所具备的时间和空间转移性强的特征,因此对于基于出行链的 NL 模型中的权重标定,参照在综合运输通道客流量分担模型的研究中对各准则的权重设定值以及对出行时间价值的计算与应用的研究中对收入水平与出行时间价值系数的关系的分析,对各类出行者的时间价值系数和各准则权重的设定见表 13.2。

不同用户各准则权重参数及时间价值系数　　　　　表 13.2

年 龄	收入(元/月)	λ_1^m	λ_2^m	λ_3^m	β(元/h)
<20 岁	高收入(>6000)	0.70	0.20	0.10	37.50
	中等收入(3000~6000)	0.40	0.50	0.10	25.00
	低收入(<3000)	0.15	0.75	0.10	12.50
20~40 岁	高收入(>6000)	0.70	0.20	0.10	37.50
	中等收入(3000~6000)	0.45	0.45	0.10	25.00
	低收入(<3000)	0.20	0.70	0.10	12.50
41~60 岁	高收入(>6000)	0.65	0.20	0.15	37.50
	中等收入(3000~6000)	0.425	0.425	0.15	25.00
	低收入(<3000)	0.2	0.65	0.15	12.50
>60 岁	高收入(>6000)	0.6	0.20	0.20	37.50
	中等收入(3000~6000)	0.4	0.40	0.20	25.00
	低收入(<3000)	0.2	0.60	0.20	12.50

2. 出行特性的相关参数

在考虑出行链时,二阶行程的方便性一般可以从换乘交通工具的方便性体现出来是否便捷,其中可以明显反映出此方便性的评价指标包括:换乘距离、换乘消耗时间、换乘工具的数量。因此利用这三项指标作为评价指标,可以得出不同交通出行二阶行程的方便程度。如果出行者选择私家车作为出行的交通工具,则出行过程并不存在换乘问题,因此,就将私家车的方便度设为 1,各交通方式的二阶行程方便度由右至左相继得出,如表 13.3 所示。

各交通方式二阶行程方便度   表 13.3

交通方式	φ_f	交通方式	φ_f	交通方式	φ_f
地面交通	0.4709	公路	0.6949	私家车	1
				长途汽车	0.3897
		铁路	0.2469	普通铁路	0.2577
				高速铁路	0.2361
空中交通	0.1164			民航	0.1164

3. 交通工具特性的相关参数

根据大连至沈阳各交通方式的现有数据,表 13.4 是大连至沈阳各交通方式的基本参数,其中 t_f 是选择各交通方式的平均出行时间;c_f^p 为使用各种交通运输方式的费用,其中普通列车选取硬座平均票价,高速铁路选择二等座平均票价,出行费用和时间的具体数值参照现有数据所接近的整数值,各交通方式的时间和费用成本见表 13.4。

大连至沈阳各交通方式基本参数   表 13.4

交通方式	时间 t_f(h)	费用 c_f^p(元)
民航	0.75	480
空中交通	0.75	480
私家车	4.2	420
长途汽车	5.5	100
公路	4.9	260
普通铁路	5.1	53
高速铁路	2.3	176
铁路	3.7	115
地面交通	4.3	188

四、模型计算

(1)以大连交通大学到东北大学为例,选择 20~40 岁年龄层中的出行者,当出行方便价值系数 $\alpha = 0.1$,用户的二阶行程距离成本 $c_{\text{II}}^d = \delta \cdot d_{\text{II}} = 1 \times 10 = 10$ 元,对于不同收入的用户对各运输方式的选择概率如表 13.5 所示。

同年龄层不同收入水平各交通方式的选择概率   表 13.5

交通方式	高 收 入	中 等 收 入	低 收 入
民航	0.8304	0.2860	0.1240
私家车	0.0255	0.0468	0.0226
长途汽车	0.0344	0.1765	0.2054
普通铁路	0.0417	0.2745	0.4458
高速铁路	0.0679	0.2162	0.2022

其中以高收入用户乘坐民航为例,计算过程如下:

根据表 13.2 可知,$\lambda_1^m = 0.7, \lambda_2^m = 0.2, \lambda_3^m = 0.1, \beta = 37.5$。

由式(13.11)、式(13.12),计算得出 $c_{民航}^t = 28.125$(元),$c_{民航}^p = 480$(元)。

由式(13.15),计算得出 $c_{民航}^m = 116.67586$(元),同理可得 $c_{地面}^m = 275.50791$(元)。

最终高收入类用户乘坐民航的概率由式(13.9)计算得出,$P(民航) = 0.8304$。

从表 13.5 中可以看出,对于 20~40 岁年龄层的用户来说,高收入人群选择民航的概率远高于选择其他交通方式的概率,这与他们注重自身的时间成本有直接关系,随着收入的减少,中等收入的人群选择民航的概率要远低于高收入人群,随着民航选择概率的降低,普通铁路和高速铁路的选择概率在逐步增长,对于低收入人群来说,成本更低的普通铁路的选择概率要高于其他交通方式,长途汽车和高速铁路的选择概率基本保持一致。但对于私家车的选择,不同的收入水平选择其概率均比较低。

(2)选择 20~40 岁年龄层的中等收入的用户作为实例,当用户出行的二阶行程距离成本为 $c_{II}^d = 10$ 元,出行方便系数从 0.1 逐渐增大 100 倍时,各交通运输方式的选择概率如表 13.6 所示。

不同方便系数下各交通方式的选择概率　　　　表 13.6

α	民航	私家车	长途汽车	普通铁路	高速铁路
0.1	0.2860	0.0468	0.1765	0.2745	0.2162
1	0.2853	0.0472	0.1770	0.2744	0.2161
10	0.2789	0.0511	0.1814	0.2736	0.2151
100	0.2194	0.0602	0.2651	0.2551	0.1967

其中以 $\alpha = 0.1$ 时的民航选择概率为例,计算过程如下:

根据表 13.2 可知,$\lambda_1^m = 0.45, \lambda_2^m = 0.45, \lambda_3^m = 0.1, \beta = 25$。

由式(13.11)、式(13.12)计算得出 $c_{民航}^t = 11.25$(元),$c_{民航}^p = 480$(元)。

由式(13.15)计算得出 $c_{民航}^m = 225.42586$(元),同理可得 $c_{地面}^m = 133.92791$(元)。

最终中等收入类用户乘坐民航的概率由式(13.9)计算得出,$P(民航) = 0.2860$。

从表 13.6 可以看出,当出行者的年龄、收入、行程确定时,改变出行方便系数也会对出行选择概率产生影响,当二阶行程方便度增加时,私家车的选择概率在逐步增加,但是整体处于较低水平;在其他因素确定时二阶行程的方便度对出行者选择出行运输方式的选择影响较小,对二阶行程方便性要求高时,选择私家车出行的概率会明显增加,但与其他交通方式相比,它的选择概率仍然处在较低水平。因此,二阶行程的方便度对出行者出行时交通方式的选择影响不明显。由此可见,相较于其他因素,用户在选择交通方式时对于时间和费用的重视程度要大于换乘的方便性,所以二阶行程方便性对用户选择出行方式的影响不显著。

(3)假设某用户 30 岁,月收入 5000 元,以大连交通大学到东北大学行程为例,其选择不同交通方式时的二阶行程距离如表 13.7 所示,用户二阶行程距离选择大连、沈阳两地的平均行程距离,如东北大学距桃仙国际机场距离为 22.6km,大连交通大学距周水子国际机场距离为 6.4km,则 $d_{II} = \frac{22.6 + 6.4}{2} = 14.5$,为方便计算选择距离最近的整数,最终民航的二阶距离 $d_{II} = 15$,同理长途汽车的二阶距离为 $d_{II} = 8$,普通铁路的二阶距离为 $d_{II} = 6$,高速铁路的二阶距离为 $d_{II} = 11$。

出行方便价值系数 $\alpha = 0.1$,二阶行程距离成本系数在 1 元/km 至 10 元/km 递增时,该用户选择各交通方式的概率如表 13.7 所示。

不同二阶行程距离成本系数下各交通方式的选择概率　　　表 13.7

交通方式	民航	私家车	长途汽车	普通铁路	高速铁路
$d_{\text{II}}(\text{km})$	15	0	8	6	11
$\delta(\text{元/km})$			选择概率		
1	0.2378	0.0568	0.1940	0.2923	0.2190
2	0.1955	0.0680	0.2102	0.3072	0.2190
3	0.1591	0.0803	0.2248	0.3192	0.2164
4	0.1400	0.0931	0.2352	0.3248	0.2095
5	0.1029	0.1088	0.2486	0.3345	0.2052
6	0.0820	0.1246	0.2578	0.3382	0.1974
7	0.0651	0.1415	0.2649	0.3398	0.1886
8	0.0514	0.1597	0.2704	0.3509	0.1677
9	0.0405	0.1788	0.2741	0.3483	0.1583
10	0.0318	0.1991	0.2761	0.3442	0.1488

根据表 13.2 可知，$\lambda_1^m = 0.45$，$\lambda_2^m = 0.45$，$\lambda_3^m = 0.1$，$\beta = 25$。

由式（13.11）、式（13.12）计算得出 $c_{\text{民航}}^t = 18.75$，$c_{\text{民航}}^p = 480$。

由式（13.15）计算得出，$c_{\text{民航}}^m = 254.42586$，同理可得 $c_{\text{地面}}^m = 137.92791$。

最终高收入类用户乘坐民航的概率由式（13.9）计算得出，$P(民航) = 0.2378$。

随着二阶行程距离成本的不断增加，变化最为明显的是民航，其次是私家车，民航的出行概率在不断下降，这是因为我国在建立机场时，通常将其建设在远离城市中心的位置，距离较远，当距离成本增加时民航的变化值最大，因此影响也最大，而对于私家车而言，由于不存在换乘，所以在二阶行程成本增加时，选择私家车的概率自然会增大。

第六节　结　论

为了使模型研究结果更具有实际意义和借鉴价值，于 2017 年 7 月至 8 月间选取"大连—沈阳"出行链的起始点城市进行问卷调查。在调查地的火车站、高铁站、长途汽车站以及飞机场地进行抽样调查。此次调查共发放问卷 200 份，回收有效问卷 194 份，有效回收率为 97%。抽样调查的主要内容包括旅客的年龄、月收入、出行目的、职业等。

根据抽样调查结果，获得该运输通道的客流构成进行汇总，得到统计表如表 13.8 所示。

"大连—沈阳"出行链的客流构成　　　表 13.8

类　别		比例（%）
年龄	<20 岁	9.72
	20～40 岁	74.31
	41～60 岁	15.28
	>60 岁	0.69

续上表

类　　别		比例(%)
职业	政府及事业单位人员	27.08
	务工人员	2.08
	在校学生	38.89
	公司职员	13.19
	个体营业	6.94
	农民	1.39
	其他	10.42
收入(元/月)	低收入(<3000)	39.58
	中等收入(3000~6000)	38.19
	高收入(>6000)	22.22
出行目的	公务	16.67
	上学	16.67
	探亲访友	31.25
	旅游	20.14
	其他	15.28

根据"大连—沈阳"出行链内的客流构成，结合表13.5~表13.7中的模型测算结果，按照调查中得到的选择概率最大的客流构成特征，对出行链的交通方式进行概率计算，得到结果如表13.9所示。

模型计算结果　　　　　　　表13.9

交通方式	民航	私家车	长途汽车	普通铁路	高速铁路
选择概率	0.1125	0.0245	0.2182	0.4556	0.1888

"大连—沈阳"出行链的运输距离较短，出行链的起终点城市在辽宁省起着重要作用，承担着巨大的旅客运输需求，普通铁路由于其独特的承载力优势，使得铁路旅客运输在此出行链上占有一定优势。随着高铁事业的稳步发展与国家经济的迅速增长，高速铁路所具备的运行速度快、设施建设逐步完善的优点，正在不断地为旅客提供更方便快捷的运输体验，高铁运送旅客的作用已经在逐步提升，随之而来的是对长途客运的不断冲击，同时也使得各种运输方式之间的竞争日渐加大，对于旅客而言将有机会体验更加完善的交通设施服务为我们带来的便捷与舒适。

对于所构建的模型依然存在一些不足，比如，模型涉及的不确定参数相对较多，且对于参数的标定往往需要大规模的数据调查；在研究出行者的二阶行程距离对出行者的交通运输方式选择时，仅通过单一个体对其研究，未能得到普遍意义上的选择概率。

第十四章
城市道路干线的信号协调控制

第一节 城市道路交通调查

一、黄河路概况

研究对象为辽宁省大连市黄河路主干道上的 20 个信号控制交叉口,黄河路是大连市一条东西向的主干线,沿线多为商业区和住宅区,交通量较大,2019 年第二季度,大连道路交通高峰拥堵延时指数为 1.819,即高峰出行时间是畅通状态下的 1.819 倍;高峰平均行车速度为 25.24km/h。

黄河路信控交叉口的相交道路由西向东分别为马栏广场、兰田街、西南路、交大正门、西山街、盖州街、升平街、广平街、如意街、西安路、成仁街、连胜街、白山路、万岁街、联合路、联德路、东北路、长生街、不老街、大同街,这些道路分别位于沙河口区和西岗区,具体道路的位置见图 14.1。

二、黄河路各交叉口现状

黄河路干线,由西向东依据每个交叉口的实际情况和交通流特性,通过对各交叉口进行调查以获得交通量。调查时间为工作日的晚高峰(16:30—19:30)时段。调查内容主要是各进口车流量数、车道数、信号配时、交叉口类型等。篇幅关系,本章仅列出第一、二个交叉口做示例。

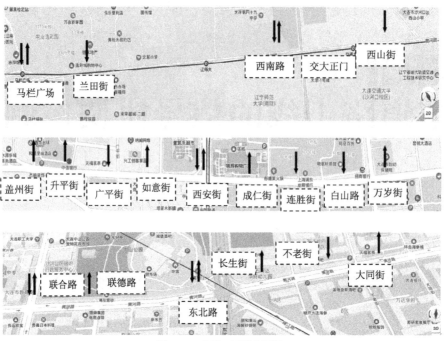

图 14.1　交叉口区域位置图

根据现场调查得到黄河路沿线这 20 个交叉口的现状信号配时情况、相位差、各进口车道分布情况及车道宽度,黄河路/马栏广场交叉口车道分布情况如表 14.1、图 14.2 所示。黄河路/兰田街交叉口车道分布如表 14.2、图 14.3 所示。

黄河路/马栏广场交叉口车道分布情况　　　　　　　　　　表 14.1

进口道	车道宽度(m)	车道数	各方向车道数		
			左	直	右
西进口	3.5	3	0	2	1′
东进口	3.5	6	2	3	1′
北进口	3.5	1	1″	1	1′
南进口	3.5	1	1″	0	1′

注:1′代表一条直右车道;1″代表直左车道。表 14.2 中同此。

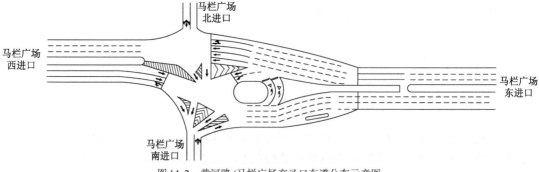

图 14.2　黄河路/马栏广场交叉口车道分布示意图

黄河路/兰田街交叉口车道分布情况　　　　　　　　　　表14.2

进口道	车道宽度（m）	车道数	各方向车道数		
			左	直	右
西进口	3.5	3	1	1	1'
东进口	3.5	3	1"	1	1'
北进口	3.5	1	1"	0	1'

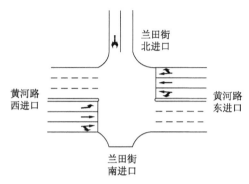

图14.3　黄河路/兰田街交叉口车道分布示意图

三、黄河路相邻交叉口间距

黄河路各交叉口间距如图14.4~图14.6所示。

图14.4　马栏广场—西山街各交叉口间距分布图

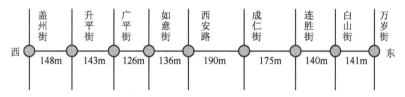

图14.5　盖州街—万岁街各交叉口间距分布图

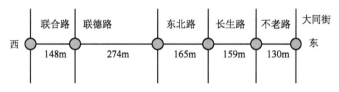

图14.6　联合路—大同街各交叉口间距分布图

四、黄河路各交叉口交通流量

对交通量进行当量换算后得到现状小时交通流量汇总表,马栏广场—西山街的各个交叉口流量如表14.3所示。

马栏广场—西山街交通流量表 表 14.3

序号	交叉口	车型(1h)	西进口 左	西进口 直	西进口 右	东进口 左	东进口 直	东进口 右	北进口 左	北进口 直	北进口 右	南进口 左	南进口 直	南进口 右
1	黄河路/马栏广场	小车	0	612	84	732	1044	456	204	120	36	276	0	192
		大车	0	264	0	48	240	0	24	0	24	0	0	0
		总和	0	876	84	780	1284	456	228	120	60	276	0	192
2	黄河路/兰田街	小车	192	660	0	48	1092	180	48	0	48	0	0	0
		大车	0	192	0	0	192	0	0	0	0	0	0	0
		总和	192	852	0	48	1284	180	48	0	48	0	0	0
3	黄河路/西南路	小车	768	456	228	840	720	72	96	0	96	372	0	528
		大车	48	168	120	72	72	24	24	0	168	0	0	48
		总和	816	624	348	912	792	96	120	0	264	372	0	576
4	黄河路/交大正门	小车	0	1044	0	0	1560	0	0	0	0	0	0	0
		大车	0	288	0	0	216	0	0	0	0	0	0	0
		总和	0	1332	0	0	1776	0	0	0	0	0	0	0
5	黄河路/西山街	小车	0	360	0	1272	108	0	228	0	516	0	0	0
		大车	0	216	0	312	24	0	72	0	0	0	0	0
		总和	0	576	0	1584	132	0	300	0	516	0	0	0

第二节 城市道路各交叉口信号配时

一、马栏广场—西山街的各个交叉口流量调查

根据对黄河路干线的实际调查确定 L_s(启动损失时间)为3s,A(黄灯时间)为3s,I(绿灯间隔时间)为5s。依据基本饱和流量确定左转单车道饱和流量为1500pcu/h,直行单车道饱和流量为1650pcu/h,右转单车道饱和流量为1550pcu/h。

对于交叉口处出现流量差异较大的情况,可采用双周期干线协调控制的方法来解决类似的问题。

二、马栏广场—西山街的各个交叉口信号配时方案

1. 黄河路/马栏广场交叉口信号配时方案

信号配时过程如下。

根据 Webster 配时方法得:

信号总损失时间为 $L = \sum_k L_s + I - A = 15\text{s}$

各相位关键车道流量比为 $y_1 = \dfrac{q_1}{s_1} = 0.418, y_2 = \dfrac{q_2}{s_2} = 0.176, y_3 = \dfrac{q_3}{s_3} = 0.176$

各相位关键车道流量比之和为 $Y = 0.77$

最佳周期时长为 $C_0 = \dfrac{1.5L+5}{1-Y} = 120\text{s}$

总有效绿灯时长为 $G_e = C_0 - L = 105\text{s}$

各相位有效绿灯时间为 $g_{\min} = G_{e1} \cdot \dfrac{y_1}{Y} = 57\text{s}, g_{e2} = G_{e2} \cdot \dfrac{y_2}{Y} = 24\text{s}, g_{e3} = G_{e3} \cdot \dfrac{y_3}{Y} = 24\text{s}$

各相位显示绿灯时间为 $g_1 = g_{e1} - A + L_s = 57\text{s}, g_2 = g_{e2} - A + L_s = 24\text{s}, g_3 = g_{e3} - A + L_s = 24\text{s}$

最短绿灯时间为 $g_{\min} = 7 + \dfrac{L_p}{v_p} - I = 19.5\text{s}$

根据上述计算可以得到黄河路/马栏广场交叉口的信号配时方案如表14.4所示。黄河路/马栏广场交叉口相位相序图如图14.7所示。

黄河路/马栏广场交叉口配时方案(s)　　　　　　　　　　　　　　表14.4

相　位	红灯时长	绿灯时长	黄灯时长	周　期　长
东西直行	60	57	3	
东左转	93	24	3	120
南北全放	93	24	3	

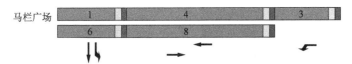

图14.7　黄河路/马栏广场交叉口相位相序图

2. 兰田街—西山街沿线的各交叉口信号配时方案

计算过程与黄河路/马栏广场相同,计算得到兰田街—西山街的各个交叉口配时方案如表14.5所示。兰田街—西山街沿黄河路各交叉口的相位相序如图14.8所示。

兰田街—西山街沿线各交叉口配时方案(s)　　　　　　　　　　　表14.5

交　叉　口	相　位	红灯时长	绿灯时长	黄灯时长	周　期　长
黄河路/ 兰田街	东西直行	52	65	3	120
	西左转	97	20	3	
	北左转	97	20	3	
黄河路/ 西南路	东西直行	90	27	3	120
	东直行+左转	97	20	3	
	东西左转	84	33	3	
	南北左转	97	20	3	
黄河路/ 交大正门	东西直行	27	28	3	58
	行人过街	35	20	3	
黄河路/ 西山街	东西直行	37	56	3	96
	北左转	63	30	3	

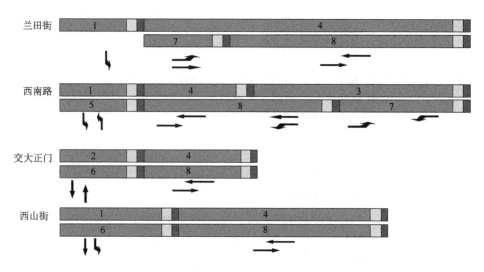

图14.8 兰田街—西山街沿黄河路各交叉口的相位相序图

通过计算可以得到关键交叉口是黄河路/西南路交叉口。采用双周期干线协调方式的交叉口配时方案如表14.6所示。马栏广场—西山街沿黄河路各交叉口的相位相序如图14.9所示。

马栏广场—西山街沿黄河路的交叉口双周期配时方案(s)   表14.6

交叉口	相 位	绿灯时长		周 期 长	
黄河路/ 马栏广场	东西直行	57		120	
	东左转	24			
	南北全放	24			
黄河路/ 兰田街	东西直行	65		120	
	西直行+左转	20			
	北左转	20			
黄河路/ 西南路	东西直行	27		120	
	东直行+左转	20			
	东西左转	33			
	南北左转	20			
黄河路/ 交大正门	东西直行	29	29	60	60
	行人过街	21	21		
黄河路/ 西山街	东西直行	70		120	
	北左转	40			

三、相位相序的设计

将现状调查得到的交叉口各进口左转的小时交通流量输入到表14.7中第2、3列,利用第

8 章道路交通信号控制基础理论中公式(8.10)将计算得到的结果输入到表 14.7 中第 4 列,其中 C 为信号周期,q_{min} 为非对称交通流中流量较小方向的左转交通流量。

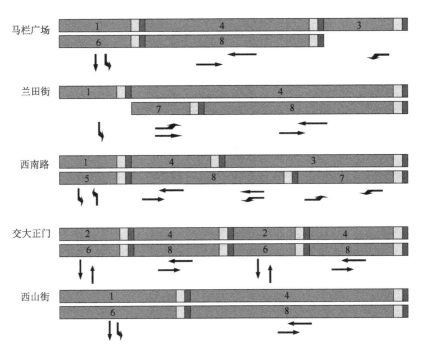

图 14.9 马栏广场—西山街双周期相位相序图

马栏广场—西山街沿线各交叉口相位相序优化计算表　　　　表 14.7

交叉口名称	西进口左转 q_{min}(pcu/h)	东进口左转 q_{min}(pcu/h)	$\dfrac{C \cdot q_{min}}{3600}$
黄河路/马栏广场	0	780	31.2
黄河路/兰田街	192	0	7.68
黄河路/西南路	816	912	32.6

利用第 8 章中道路交通信号控制基础理论的转弯车道设置条件,由公式(8.10)可知,若 $\dfrac{C \cdot q_{min}}{3600} > 2$ 时,不改变原有转向车道。

(1) 黄河路/马栏广场交叉口
西进口禁止左转,东进口算得的值大于 2,所以不改变原有转向车道。
(2) 黄河路/兰田街
西进口算得的值大于 2,所以不改变原有转向车道,东进口禁止左转。
(3) 黄河路/西南路
西进口和东进口算得的值均大于 2,所以不改变原有转向车道。

第三节 相位差的优化

一、数解法

1. 单点信号控制

采用单点交叉口信号配时方法确定各个交叉口的信号周期:

$$C_3(=120s)=C_1(=120s)=C_2(=120s)>C_5(=96s)>C_4(=58s)$$

即马栏广场—西山街段公共周期为120s。

$$C_5(=120s)>C_3(=94s)>C_9(=62s)>C_1(=53s)>C_7(=46s)>C_6(=44s)=C_8(=44s)=C_4(=44s)>C_2(=40s)$$

即盖州街—万岁街公共周期为120s。

$$C_3(=120s)>C_5(=68s)=C_6(=68s)>C_1(=62s)>C_2(=52s)>C_4(=51s)$$

即联合路—大同街公共周期为120s。

各交叉口协调相位即东西方向的绿灯时间确定方法同前所述。

2. 数解过程

(1) 确定 a、b 列

马栏广场—西山街线控系统公共周期为120s,行车速度为11.1m/s,则 $\frac{vC}{2}=666m$,变动范围取62~72,将此范围写进表14.9 的 a 列。

以理想间距 $a=62$ 为例,以 62 为标准画一横线,标上 $A-E$ 各交叉口及其实际间距。如图 14.10 所示,从 A 开始画间距为 62 的线段,然后在所画图中找出实际交叉口与前一个理想交叉口尾部间距,写进表 14.9 中对应的位置。

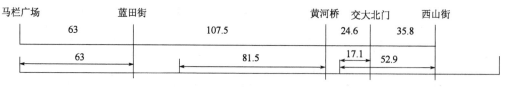

图 14.10 实际信号与理想信号相对位置图

b 这一纵列为实际距离与理想距离的峰值,以 $a=62$ 为例,如表 14.8 所示把各交叉口挪移量按照从小到大的顺序排序,计算相邻的两个口之间的挪移量之差,其中最大值写进 b 列,得出 $a=62$ 这行所对应的 b 值为 35.8。

b 列计算表   表14.8

A	D	E	C	B	A
0	17.1	52.9	63	81.5	89
	17.1	35.8	10.1	18.5	7.5

则 a、b 结果如表 14.9 所示。

数解法确定信号相位差　　　　　　表14.9

间距 a	交叉口					间距 b
	黄河路/马栏北街(A)	黄河路/兰田街(B)	黄河路/黄河桥(C)	黄河路/交大北门(D)	黄河路/西山街(E)	
		63	107.5	24.6	35.8	
62		63	81.5	17.1	52.9	35.8
63		63	80.5	15.1	50.9	35.8
64		63	79.5	13.1	48.9	35.8
65		63	78.5	11.1	46.9	35.8
66		63	77.5	9.1	44.9	35.8
67		63	76.5	7.1	42.9	35.8
68		63	75.5	5.1	40.9	35.8
69		63	74.5	3.1	38.9	35.8
70		63	73.5	1.1	36.9	35.8
71		63	72.5	97.1	34.9	34.9
72		63	71.5	96.1	32.9	32.9

（2）确定合适的理想信号位置

理想信号位置如图14.11所示。

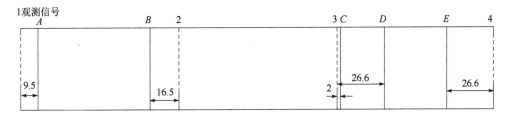

图14.11　理想信号位置图

（3）相位差计算结果

马栏广场—西山街数解法相位差见表14.10。

马栏广场—西山街沿黄河路各交叉口的数解法相位差　　表14.10

交叉路口	A	B	C	D	E
理想信号编号	1	2	3	3	4
各信号位置	右	左	右	右	左
绿信比 λ(%)	44	30	26	62	59
损失(%)	11	7	2	30	30
有效绿信比(%)	33	23	24	32	29
相位差(s)	132	59	147	117	35

系统带速调整为：$v = \dfrac{2s}{C} = \dfrac{2 \times 666}{120} = 11.1 \text{m/s} = 40 \text{km/h}$

其他两路段的相位差设置同前所述。

二、最大波带法——周期不变

马栏广场—西山街交叉口现状信号配时由表 14.6 可知，现有周期长不变，利用第 8 章道路交通信号控制理论的式(8.13)计算，需要数据如表 14.11 所示。

马栏广场—西山街沿黄河路各交叉口的最大波带法所需数据表（单位均为周期时长的倍数） 表 14.11

路口名称	$r_i(s)$	$\bar{r}_i(s)$	$t_i(s)$	$\bar{t}_i(s)$	$\tau(s)$	$\bar{\tau}(s)$	$\omega_i(s)$	$\bar{\omega}_i(s)$	m_i
黄河路/西山街	0.417	0.417	0.224	0.224	0.035	0.000	0.188	0.188	0.635
黄河路/交大北门	0.194	0.194	0.154	0.154	0.000	0.000	0.012	0.000	-0.012
黄河路/西南路	0.514	0.458	0.672	0.672	0.000	0.000	0.000	0.000	1.372
黄河路/兰田街	0.201	0.486	0.394	0.394	0.035	0.000	0.372	0.000	0.808
黄河路/马栏广场	0.431	0.431					0.175	0.005	

注：r_i-上行(西向东)红灯时间；$\bar{r}_i$-下行(东向西)红灯时间；t_i-上行交叉口间的行程时间；$\bar{t}_i$-下行交叉口间的行程时间；τ-上行干线车流到达前原有排队车辆的清空时间；$\bar{\tau}$-下行干线车流到达前原有排队车辆的清空时间；ω_i-红灯开始与上行绿波带边缘的时间差；$\bar{\omega}_i$-红灯结束与下行绿波带边缘的时间差；m_i-一般取周期时长的整倍数。

用 lingo 求解过程如图 14.12 所示。

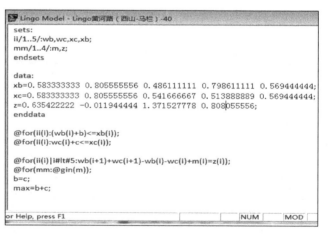

图 14.12 马栏广场—西山街 lingo 计算程序

得到优化后的相位差如表 14.12 所示。

马栏广场—西山街沿黄河路各交叉口的最大波带法优化相位差表 表 14.12

路口名称	周期(s)	绝对相位差值(s)
黄河路/西山街	144	0
黄河路/交大北门	144	70

续上表

路口名称	周期(s)	绝对相位差值(s)
黄河路/黄河桥	144	76
黄河路/兰田街	144	120
黄河路/马栏北街	144	61

双向绿波带宽为19s。

三、双周期协调控制

对于马栏广场—西山街干线,速度为11.11m/s,根据单点定时信号控制配时计算结果,交大正门交叉口采用双周期协调控制,且 k 等于0.50。马栏广场—西山街双周期干线协调数据见表14.13。

马栏广场—西山街双周期干线协调数据　　　　　表14.13

交叉口	周期时长(s)	间距(m)	干线绿信比		行驶时间(s)	相位差(s)
			东	西		
黄河路/马栏广场	120	630	0.57	0.57	56.70	0
黄河路/兰田街	120	1075	0.80	0.51	96.75	55
黄河路/西南路	120	246	0.49	0.54	22.14	18
黄河路/交大正门	60	358	0.81	0.81	32.22	16
黄河路/西山街	120		0.58	0.58		102

双向绿波带宽和为34s。

第十五章
基于网络级联失效的城市路网拥挤传播

第一节 路网模型的构建

选取大连市中心区域的部分道路网为研究对象。具体研究区域为西安路、太原街、胜利路、长春路、长江路所围成的区域。该区域共包括73条路段,44个交叉口,其中高尔基路为自西向东单向道路,五四路为自东向西单向道路,白山路为自北向南单向道路,长兴街为自东向西单向道路,连胜街为自北向南单向道路,大同街为自南向北单向道路;其余道路均为双向路。选取的研究区域如图15.1所示。

在对大连市中心城区道路交通网络进一步研究之前,需要认识大连市区域道路交通网络的基本性质和结构特性,分别利用原始法和对偶法并结合TransCAD和Ucinet软件构建大连市道路交通网络。其中原始法是将交叉口用图论中的节点表示,路段表示为图论中的边;以此构建的大连市中心某区域的道路交通网络共有44个节点,73条边,采用原始法构建的网络图能够保留原始道路的基本属性,研究路段失效影响更符合实际的道路情况。对偶法是将实际道路交通网中的路段映射为图论中的节点,而将路段之间的连接关系用拓扑图中节点之间的连边来表示,能够借助图论中节点的某些属性来研究各路段在道路交通网络中的基本属性。

分别构建的两种拓扑网络如图 15.2 和图 15.3 所示。

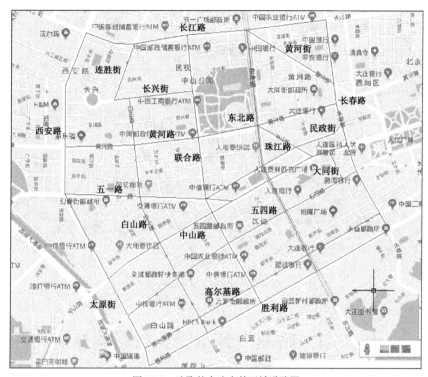

图 15.1 选取的大连市某区域道路网

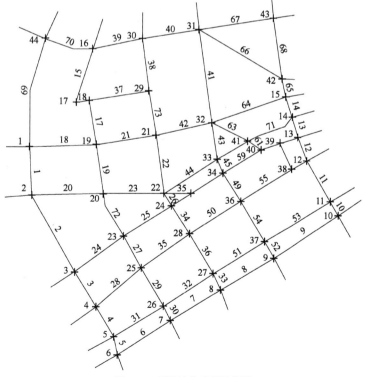

图 15.2 原始法构建的网络图

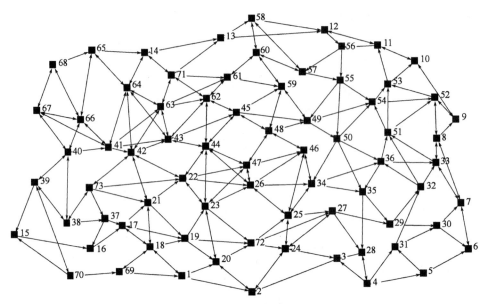

图15.3 对偶法构建的网络图

第二节 路网中各路段失效影响分析

由于采用原始法构建的网络图更能保留路网的实际特征,故本节采用原始法构建的拓扑网络图,并利用城市道路交通网络级联失效模型,对研究区域的所有73条路段进行失效影响分析,研究不同路段失效对于路网的影响过程。

一、各路段概况

通过实际调查,得到所研究区域各路段的基本属性,包括各路段的长度、容量并结合城市道路不同等级的运行速度计算各路段的自由行驶时间。其中,对于一条主干道车道和次干道车道容量分别取值为1300pcu/h和1200pcu/h,得到各路段的基本属性如表15.1所示。

各路段基本情况　　　　　　　　　　表15.1

路段编号	路段长度(m)	路段自由行驶时间(s)	路段容量(pcu/h)	路段编号	路段长度(m)	路段自由行驶时间(s)	路段容量(pcu/h)
1	341	30.7	7800	38	392	35.3	7800
2	652	58.7	7800	39	375	33.7	7800
3	296	26.7	3900	40	432	38.9	7800
4	262	23.6	7800	41	670	60.3	10400
5	134	12.0	7800	42	422	38.0	7800
6	479	43.1	7800	43	280	25.2	10400
7	436	39.3	7800	44	461	41.5	6500
8	461	41.5	7800	45	102	9.2	10400
9	579	52.1	7800	46	165	14.9	7800
10	132	11.8	7800	47	197	17.8	7800
…	…	…	…	…	…	…	…

二、各路段失效影响分析

根据改进的城市道路交通网络级联失效模型,采用原始法构建的拓扑网络对研究区域中的每个路段进行失效影响分析。

通过如下的步骤进行级联失效模拟分析,得到不同路段的失效过程及失效影响结果。

(1)初始负荷的定义

根据第10章路网失效理论中式(10.34)确定网络中各边的初始负荷 $L_{e_i}^0$,根据式(10.35)确定网络中各边的最大负载能力 D_{e_i},其中 γ 取 100,δ 取 0.6,τ 取 0.8。

(2)确定边的权重

根据各边的初始负荷,结合式(10.41)定义各边的初始权重 q_{e_i},其中 BPR 函数中 $\alpha=4$,$\beta=0.15$。

(3)失效边的选择

在 t 时刻从网络中随机选取一条边 e_i 作为失效边,其上的负载为 $L_{e_i}^t$。

(4)失效负载的分配

在 $t+1$ 时刻,根据第10章级联失效理论中式(10.37)、式(10.38)将失效边上的负载分配至相邻边上,其中 ε 取 0.2。

(5)失效的传播

根据式(10.29)计算各边在 $t+1$ 时刻的负载;并结合式(10.31)判断在 $t+1$ 时刻各边是否处于正常状态,若所有边的负载小于各边的最大负载能力,则失效影响结束,否则重复步骤(4)直至所有边的负载不大于其负载能力。

(6)失效后果的评估

根据式(10.42)、式(10.44)和式(10.45),确定失效边 e_i 的级联失效影响程度 W。

得到的部分路段失效影响结果如表 15.2 所示。

各路段级联失效影响结果(部分) 表 15.2

编号	初始负荷	失效传播过程	影响边数 N'	影响路段所占比例	排序	影响后路网平均距离	平均距离降低比例	排序	重要度排序
1	4922	1→18、20→17、19、21、23、72	8	10.96%	20	648.53	3.29%	9	19
2	5009	2→3、20、24→19、23、25、27、72→29	10	13.70%	5	641.22	2.12%	32	7
3	2608	3→4、24→27	4	5.48%	65	642.77	2.37%	26	65
4	4988	4→3、5、31→24、29、32→27、72	9	12.33%	8	641.60	2.18%	31	17
5	4776	5→6、31→30	4	5.48%	65	636.28	1.34%	57	67
6	4786	6→5、30→4、29、32→3、27	8	10.96%	20	632.88	0.80%	68	33
7	5079	7→30、33→29、32、36、51、52→27、34、36	11	15.07%	1	638.71	1.72%	43	5
8	5034	8→33、52→36、51、44→34	7	9.59%	30	631.83	0.63%	69	45
9	4865	9→10、52→11、54→12、36、56	8	10.96%	20	631.01	0.50%	70	37

续上表

编号	初始负荷	失效传播过程	影响边数 N'	影响路段所占比例	排序	影响后路网平均距离(s)	平均距离降低比例	排序	重要度排序
10	4817	10→9、11→52、56→55	6	8.22%	40	636.54	1.38%	55	52
…	…	…	…	…	…	…	…	…	…

对 73 条路段进行失效影响分析可以看出,路网失效影响最大的路段分别为路段 34、73、21、43、7、36、2、18;其中大部分是路段初始负荷相对较大的路段和介数相对较高的路段,但也存在如路段 2、18 等一些初始负荷或介数相对较低,但发生破坏失效后对路网整体影响较大的路段。

第三节　路网中各交叉口失效影响分析

本节采用原始法构建的拓扑网络图,并利用改进的节点失效的负载容量模型,对研究区域的 44 个交叉口进行级联失效影响分析,研究不同交叉口失效对于路网的影响过程。

通过如下步骤进行级联失效模拟分析,得到不同交叉口的失效过程及失效影响结果。

(1)失效节点的转化

当道路交通网络中的节点发生故障时可以将其看作为与之相连的驶向交叉口方向路段的失效,故可以将失效节点转化为路段的失效。

(2)初始负荷的定义

确定网络中各节点的初始负荷 L_i^0。

(3)失效节点的选择

在 t 时刻从网络中随机选取一个节点 i 作为失效节点,其上的负载为 L_i^t。

(4)失效负载的分配

由于将节点的失效完全转化为路段的失效,故对于节点失效负载的分配可以根据不同等价失效路段上的负载进行分配,在 $t+1$ 时刻,根据式(10.37)、式(10.38)将失效边上的负载分配至相邻边上,其中 ε 取 0.2。

(5)失效的传播

根据式(10.29)计算各边在 $t+1$ 时刻的负载;并结合式(10.31)判断在 $t+1$ 时刻各边是否处于正常状态,若所有边的负载不大于各边的最大负载能力,则失效影响结束,否则重复步骤(4)直至所有边的负载不大于其负载能力。

(6)失效后果的评估

根据式(10.42)、式(10.44)和式(10.45),确定失效节点的级联失效影响程度 W。

得到的部分节点失效影响结果如表 15.3 所示。

各节点级联失效影响结果(部分) 表15.3

编号	节点失效影响路段过程	影响边数 N'	影响路段所占比例	排序	影响后路网平均距离(s)	平均距离降低比例	排序	综合影响排序
1	1、18、69→20、17、19、21、70→23、73、16、37、72→27	15	20.55%	5	693.9	11.7%	11	7
2	1、2、20→18、3、24、19、23、72→17、21、25、27	13	17.81%	9	679.4	9.4%	17	13
3	2、3、24→20、4、25、27、72→19、23	10	13.70%	21	659.3	6.1%	27	23
4	3、4→24、5、31→27、29、32	8	10.96%	32	642.9	3.5%	37	37
5	4、5→3、6→24、30	6	8.22%	42	629.4	1.3%	41	43
6	5、6→31、30→29、32→27	7	9.59%	36	624.5	0.5%	42	42
7	6、7、30→5、33、29、32→4、36	9	12.33%	26	661.7	6.5%	24	29
8	7、8、33→30、52、36、51→29、32、54	10	13.70%	21	657.6	5.9%	29	26
9	8、9、52→33、10、53、54→36、51	9	12.33%	26	645.7	3.9%	33	33
10	9、10→52、11→54、56→55	7	9.59%	36	657.6	5.9%	28	35
…	…	…	…	…	…	…	…	…

对44个节点进行失效影响分析可以看出,节点的失效影响要明显高于路段失效的影响,节点的失效都会造成局部范围内的拥堵失效,从节点失效后对路网平均距离的影响来看,节点22、41、29、34、35等对于路网的影响程度最为明显,最严重的会导致路网的平均距离降低31.3%。同样,从失效后影响的路段数来看,节点22、32、34、24、33等失效后会造成多数的路段发生拥挤失效。

第四节 考虑级联失效影响的重要路段评价

本节对选取的大连市道路交通网络中的路段进行重要度评估,首先分别对路段在不同指标下的排序进行对比分析,比较在级联失效影响下的重要路段与传统的根据路段的静态属性来定义的重要路段的差异性。利用构建的城市道路交通网络路段重要度评价指标,然后根据变异系数法确定各指标权重,对选取的道路交通网络中各路段进行重要性排序,最后使用模糊聚类算法对选取的研究区域中的路段划分为4类并进行分析。

一、路段初始负荷大小与级联失效影响分析

对各路段的初始负载大小排序与路段重要度、失效路段所占比例、路网平均距离降低比例进行对比分析,如图15.4～图15.6所示。用偏差 Z 来定量反映各路段在不同指标下排序的差异程度,计算如下:

$$Z = \frac{\sum_{i=1}^{n} |Z_{e_i}^1 - Z_{e_i}^2|}{n} \tag{15.1}$$

式中: $Z_{e_i}^1$ ——路段 e_i 在第一项指标下的排序;

$Z_{e_i}^2$——路段 e_i 在第二项指标下的排序；

n——路段数。

由图 15.4 可以看出,整体上路段的重要性与路段初始负荷呈现正比的关系,即初始负荷越大,发生破坏失效后对路网影响程度大,重要程度高。对比两项指标的 Z 值为 11.04,说明初始负载对路段的整体重要性有着较大的影响。

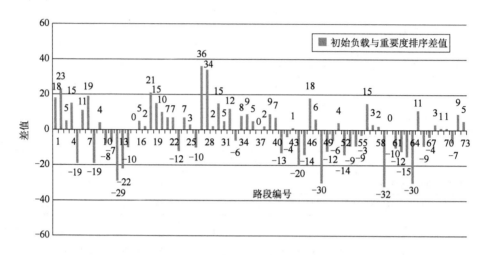

图 15.4　各路段初始负载大小与重要度对比

由图 15.5、图 15.6 可以发现,单独对比路段的初始负荷和路段失效比例及路网平均距离的降低比例发现,路段初始负荷与失效路段所占比例两项指标的 Z 值为 13,路段初始负荷与路网平均距离降低比例两项指标的 Z 值为 14.27,两者之间的关系并不明显,说明路段初始负荷的大小分别对两者的影响较小。

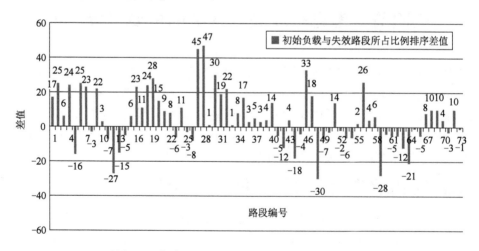

图 15.5　各路段初始负载大小与失效路段所占比例对比

二、路段介数大小与级联失效影响分析

对各路段的介数大小排序与路段重要度、失效路段所占比例、路网平均距离降低比例进行

对比分析,如图 15.7~图 15.9 所示,分析路段的拓扑结构特性对于级联失效结果的影响,同样采用偏差 Z 来定量反映各路段在不同指标下排序的差异程度。

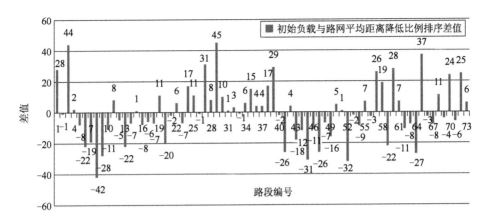

图 15.6　各路段初始负载大小与路网平均距离降低比例对比

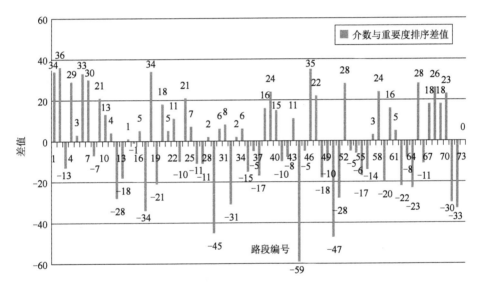

图 15.7　各路段介数大小与重要度对比

由图 15.7 可以看出,路段的重要度排序与路段的介数大小排序偏差较大,计算的介数排序和重要度排序的 Z 值为 17.67,说明两者之间关联程度低,整体上介数的大小对于路段的重要度影响较小,但介数较高的路段和介数最低的路段和路段的重要度表现一致。

由图 15.8 和图 15.9 可以看出,路段的介数排序与路段失效后的失效路段所占比例排序及路网的平均距离降低比例排序具有较大的差距,计算的介数排序和失效路段所占比例排序的 Z 值为 18.67,介数排序和路网的平均距离将低比例排序的 Z 值为 17.53。说明路段在路网中的一些拓扑属性并不能够代表路段的动态失效影响,故在对路段的重要度评价时,应综合考虑路段的拓扑属性和动态失效影响。

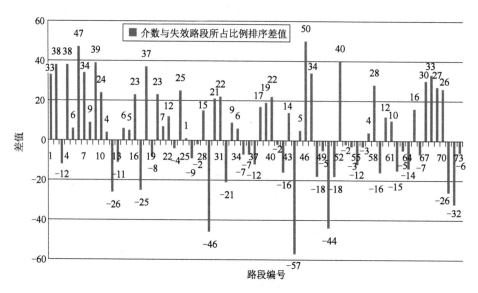

图 15.8　各路段介数大小与失效路段所占比例对比

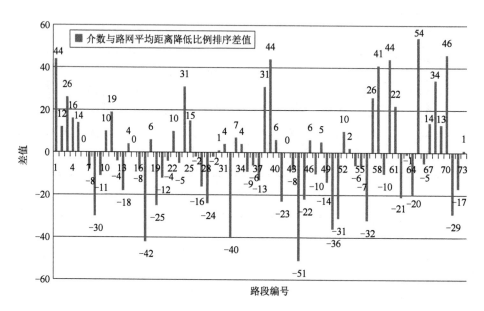

图 15.9　各路段介数大小与路网平均距离降低比例对比

三、评价指标权重的确定

通过对选取路网中各路段的各个重要度指标值进行计算,运用变异系数法求得权重,即由指标值的标准差与指标均值的比值得到变异系数,再将其归一化即得指标权重。得到各指标的权重分别为度(0.081)、介数(0.367)、聚类系数(0.112)、失效影响路段所占比例(0.155)、失效影响路网平均距离降低比例(0.287),具体计算结果如表 15.4 所示。

指标权重计算表 表15.4

指标	度	介数	聚类系数	失效影响路段所占比例	失效影响路网平均距离降低比例
S	0.8588	3.2191	0.0815	0.0281	0.0114
V	0.1540	0.7015	0.2135	0.2956	0.5488
T	0.0805	0.3666	0.1116	0.1545	0.2868

四、不同路段的模糊聚类

首先确定将研究路段划分类别数,本节对于研究的路网中所有路段共划分为四类,借助 Matlab 软件对路网中所有路段模糊聚类,其中目标函数的迭代次数及聚类的图谱如图 15.10 所示,每个路段相对于不同类别的隶属度如图 15.11 所示,具体的分类结果如表 15.5 所示。

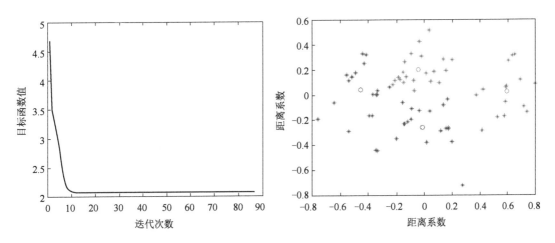

图 15.10 目标函数迭代次数及模糊聚类图

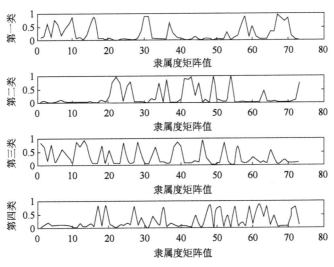

图 15.11 各路段隶属度矩阵值

各路段聚类分析结果　　　　表 15.5

失效影响大 重要度高	失效影响较大 重要度较高	失效影响较小 重要度较低	失效影响小 重要度低
21、22、23、25、26、34、36、41、42、43、45、49、54、73	17、19、27、32、35、44、47、48、50、51、53、55、59、61、62、63、64、66、71、72	1、2、4、7、8、11、12、13、14、18、20、24、28、29、33、38、39、40、46、52、56、65	3、5、6、9、10、15、16、30、31、37、57、58、60、67、68、69、70

从聚类分析的结果来看,对于失效影响大、重要度高的路段,均有着较高的度值、介数,其失效后影响的路段较多,对于路网的平均距离也有较大的影响,并且这些路段还有较大的车流量;对于失效影响小、重要度低的路段其大多为度值、介数均较小的路段,并且路段上的车流量较小。

第五节　考虑级联失效影响的重要节点评价

一、节点的拓扑属性值

在对节点进行重要度评价前,首先需要计算节点在网络中的拓扑属性值,通过原始法构建的拓扑网络图,利用 Ucinet 计算的各节点的度值、介数、接近中心性如表 15.6 所示。

节点拓扑属性值　　　　表 15.6

节点编号	节点度	介数	接近中心性	节点编号	节点度	介数	接近中心性
1	3	5.992	0.076	23	4	13.759	0.147
2	3	6.389	0.093	24	4	13.837	0.232
3	3	6.901	0.067	25	4	10.69	0.049
4	3	5.673	0.02	26	4	7.624	0.023
5	3	3.684	0.012	27	4	9.897	0.03
6	2	0.794	0.006	28	4	13.398	0.08
7	3	3.853	0.011	29	3	4.393	0.116
8	3	5.199	0.013	30	3	5.819	0.077
9	3	5.154	0.011	31	4	10.518	0.152
10	2	1.642	0.005	32	5	21.428	0.354
11	3	5.841	0.007	33	4	14.062	0.364
12	3	7.034	0.024	34	4	13.139	0.217
13	3	7.068	0.051	35	3	3.704	0.23
14	3	7.445	0.119	36	4	14.164	0.082
15	3	5.785	0.146	37	4	10.578	0.026
16	3	3.402	0.034	38	3	3.32	0.036
17	2	0.352	0.03	39	3	3.078	0.058
18	3	4.114	0.082	40	3	5.131	0.14
19	4	11.873	0.176	41	4	8.74	0.266
20	4	14.042	0.22	42	3	1.654	0.092
21	4	17.093	0.292	43	2	0	0.062
22	5	20.106	0.408	44	2	2.272	0.028

二、节点介数大小与级联失效影响分析

对各节点的介数大小排序与节点失效后的失效路段所占比例、路网平均距离降低比例进行对比分析,研究节点的介数大小对于级联失效影响的结果是否存在一定的关系,对比的结果如图 15.12 ~ 图 15.14 所示。并采用偏差 Z 来定量反映各节点在不同指标下排序的差异程度。

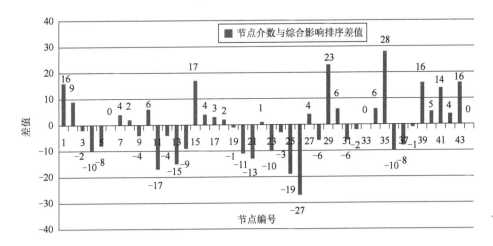

图 15.12 各节点介数与综合影响结果对比

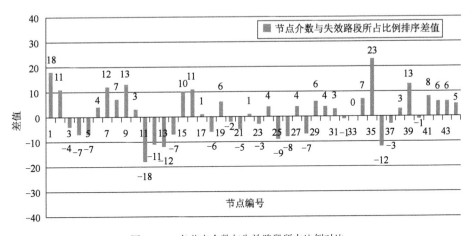

图 15.13 各节点介数与失效路段所占比例对比

通过对比节点的介数大小排序与节点失效后的失效路段所占比例、路网平均距离降低比例及综合影响结果发现,节点的介数大小对节点失效后影响的失效路段所占比例大小具有较大影响。计算的节点介数排序和失效路段所占比例排序的 Z 值为 7.09;对比节点的介数大小与失效后路网平均距离降低比例发现,两者偏差较大,计算的节点介数排序和路网的平均距离降低比例排序的 Z 值为 10.318,说明节点介数的大小对于失效后路网的平均距离降低比例影响不大,两者关系不紧密;而对比节点介数大小与节点综合影响结果排序的 Z 值为 9.84,也具有较大的差距,故只考虑节点的介数来评价节点的重要度不能够反映节点的动态失效影响。

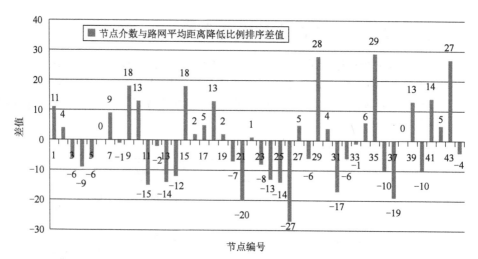

图 15.14　各节点介数与路网平均距离降低比例对比

三、节点的接近度与级联失效影响分析

对各节点的接近度大小排序与节点失效后的失效路段所占比例、路网平均距离降低比例及综合的影响结果进行对比分析，如图 15.15 ~ 图 15.17 所示。并采用偏差 Z 来定量反映各节点在不同指标下排序的差异程度，计算如式(15.1)所示。

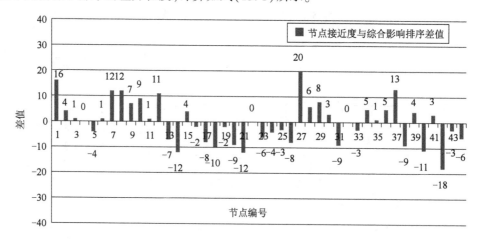

图 15.15　各节点接近度与综合影响结果对比

通过对比节点的接近度大小排序与节点失效后的综合影响结果，两者排序基本接近，计算的排序偏差 Z 为 6.63，可以认为节点的接近度大小对于级联失效综合影响结果具有较大的影响。

对比节点失效后的失效路段所占比例、路网平均距离降低比例发现，节点的接近度大小与节点失效后影响的失效路段所占比例大小及影响的路网平均距离降低比例大小基本保持一致性。计算的节点接近度排序和失效路段所占比例排序的 Z 值为 7.136，接近度排序和路网的平均距离降低比例排序的 Z 值为 8.00，并且对比三项分析图，节点在不同指标下的排序差值呈现明显的规律性，故可以认为节点的接近度大小对三项指标的影响具有相似性。

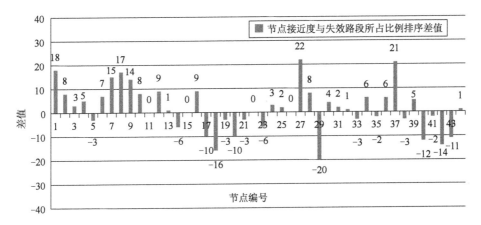

图 15.16 各节点接近度与失效路段所占比例对比

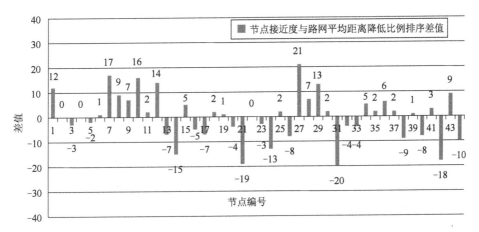

图 15.17 各节点接近度与路网平均距离降低比例对比

节点的接近度本质上反映网络中某一节点到其他节点的接近程度,即节点居于网络中心的程度,节点的接近度越高其越处于网络的中心位置,故节点接近度越大对于网络的平均距离影响越大。

四、评价指标权重的确定

通过对选取路网中各节点的重要度指标进行计算,运用变异系数法得到各个指标的权重分别为度(0.219)、介数(0.257)、接近中心性(0.299)、失效影响路段所占比例(0.064)、失效影响路网平均距离降低比例(0.161),具体计算结果如表 15.7 所示。

指标权重计算表　　　表 15.7

指标	节点度	介数	节点接近度	失效影响路段所占比例	失效影响路网平均距离降低比例
S	2.6148	7.1548	0.1168	0.0354	0.0511
V	0.7880	0.9242	1.0784	0.2309	0.5797
T	0.2188	0.2566	0.2995	0.0641	0.1610

五、节点的模糊聚类

首先确定将研究节点划分类别数,本节对于研究的路网中所有节点共划分为四类,借助 Matlab 软件对路网中所有节点模糊聚类,其中目标函数的迭代次数及聚类的图谱如图 15.18 所示,每个节点相对于不同类别的隶属度矩阵如图 15.19 所示,具体的分类结果如表 15.8 所示。

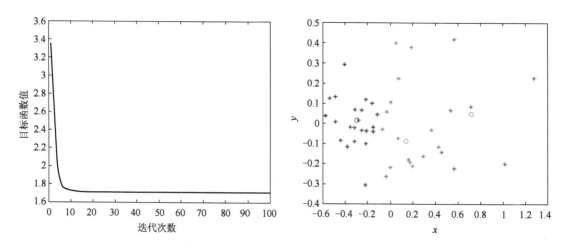

图 15.18 目标函数迭代次数及模糊聚类图

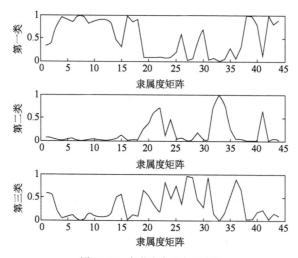

图 15.19 各节点隶属度矩阵值

各节点聚类分析结果　　　　　　　　　　　　表 15.8

一类交叉口 失效影响大,重要度高	二类交叉口 失效影响弱,重要度一般	三类交叉口 失效影响小,重要度低
21、22、24、32、33、34、41	1、2、14、15、19、20、23、25、 27、28、29、31、35、36、37	3、4、5、6、7、8、9、10、11、 12、13、16、17、18、30、38、 39、40、42、43、44

从聚类分析的结果来看,对于失效影响大、重要度高的交叉口,交叉口 21、22、24 均位于联合路上的三处交叉口,交叉口 32、33、34 均为东北路上的交叉口,这些交叉口均有着较高的度值、介数、接近度,并且其失效后影响的路段较多,对于路网的平均距离也有较大的影响;对于失效影响小、重要度低的节点,其大多为度值、介数、接近度均较小的交叉口,属于研究区域路网的边缘交叉口。

第六节　拓扑属性值与级联失效影响排序对比

通过对比拓扑网络图中边和节点的拓扑属性值大小对于级联失效的影响程度,分析边的初始负载、介数及节点的介数、接近度大小等指标与级联失效影响后网络中受影响边的比例、网络的平均距离降低比例及综合影响结果的排序对比。

通过两者排序差值的均值(Z)来反映两者的关联程度,得到的不同指标间排序的偏差如表 15.9 所示。

各指标排序偏差对比　　　　　　　　　　　　　　　　表 15.9

偏差(Z)	影响边所占比例	网络平均距离降低比例	综合影响结果
边的初始负荷	11.04	13.00	14.27
边的介数	17.67	18.67	17.53
节点介数	7.09	10.32	9.84
节点接近度	6.63	7.14	8.00

从对比的结果来看,边的初始负荷相较于边的介数来说,对于级联失效的影响程度更大,特别是边的初始负荷与失效影响边所占的比例两者之间具有较高的关联性,但边的介数大小对于级联失效的后果影响并不明显;节点的接近度大小与级联失效的后果具有明显的关联,及节点的接近度越大其失效后影响的边数越大,网络的平均距离降低的比例越大;而节点的介数大小与失效后影响边的比例大小具有一定的影响,但与网络平均距离降低比例关系并不十分明显。

综合来看,无论边的介数及节点的介数对于级联失效失效后的网络平均距离降低比例都没有明显的联系,从介数的定义来看,节点和边的介数反映的通过某条边和某个节点的最短路径的数量与所有最短路径的数量的比值,从拓扑图来看介数的大小是没有考虑各条边的权重,但对于城市道路交通网络来说,各条边具有不同的权重,所以通过拓扑属性值并不能够反映失效后路网的平均距离降低比例。

参考文献

[1] Ann E Krause, Kenneth A Frank, Doran M Mason, et al. Compartments revealed in food-web structure[J]. Nature, 2003, 426:282-285.

[2] Girvan M, M E J Newman. Community structure in social and biological networks[J]. Proceedings of the National Academy of Sciences of the United States of America, 2002, 99(12): 7821-7826.

[3] Krause A E, Frank K A, Mason D M, et al. Compartments exposed in food-web structure[J]. Nature, 2003, 426(6964):282-285.

[4] Granovetter M S. The strength of weak ties[J]. American Journal of Sociology, 1973, 78(6): 1360-1380.

[5] Gomes G. Bandwidth maximization using vehicle arrival functions[J]. IEEE Transcations on Intelligent Transportation Systems, 2015, 16(4):1-12.

[6] 徐瑛,郭瑞军,虞明远,等. 国家首都圈下的京津冀快速交通网一体化建设和管理政策研究[J]. 人口与发展, 2015, 21(5).

[7] 赵娟,郭平,吴俊,等. 复杂网络可靠性研究进展[J]. 后勤工程学院学报, 2010, 26(5):72.

[8] 宗芳,隽志才,张慧永,等. 出行时间价值计算及应用研究[J]. 交通运输系统工程与信息, 2009, 9(3):114-119.

[9] 卞长志,陆化普. 综合运输通道客流量分担模型研究[J]. 武汉理工大学学报(交通科学与工程版), 2009, 33(4):611-614.

[10] 田杭,郭瑞军. 基于网络负载容量模型的城市路网级联失效研究[J]. 大连交通大学学报, 2019(6).

[11] 杨梦鸽. 地铁换乘枢纽拥挤评价研究[D]. 大连:大连交通大学, 2018.

[12] 张家莺. 基于"大连—沈阳"出行链的交通方式选择模型研究[D]. 大连:大连交通大

学,2018.
[13] 苏清. 城市道路干线的信号协调控制研究[D]. 大连:大连交通大学,2020.
[14] 刘宁. 城市道路阻抗模型的研究与应用[D]. 大连:大连理工大学.2012.
[15] 董海洋. 公交客流实时分析与短时预测研究[D]. 大连:大连理工大学,2013.
[16] 邵春福. 交通规划原理[M]. 北京:中国铁道出版社,2004.
[17] 郭瑞军,王晓香,李振福,等. 交通运输系统工程[M]. 2版. 北京:国防工业出版社,2015.
[18] 徐吉谦,陈学武. 交通工程总论[M]. 4版. 北京:人民交通出版社股份有限公司,2015.
[19] 文常保,茹锋. 人工神经网络理论及应用[M]. 西安:西安电子科技大学出版社,2019.
[20] 黄竞伟,朱福喜,康立山. 计算智能[M]. 北京:科学出版社,2010.
[21] 中国公路学会《交通工程手册》编委会. 交通工程手册[M]. 北京:人民交通出版社,2001.
[22] 吴兵,李晔. 交通管理与控制[M].6版. 北京:人民交通出版社股份有限公司,2020.
[23] 肖贵平,朱晓宁. 交通安全工程[M]. 2版. 北京:中国铁道出版社,2011.
[24] 卢岚. 安全工程[M]. 天津:天津大学出版社,2003.
[25] 林丽,冯辉. 基于Ring-barrier相位的干线公交协调控制[J]. 公路交通科技,2018,35(5):128-134.
[26] 荆彬彬,徐建闽,鄢小文. 适于双周期的干道绿波信号协调控制模型[J]. 交通运输系统工程与信息,2018,18(1):73-80+95.
[27] 李瑞敏,章立辉. 城市交通信号控制[M]. 北京:清华大学出版社,2015.
[28] 王炜,陈学武. 交通规划[M]. 2版. 北京:人民交通出版社股份有限公司,2017.
[29] 刘思峰. 灰色系统理论及其应用[M]. 5版. 北京:科学出版社,2010.
[30] 贺杰. 城市轨道车站客流拥堵等级评价模型研究[D]. 北京:北京交通大学,2015.
[31] 王波,王万良,杨旭华. WS与NW两种小世界网络模型的建模及仿真研究[J]. 浙江工业大学学报,2009(2):179-182.